'시진핑 시대' 중국의 정치체제

'중국식 정치체제모델'의 형성인가?

ARI Series of Contemporary Chineses Studies 02

China's Political System in the 'Xi Jinping Era'
: Is it the formation of a 'Chinese-style political system model'?

First Published 2021
by The Asiatic Research Institute at Korea University
145 Anam-ro, Seongbuk-gu, Seoul 02841, Korea
www.asiaticresearch.org

아연현대중국연구총서 02

'시진핑 시대' 중국의 정치체제: '중국식 정치체제모델'의 형성인가?

1판1쇄 | 2021년 10월 28일

편저자 | 이정남
펴낸이 | 이진한
펴낸 곳 | 아연출판부
등록 | 2000년 5월 24일 제6-376호
주소 | 서울시 성북구 안암로 145 고려대학교 아세아문제연구원(02841)
전화 | 02-3290-1600　팩스 | 02-923-4661
홈페이지 | www.asiaticresearch.org

값 17,000원

ISBN 979-11-89273-26-2 94300
ISBN 979-11-89273-24-8 (세트)

China's Political System in the 'Xi Jinping Era'
: Is it the formation of a 'Chinese-style political system model'?

아연 현대중국연구총서 02

'시진핑 시대' 중국의 정치체제

'중국식 정치체제모델'의 형성인가?

이정남 편저

아연출판부
고려대학교 아세아문제연구원

〈차례〉

China's Political System in the 'Xi Jinping Era'
: Is It the Formation of a 'Chinese-style Political System Model'?

Part 2. The Working Mechanism of China's Strong Authoritarian Regime

머리말

| 이정남 |

이 책에서는 중국 권위주의체제의 개혁과 변화의 독특한 과정을 중국몽의 실현이라는 중국의 특수한 요인을 매개로 하여 종합적으로 재구성함으로써 이른바 강대국 중국의 정치체제모델 상(像)을 그려보고자 했다. 즉 중국 권위주의체제의 개혁과 민주화 과정에서 중국몽이 미치는 영향을 분석하고, 이로 인해 형성되는 중국식 정치발전 모델의 특성을 분석하는 것을 목표로 하였다.

중국의 경제발전과 이에 따른 정치체제 개혁과 변화는 글로벌 강대국으로의 부상이라는 중화민족의 '천추의 위업'을 이룩해야 하는 상황에서 진행되고 있다. 이런 중국몽 실현이라는 국가적 목표는 중국의 민주화보다는 중국의 안정과 통합을 강조하는 권위주의 통치를 정당화하는 논리로 작용하게 되었고, 그 결과 중국몽의 실현은 중국의 민주화에는 중요한 장애물이 되고 있다. 중국 정부는 중국몽의 실현을 최우선적 과제로 삼고 있고, 현재의 지속적 경제발전과 안정을 최상의 가치로 추구하면서 권위주의 통치를 정당화하고, 시민사회의 민주적 가치와 주장을 통제하고 있다. 한마디로 부강한 국가가 되는 것이 우선이고, 다른 것은 부차적인 것으로 밀려나고 있는 것이다. 이것은 중국의 정치개혁과 발전의 경로에도 영향을 미쳐 중국의 정치발전 혹은 민주화의 길은 한국이나 타이완 등의 국가들이 걸어간 민주화의 길과는 다른 길로 갈 것으로 예상된다.

"백 년 미증유의 대변화 국면(百年未有之大變局)"이라는 시진핑의 발언 처럼 중국은 본격화된 미 · 중 세력 관계의 장기적 재편 국면에서 유리한 지위를 확보하고 국제질서에서 주도적 위치를 확보하는 데 몰두하고 있다. 시진핑 정권은 글로벌거버넌스 체제 개혁을 통한 국제질서의 재구성을 국가 대전략의 목표로 제시하고, 미국에게 서로 다른 제도와 문명이 평화롭게 공존하는 길을 함께 찾자고 주장하면서(王毅 2020), '중국식'의 정치제도와 가치에 기반한 새로운 문명 형성의 길을 갈 것임을 분명히 하였다. 한마디로 2차 대전 이후 보편 가치로 간주되고 있는 자유, 인권, 시장경제와 민주주의 등의 서구적 가치 및 제도와 다른 중국식의 제도와 가치에 기초한 역사발전의 길을 갈 것임을 분명히 하고 있다.

이에 시진핑 정권은 가치와 제도 영역에서 담론 주도권 확보를 강조하면서, 이른바 중국식의 가치와 제도, 문화, 담론의 건설에 박차를 가하고 있는 상황이다(颜晓峰 2021). 제도와 가치 영역에서 담론권을 장악하고자 하는 시진핑 정권의 의지는 이른바 '4개 자신(중국 특색적 사회주의의 길(도로), 제도, 이론, 문화)'을 발전 방향으로 제시하고 (서구와 다른) '중국식' 통치제도와 가치에 기초한 정치발전 모델을 건설할 것임을 천명한 데서 확인할 수 있다. 특히 정치제도와 관련하여 18차 당대회 이래 중국공산당은 "중국식 사회주의 정치제도에 기초한 통치(治理) 체계와 통치 능력의 현대화 실현"을 강조해 왔고, 18기 3중전회는 이것을 전면적 개혁 심화의 총체적 목표로 제시했다. 그리고 19기 4중전회에서 국가의 통치 체계와 통치 능력 현대화의 3단계로 구성된 목표를 제시하기에 이른다: 공산당 건설 100주년이 되는 2021년까지 모든 방면의 제도를 더욱더 성숙하고 정형화하는 데 분명한 효과를 거두고, 2035년까지 국가 통치 체계와 통치 능력의 현대화를 기본적으로 실현하며, 2049년 신중국 건설 100주년이 되는 해에 국가 통치 체계와 통치 능력의 현대화를 전면적으로 실현함으로써, 중국 특색적 사회주의 제도를 더욱 공고히 하고 그 우월성이 충분히 드러나도록 한다(『新华网』 2019.11.05).

중국의 당정 권력과 주류 학계의 지식인들 간에도 중국의 정치개혁과 정치 변화 방향에 대해서 결정적인 인식차가 드러나지 않고 있는 상황이다. 중국이 글로벌 강대국으로 부상하면서 중국 정치학계에서도 중국의 정치개혁과 정치 변화와 관련된 담론에서 일대 전환이 일어나고 있다. 그것은 개혁개방 이후 중국의 정치개혁 방향에 대하여 서구 근대화론의 기본가정을 수용하여 중국도 권위주의 단계를 그쳐 일정한 경제 발전이 이루어지고 시민사회가 발전되면 민주적 전환의 길로 갈 것이라는 전제에서 벗어나, 서구의 자유민주 정치체제와 구분되는 '중국식' 정치체제모델 형성의 길로 가야 한다는 시각이다(陈明明 2021; 景跃进 · 陈明明 · 肖滨 2016). 즉 현재 중국의 정치제도에 대한 사고는 '체제 전환' 아닌 현재의 정치체제를 '보완'하는 방향으로 전환되어야 하며, 따라서 현재의 정치체제를 (민주적)전환의 대상이 아닌 분석의 대상으로 삼아서 보다 완비된 중국식의 정치체제를 형성할 수 있도록 해야 한다는 것이다(景跃进 2021). 이것은 지속적 발전을 위한 국가 통합과 안정화 논리 앞에서 민중의 정치참여와 분권적인 민주화 모델에 대한 논의가 학계에서도 힘을 얻고 있지 못함을 의미한다. 이처럼 중국의 지식인들이 공산당의 통치 이데올로기 형성에 조력하며 중국몽 실현의 선봉대 역할을 하고 있는 상황은, 제3세계 민주화 과정에서 지식인들이 선도적으로 민주화 담론을 제기하고 민주화 운동을 이끌어가는 역할을 했던 것과 대조된다.

이처럼 중국몽이라는 국가적 목표는 서구와 다른 가치와 제도에 기초한 중국식 문명 형성의 길로 가고자 하는 목표로 연결되었고, 그 결과 중국몽은 중국이 민주화의 길로 가는 데 부정적인 요소로 작용하고 있다. 이런 논리를 좇아가면 중국의 정치발전 혹은 민주화의 길은 전후 제3세계 국가들이 걸어온 민주화의 길과는 다른 길로 갈 것으로 보인다.

따라서 이 책은 중국 권위주의체제의 정치개혁과 정치 변화 과정에서 중국몽이 미치는 영향을 분석하고, 이로 인해 형성되는 중국식 정치체제모델의 특성을 분석하는 데 초점을 맞추고 있다. 이를 위하여 구체적으로 다음의 내용을 중점적으로 다루고자 했다.

첫째, 국가발전전략에서 중국몽과 민주몽의 상관성 분석을 통해 본 중국의 정치발전 모델 상(像)을 도출하고자 했다. 두 개의 100년(즉 공산당 창건 100주년인 2021년에 전면 샤오캉(小康) 사회 건설, 신중국 건국 100년인 2049년의 전면적 사회주의 현대화 강대국 건설)과 같은 시간표대로 중국의 강대국으로서의 지위가 부각되면서 나타날 국내 정치개혁과 사회개혁 구상에 미칠 영향을 살펴보면서, 가능한 중국식의 민주주의 혹은 정치발전 모델 상(像)을 그려보고자 했다.

둘째, 중국몽이 엘리트 정치에 미친 영향과 중국식 정치발전 경로를 도출하고자 했다. 정치 전략이자 담론으로써의 중국몽은 상대적으로 취약한 시진핑의 권력 기반을 공고히 하고 확대하였으며 다른 정치 파벌들의 영향력을 약화시켰다. 시진핑 등장 이후, 권력이 1인에게 집중되었으며, 특히 19차 당대회 이후 집단지도체제가 형해화되면서 1인 지배체제가 강화되어 왔다. 중국공산당은 현재 경제적으로나 정치적으로 그리고 외교정책과 관련해서도 개혁개방 이후 가장 혹독한 조건과 환경에 직면해 있기 때문에 당내 엘리트의 응집력을 바탕으로 한 능동적 상황대응을 필요로 한다 하겠다. 하지만 시진핑 개인의 권위와 권력을 강화하는 과정은 결과적으로 당과 국가 그리고 사회 전반에 경직성을 증가시켰다. 시진핑이 추진해 온 개인 권력 강화가 실질적인 권력 공고화로 등치될 수 있을지의 여부는 향후 중국 정치발전 경로와 밀접한 관계가 있다. 실질적으로 공고화되고 제도화된다면, 서구식 자유민주주의와는 다른 정치발전 경로를 택하게 될 것이기 때문이다.

셋째, 정치제도의 변화와 중국 특색의 정치발전 모델 상(像)을 도출하고자 했다. 시기별로 1987년 13차 전당대회와 그 이후의 전당대회 등에서 제시된 민주주의 담론의 등장 배경 및 민주적 제도 변화를 분석하고 18차 전당대회 이후 나타난 중국몽의 강조와 민주몽의 주변화의 배경을 고찰하여, 정치제도 변화 경로의 특징들과 변화를 비교하고 중국 특색의 정치발전 모델 상(像)–강대국화와 중국 민주주의 체제의 출현과 실종–을 규정하고 분석하였다.

넷째, 중국몽과 '중국 특색'의 정치 문화 및 가치관에 기반한 새로운 정치발전 모델 구상에 대한 분석이다. 이 책은 "중국몽은 '중국 특색'의 가치와 정치 문화에 기반한 새로운 규범 질서와 정치발전 모델의 창출을 촉진시킬 것인가?"라는 질문에서 출발하여 중국몽을 추구하는 과정에서 중국이 지향하는 가치와 규범 및 정치 문화를 규명하고, 그것이 중국의 정치 변화 경로에 미치는 영향을 분석하였다.

다섯째, 중국 시민사회의 향배와 중국식 정치발전 모델 탐색이다. 중국몽이 중국 시민사회의 성격과 성장에 미친 영향을 바탕으로 하여 향후 중국 시민사회의 향배가 중국식 정치발전 모델 형성에 어떻게 연계될 수 있을 것인지에 대해 분석적으로 조망하고자 했다.

이런 내용을 살펴보기 위해 이 책은 총 2부 8장으로 구성하였다.

머리말에 이어 1부 "**새로운 패러다임의 권위주의체제 모델의 등장**"에서 시진핑 정권의 등장 이후 나타난 중국의 정치체제 분석에서 패러다임의 전환을 살펴보고, 비교권위주의적 접근을 통하여 그 특징을 구체화하였다. 또한, 중국인의 독특한 민주주의 인식에 대한 분석을 통해 이런 권위주의체제가 어떻게 '중국식 민주주의'로 인식되고 있는가를 살펴보았다.

제1장 "시진핑 '신시대' 중국의 정치체제: 당국가체제의 '진화'와 새로운 패러다임의 권위주의체제의 등장"에서 이정남 교수는 공산당의 영도, 인민주권

(人民当家做主), 법치라는 3가지 구성 요소의 유기적 결합"으로 설명되는 '중국식' 민주주의의 주요 원칙에 대한 분석에서 출발하여, 공산당 영도와 인민주권 원칙 및 공산당 영도와 법치 원칙 간에 존재하는 내재적 충돌을 분석한다. 이 두 가지 특징에 대한 분석에 기초하여 시진핑 정권 등장 이후 현대적 통치(治理) 체제의 구축이라는 이름하에 추진되고 있는 이른바 '중국식 정치체제모델'은 헌정민주주의 원리가 관철되지 못하고 정치, 경제, 사회 등 전방위적 영역에서 공산당의 독점적인 통치지위가 강화된 '강성' 권위주의체제로 규정짓고 있다. 그리고 이런 '강성' 권위주의체제를 공산당의 일원적 통치 원칙에 기반한 전통적 당국가체제의 자기 우량화 과정으로 규정한다. 바로 이런 점을 통해서, 시진핑 정부에 의해 제시된 중국 정치체제의 발전 방향은 강성 권위주의체제로의 당국가체제의 새로운 진화를 꾀하고 그것을 이른바 중국 특색의 정치체제모델로 발전시켜 가려는 것으로 간주한다. 그리고 이것은 장기적으로 민주적 '체제 전환'을 전제로 한 과도적 정치체제로 간주되어 온 그동안의 권위주의체제에 대한 학계의 이해와는 근본적으로 다른 새로운 패러다임의 '민주적 전환이 전제되지 않은' 권위주의체제의 등장을 의미한다고 주장한다.

제2장 "중국 체제 특성 규명의 보편성과 특수성: 비교권위주의적 접근"에서 배진석 교수는 중국 정치체제의 특성은 "중국 특색"이라는 수식어 없이는 설명하기 힘든가라는 문제 제기에서 출발하여, 비교권위주의 분야의 최근 연구 성과를 통해 중국 체제 특성 규명의 보편성과 특수성을 이론적 차원에서 검토하고 있다. 중국 정치체제를 민주주의로 볼 수 없다면, "민주주의의 부족 혹은 부재"라는 부정적 카테고리에 의지하기보다 권위주의체제의 본질적 속성에 근거해 중국 정치체제의 특성을 규명하려는 시도로 이 장은 기획되었다. 위임사슬의 관점에서 접근했을 때, 중국 정치체제의 위임은 사실상 무력했고 선거와 책임성 간의 관계를 발견하

기 어려웠다. 위임 과정의 무력화는 책임성 약화로 직결되었다. 책임성은 실질적인 위임 과정이 전제되었을 때 가능하기 때문이다. 또한 최근 비교권위주의의 개념 정의의 도움으로 선거 실시를 통한 수직적 책임성의 강화 없이는 실질적인 책임성 향상이 쉽지 않다는 점도 확인할 수 있었다. 결론적으로 이 장은 중국이 경쟁적 선거를 도입하지 않는 이상 정치적 책임성 문제를 해결하기 쉽지 않다고 주장한다. 거버넌스 등의 개념으로 민주주의 우회전략을 써도 결국은 책임성 문제에서 병목현상이 발생할 가능성이 클 것으로 전망하고 있다.

제3장 "중국인들의 민주(民主)에 대한 인식: 절차적 · 도구적 관점에서의 이해와 도구적 지지"에서, 강수정 교수는 중국인들의 민주주의에 대한 이해와 중국식 민주주의에 대한 평가 사이의 관계를 규명하고 있다. 중국은 국제사회의 자유민주주의 지지자들의 기대와는 달리 자유화와 민주화의 길을 따르지 않고 있으며 여전히 공산당 영도 하의 당국가체제를 고수하는 권위주의 국가로 남아있다. 정치개혁에 있어서도 서구식 민주화에 반대하며 소위 '중국 특색의 민주(民主)'를 추구해왔다. 이처럼 현실에서 중국은 자유화와 민주화의 길에서 점차 멀어져가는 것처럼 보이지만, 아이러니하게도 중국의 여론조사 결과들을 살펴보면 중국인들의 상당수는 중국을 민주적 국가로 인식하고 있으며, 중국의 민주적 수준을 비교적 높게 평가하고 있을 뿐만 아니라 중국에서 민주주의가 구현되는 방식에 대한 만족도도 상당히 높은 것으로 나타난다. 이 장에서 강 교수는 이러한 아이러니가 민주주의에 대한 다른 이해(conception)에서 비롯될 수 있다는 가정에서 출발하여, 중국인들의 민주주의에 대한 이해가 어떠한 특징을 나타내며, 그러한 이해가 그들의 중국의 민주적 수준에 대한 평가와 중국식 민주주의 구현 방식에 대한 만족도에 어떠한 영향을 미치는지 살펴보고 있다.

2부 **"중국 권위주의체제의 작동 메커니즘"**에서는 시진핑 시대의 강성 권위주의체제의 구체적 작동 메커니즘에 대한 전면적인 분석을 진행하였다.

제4장 **"중국 정치 엘리트 선발 기제 분석: 민주추천제도를 중심으로"**에서 주장환 교수는 민주추천제도를 사례로써 중국 정치 엘리트 선발 기제의 변화의 특징과 그 요인을 분석함으로써, 중국 정치 엘리트 선발 기제라는 제도의 변화에 대한 분석뿐만 아니라 중국 엘리트 정치의 현재 시점에서의 종합적 좌표를 설정하려는 시도를 하고 있다. 주 교수는 중국 정치 엘리트 선발 기제의 대표적인 사례인 민주추천제도는 1995년, 2002년, 2014년 그리고 2019년을 통시적으로 비교했을 때, 제도의 강제성은 낮아지고, 중요성도 소폭 약화되었으며, 임의성은 높은 방향으로 변화하고 있으며, 동시에 운용 주체의 의지가 반영되기 쉬운 방향으로 변화하고 있다고 주장한다. 그리고 이런 변화의 공식적 요인은 민주추천제도 운영 과정에서의 부작용의 표면화를 들고 있다. 또한, 비공식적인 요인으로는 첫째, 정치공학적으로 현 집권 파벌인 시진핑 파벌의 자파 중심의 중하층 정치 엘리트 확보 기도, 둘째, 배경적 요인으로 중국 엘리트 정치의 충분하지 않은 제도화 수준, 셋째, 구조 및 행위자 측면의 요인으로, 지배하는 과두제에서 술탄제적 과두제로의 엘리트 정치구조의 변화와 분절형/재생형에서 분화된/준-대체형 유형으로의 중국 정치 엘리트 유형의 변화 등 3가지를 들고 있다. 이런 분석에 기초하여, 주 교수는 중국 엘리트 정치는 구조, 행위자 그리고 정책의 측면에서 일관된 방향으로의 변화를 나타내고 있다고 주장한다. 즉 개혁개방 시기 유지되어오던 집단지도체제와 이를 뒷받침하는 제도화가 약화되고, 개인 독재와 이를 공고화하려는 제도화의 방향으로 변화하고 있다는 것이다.

제5장 **"정치참여의 통제: 협상민주주의를 통한 정치참여의 강조와 그 한계"**에서 유은하 박사는 시진핑 등장 이후 민주적 참여 기제로 '선거' 기제보다

강조되고 있는 '협상' 기제의 내용과 특징을 살펴보고, 그것이 실제로 주권자로서 인민의 정치참여 구현에 효과적으로 기능하고 있는지 평가하고 있다. 그녀는 중국의 협상민주주의는, 공적 협상 과정에서 인민들의 '참여'를 통해 '선거'민주주의보다 실질적 주권 행사를 할 수 있다는 중국 내부의 주장과는 달리, 다음의 이유에서 주권자로서 인민의 정치참여 실현에 근본적이면서 중대한 제약이 있다고 주장한다: 첫째, 협상민주주의는 인민의 정치참여라는 그 의도와는 다르게 사회적 약자가 심의 과정에 배제되거나 엘리트 주도의 심의 결과를 정당화시켜주는 역할을 하게 되어 자신의 이익 대변에 취약한 계층의 주권 행사가 제약받는 이론적인 한계가 있다. 둘째, 중국 협상민주론이 그 주요 이론적 연원을 중국 전통사상과 연계시키고 있는데, 이는 인민의 통치라는 민주주의 개념과 상치되는 것이다. 또한 협상민주제에서 당의 영도적 지위를 강조하고 또 강화하고 있는데, 이는 인민의 주권 행사에 있어서 중요한 시민의 자율성 보장을 제약한다. 셋째, 실제 기층 사회에 운영되는 협상민주제도는 모든 과정에서 당 조직이 중요한 결정권을 가지고 주도하고 있기 때문에 인민의 의사, 특히 농민과 농민공같이 중국에서 가장 취약한 계층이 공적 협상 과정에의 참여가 거의 배제되어 있어 이들의 참여를 통한 주권 행사가 크게 제약받고 있다. 이들 다양한 요인 중에서 특히 중국이 자국 협상민주주의의 본질적 특징이라고 내세우는 당의 영도는 협상민주주의가 '공적 협상에의 참여를 통해 인민주권 실현에 기여하는 민주주의의 한 형태'가 되지 못하게 하는 핵심 요인이다.

제6장 "관리와 통제의 딜레마: 국가감찰위원회"에서 황태연 박사는 2018년 3월 제13기 전국인민대표대회(이하 전인대)에서 국가감찰위원회(國家監察委員會)'의 신설 및 '중화인민공화국 감찰법'의 제정에 따라, 새로 설립된 감독감찰기제로서의 국가감찰위원회의 특징을 규명하고 있다. 그에 따르면, 국가감찰위원회의 신설 목적은 표면적으로 반부패 사업에

대한 법치의 보장을 통해 국가감찰체계를 제도화하여 국가 통치 체계와 관리능력이 법 · 제도화되는 것이지만, 이것은 기존 중앙기율검사위원회의 당내 감독과 국가감찰 기능을 통일시킴으로써 당의 직접적 관리와 통제 범위가 강화되는 결과가 초래하였다. 이는 법의 지배(rule of law)를 통해 정부 권한을 규정하고 법적 한계를 명확히 설정하는데 기여한다는 측면에서 법치주의의 강화 조치로 이해할 수 있지만, 반면에 법에 의한 지배(rule by law) 및 제도화라는 측면에서 감찰 대상을 공산당원 이외에 전 방위적으로 확대해 그들의 권리를 제한하는 통제 수단으로 이해될 수 있는 상호 모순을 갖고 있다. 결국 새롭게 설립된 국가감찰위원회 및 감찰법 제정을 통해 살펴본 중국의 국가감찰체계 구축의 특징은 그 목표에서 밝혔듯이 법치의 보장과 국가통치체제 및 관리능력 현대화 전략의 추진이라는 긍정적 측면이 있다. 그러나 그 이면에 권위주의적 통제 강화, 즉 중앙의 관리와 감독, 통제의 대상 확대 및 심화 속에서 정치적으로 악용될 수 있는 딜레마가 존재한다.

제7장 "시진핑 정부의 사이버 강국 전략과 '디지털 권위주의'"에서 모준영 박사는 중국은 인터넷을 포함한 정보통신 기술의 확산이 자유로운 정보교환을 가져와 민주화될 것이라는 통념과 달리 그 기술을 이용해 권위주의를 강화하고 있다고 주장한다. 모 박사는 세계에서 가장 많은 인터넷 사용자들이 활동하고 있는 중국에서 큰 저항 없이 검열과 통제가 확대되고 있다는 점이 이례적인 현상임을 주목하면서, 시진핑 집권 이후 사이버 강국이라는 목표를 실현하기 위한 일련의 정책들을 살펴보고 있다. 즉 법적, 제도적 정비와 신설, 사이버 안보 확보와 사이버 통제 강화 수단, 그리고 디지털 권위주의 강화의 수단들을 검토한다. 잠정적인 결론으로 당을 중심으로 권력을 강화해 가는 시진핑의 리더십, 혼돈을 두려워하는 중국의 정치 문화, 그리고 세계적 수준에서의 민주주의 슬럼프 등을 강화 이유로 제시하고 디지털 권위주의의 강화가 당분간은 지

속될 것으로 전망한다.

제8장 "중국 당국가체제의 사회단체에 대한 통제와 국가와 사회관계 변화 전망: 코로나 방역 과정을 사례로"에서 정주영 박사는 코로나 팬데믹의 위기 상황이 중국 정부와 사회조직 간 관계 변화의 변수가 될 수 있는지를 분석하였다. 정박사의 주장에 따르면, 사스와 쓰촨 대지진이라는 두 번의 초대형 재난 경험을 통해 국가의 위기가 국가-사회관계에 변화를 가져올 수 있음이 입증되었다. 합리적 선택에 기반한 전략적 행위자인 정부와 사회조직은 국가의 위기 상황에 직면하여 상호 협력과 허용의 '재난 거버넌스'를 구축한 것이다. 그러나 시진핑 정부는 앞선 두 차례의 재난과 유사하지만, 강도는 훨씬 센 '코로나'라는 위기 상황에서 다른 선택을 하였다. 시진핑 정부는 강력한 정부 주도의 거버넌스 구조를 만들고, 정부의 합법적 승인을 받은 사회조직의 활동만을 허용했다. 이번 코로나 방역 과정에서 시민사회의 참여가 독려되었고, 사회조직들의 방역 활동이 긍정적으로 평가되었지만, 기실 이것은 정부의 의식적 설계하에서 작동한 것이었을 뿐 사회조직의 자율성이 확대된 것은 아니었다. 따라서 시진핑 정부의 사회조직에 대한 '적아적(敵我的) 접근(a friend-or-foe approach)'에 기반한 '선제적 예방 전략'과 사회조직의 '서비스 기구화 전략', 그리고 사회조직의 '자기 보존적 귀속 전략'은 향후 오랜 기간 유지될 것이며, 국가의 권위주의적 통제를 받는 국가-사회관계는 향후 오랜 기간 크게 변화되지 않을 것으로 전망된다. 그러나 정부와 사회조직이 전략적 행위자라는 사실은 미래 변화 가능성에 대한 기대를 다시금 하게 한다.

현재 중국의 관변 주류 정치학계에서는 중국이 서구와 다른 중국식의 정치발전 경로로 가고 있으며, 따라서 서구의 자유민주주의 모델과는 다른 중국식의 독특한 정치체제모델을 만들어가고 있다고 주장한다.

그리고 이런 중국의 특수한 정치발전 모델을 설명하기 위하여 전통적 유가 사상과 사회주의이론의 이론적인 개념들을 활용하기 위한 노력이 행해지고 있다. 한마디로 서구의 비교정치학에서 사용되는 이론이나 개념으로 설명하기 어려우며, 중국식의 새로운 비교정치학 담론 체계를 만들어서 혹은 중국식의 정치학 이론의 혁신과 창조를 통하여 중국의 정치 변화와 정치체제의 특성을 설명해야 한다고 주장하고 있다(景跃进 2021). 이 책은 이러한 중국 정치학계의 다양한 담론 체계를 자세히 살펴봄과 동시에 서구 비교정치학의 이론과 개념 등을 활용하여, 중국이 민주화의 길로 가지 않는 이유와 이른바 '중국식 정치체제모델' 특징과 변화 방향을 분석하고자 했다.

이 책은 **한국연구재단 일반공동연구지원사업**의 지원을 받아 중국 권위주의체제의 개혁과 민주화 과정에서 중국몽이 미치는 영향을 분석하고, 이로 인해 형성되는 중국식 정치발전 모델의 특성을 분석하고자 한 연구의 결과물을 취합한 것으로서, 제1권인 『중국의 꿈과 민주주의: 중국은 왜 민주화되지 않는가?』(아연출반부, 2021)에 이어서 제2권으로 발행되는 것이다. 1권이 주로 '중국몽'의 실현이 중국의 민주화 과정에서 미치는 영향을 중심으로 다루고 있다면, 2권은 이로 인해 형성되는 이른바 '중국식' 정치체제모델의 특성을 집중적으로 분석하였다. 이 책이 국내뿐만 아니라 중국 및 서구 학계의 중국 연구에서 중국의 정치체제 및 정치 변화의 특징에 관한 연구를 종합하여 분석하고 이론적으로 일반화하는 출발점이 되었으면 한다. 향후 이 책을 기반으로 다양한 형태의 중국 정치체제 개혁과 변화에 관한 연구가 본격화되기를 희망한다.

2021년 7월 23일

[참고문헌]

王毅. 2020. "国务委员兼外交部长王毅回答中外记者提问,"『新华网』(2020.05.24).

景跃进. 2021. "中国政治学理论建构的若干议题—田野基础,历史脉络与创新维度,"『华中师范 大学学报(人文社会科学版)』第4期.

陈明明. 2021. "中国政府原理的集权之维:历史与现代化,"『公共管理与政策评论』(2021.6.07).

景跃进 · 陈明明 · 肖滨. 2016.『当代中国政府与政治』北京: 中国人民大学出版社.

颜晓峰. 2021. "新发展阶段的意识形态建设,"『学习时报』(2021.01.21).

达巍. 2021. "现行国际秩序演变的方向与中国的选择,"『国际问题研究』第1期.

"中共中央关于坚持和完善中国特色社会主义制度推进国家治理体系和治理能力现代化若干重大问题的决定,"『新华网』(2019.11.05)

1부

새로운 패러다임의 권위주의체제 모델의 등장

1장

시진핑 '신시대' 중국의 정치체제 :당국가체제의 '진화'와 새로운 패러다임의 권위주의체제 등장[1]

| 이정남 |

Ⅰ. 문제 제기

그동안 중국학계에서는 계획경제 체제에서 시장경제 체제로 전환되면서 정치체제도 일정 기간의 권위주의 통치 단계를 거친 후 민주주의 체제로 전환할 것이라는 것이 일반적인 시각이었다. 따라서 시장경제 체제로의 경제체제 전환과 달리 정치 영역에서 나타난 민주적 체제 전환의 '지체'에 대한 높은 관심과 연구가 주요하게 이루어져 왔다(毛益民 · 曹伟 2017, 92-96). 이런 맥락에서 학자들은 중국의 정치체제를 탄력적 권위주의나(Nathan 2008, 25-43), 신권위주의(萧功秦 · 朱伟, 2014, 4-6), 반응적 권위주의(Heurlin 2016), 포퓰리즘적 권위주의(Tang 2016), 등의 개념을 사용하여 민주적 전환을 전제로 한 과도적 정치체제로서 권위주의체제로 성격지어 왔다.[2]

---

1 이 글은 "시진핑 '신시대' 중국의 정치체제: 당국가체제의 '진화'와 새로운 패러다임의 권위주의체의 등장"(『중소연구』 제44권 제3호(2020, 가을))을 수정 보완한 것이다.

2 한 전문가는 중국의 정치체제를 설명하기 위해 30개 이상의 '수식어'를 붙여서 각양각색의 권위주의로 묘사하고 있다고 주장한다(鄢一龙 2020, 74).

중국은 이런 권위주의체제를 기반으로 급속한 경제적 성장을 이룩해 왔으며, 그 결과 중국은 현재 1인당 GDP가 1만 달러에 도달하는 성과를 거두었다. 이른바 제3의 물결로 대표되는 다수의 권위주의체제의 민주화 과정에 대한 경험에 비추어봤을 때, 지금 중국 수준의 경제발전 정도라면 민주적 전환에 대한 광범위한 담론이 형성되고 민주화와 관련된 사회운동이 지식인 집단이나 시민사회 내부에서 광범위하게 발생할 것으로 상정되지만, 현재 중국 사회에서 이러한 정황은 거의 찾아볼 수 없다. 오히려 중국의 부상과 신국제질서 형성을 주요 내용으로 하는 '중국몽(中國夢)'이 부상하여 미국과 문명 및 제도가 서로 다른 두 강대국이 평화롭게 공존하는 길을 찾자는 주장을 하기에 이르렀다(『新华社』 2020. 07. 09). 이처럼 '중국몽' 담론이 민주주의 담론을 사실상 대체하여 흡수하면서 경제발전이 일정 단계에 이르면 정치체제에 대한 점진적 개혁을 통해 민주적 전환이 이루어질 것이라는 기존의 근대화론적 사고는 영향력이 쇠퇴하고, 이른바 '중국식' 정치제도 형성과 발전경로에 대한 담론이 힘을 얻으면서 정치체제의 민주적 '전환'보다는 권위주의체제의 '강화' 혹은 '진화'가 나타나고 있다.

징위에진 칭화대 교수는 이처럼 민주화 제3의 물결에서 나타난 민주적 전환과 다르게 나타나고 있는 중국의 체제 전환 경로에 대해, 그동안 소위 말하는 '전환 지체'라는 담론을 사용하여 설명했지만 이제 이런 서구의 이론을 다시 성찰할 필요가 있다고 주장한다. 그는 경제체제와 정치체제를 구분하는 서구의 정치개혁 논리는 점진적 개혁과 '증량(增量)' 민주주의라는 중국의 전통적 사고를 따르는 것이 아니며, 중국의 정치체제 변화 과정에서 나타난 특징은 '당국가체제'의 '자기 우량화 과정'이지 민주주의 체제로의 '전환'이 아니라고 주장한다(毛益民 · 曹伟 2017, 92-96). 실제로 시진핑 정권의 등장 이후 당국가체제의 정치, 사회, 경제 영역에서의 역할 확장 및 통제 강화가 강조되면서, 중국학계에서는 그동안

안 정치체제 변화 방향과 관련하여 주요하게 논의되어 온 헌정민주주의와 점진적인 민주적 전환 방식에 대한 논의가 사라지고 정치체제 변화와 관련해서 새로운 담론이 등장하고 있다. 이 담론은 중국의 정치체제 모델에 대한 논의가 권위주의체제의 민주적 전환을 전제로 하면서 중국의 현실적 조건에서 어떤 방식을 통해서 이것을 이룩할 것인가에 대한 논의에서, 민주적 전환이라는 지향성이 '제거된' 당국가체제의 강화를 내용으로 한 이른바 '중국식 정치체제'에 대한 논의에 초점이 맞추어지고 있다.

이처럼 시진핑 주석 등장 이후의 중국의 정치적 변화를 둘러싼 중국 내의 논의는 중국의 정치체제를 장기적으로 민주화의 방향을 전제로 한 권위주의체제로 규정지어 온 그동안의 서구와 한국학계의 담론과는 다른 방향으로 전개되고 있다. 이것은 시진핑 정권 등장 이후 중국 정치체제의 변화와 성격 규정이 학계의 중요한 연구과제가 되어야 함을 의미한다. 이른바 '중국식' 민주주의 체제인가 아니면 신권위주의체제인가? 아니면 민주주의도 권위주의도 아닌 새로운 정치체제를 향해 나아가고 있는가?

이 글은 시진핑 등장 이후 중국의 권위주의체제가 민주적 전환이 아닌 당국가체제의 '진화'에 따른 '강성' 권위주의로 전환되고 있으며, 바로 이런 '강성' 권위주의체제가 현대적 거버넌스 체제의 구축이라는 이름하에 추진되고 있는 이른바 '중국식 정치체제모델'의 주요 내용임을 설명하고 있다. 이를 통해 중국의 정치체제가 민주적 전환에 대한 지향성이 제거된 새로운 패러다임의 권위주의체제 모델로 진화하고 있음을 주장하고 있다. 이런 주장을 위해 이 글은 중국 최고 지도자의 연설문과 언술, 그리고 주요 학자들의 각종 논문이나 심층 인터뷰 결과를 주요하게 분석하였다.

II. 중국의 정치체제에 대한 이론적 논의와 분석 대상

개혁개방 정책을 통해 사회주의 이념의 교조적 적용으로부터 탈피하여 경제성장 제일주의를 전략 노선으로 채택한 중국공산당은 정치적으로 이른바 자유선거, 다당제, 삼권분립을 배제한 중국 특색을 지닌 정치체제를 건설할 것임을 강조해 왔다. 그러나 실제로는 개혁개방 과정에서 중국은 신권위주의체제에 기초한 경제발전의 길을 걸어왔으며, 이것은 장기적으로 민주사회로의 전환을 전제로 한 것이었다. 덩샤오핑은 1989년 천안문 사건을 거치면서 급진 자유파를 주변화시키고, 1992년에는 남순강화(남방을 시찰하면서 지속적 개혁개방의 필요성을 강조한 연설)를 통해 당내에서 시장경제 개혁에 반대하는 보수파를 주변화시킴으로써 신권위주의체제의 형성을 이끌어 내었다. 장쩌민과 후진타오 역시 유연한 신권위주의체제를 통해 이른바 중국식 사회주의의 보다 높은 단계의 민주주의 체제를 향한 전환을 추구하였다. 이것은 시장경제의 발전 → 사회적 이익의 다변화 → 계약적 규칙과 법치 문화의 형성 → 시민사회와 사회단체의 충분한 발전 → 중국 특색의 사회주의 민주화 과정을 통한 발전을 상정한 것이었다. 바로 이런 맥락에서 장쩌민이 제기한 이른바 '3개 대표'는 집권 정통성을 유토피아적 평균주의의 공약에서 선진적 문화, 선진적 생산력, 광대한 인민의 근본 이익에 기반한 실효적 정당성으로 전환한 것이고, 후진타오가 제시한 기층 사회의 민주적 선거, 조화사회, 공민의 질서 있는 정치참여 등은 한 단계 높은 민주적 발전을 향한 노력을 의미하는 것이었다(萧功秦 2019).

이처럼 적어도 시진핑 정권의 등장 이전까지는 시장경제 체제와 권위주의 통치에 기초하여 경제발전을 이룩한 이후 정치적으로도 민주주의 체제로 전환될 것이라는 인식이 공감대를 이루었다.[3] 실제로 덩샤오핑 시기부터 장쩌민과 후진타오 시기를 거치면서 진행된 일련의 '중국식' 민주주의의 담론의 발전 과정에 대한 분석은, 점진적이고 장기적인 과정을 통하여 중국이 민주주의 사회로 갈 것이라는 것을 전제로 하고 있다는 점을 충분히 확인할 수 있다(이정남 2019, 83-111). 심지어 샤오콩친 교수는 이른바 '신권위주의 2.0본'을 제기하면서, 민주적 전환의 지향성을 담보한 신권위주의 담론이 적어도 시진핑 1기 초까지는 유지되었다고 주장하기도 한다.[4]

그러나 시진핑 정권이 등장한 이후 중국의 정치 변화와 관련된 담론은 (기층 사회 수준에 제한된) 선거와 협상민주주의, 공산당의 영도와 강력한 법치에 기초한 현대적 통치(治理) 체제의 건설로 그 내용이 바뀌었고(『中国经济网综合』 2013.11.18), 민주주의 건설과 관련된 내용은 주요한 담론에서 사라졌다. 그리고 다음의 조치를 통해 당국가체제의 중앙집권적 통치를 강화해 갔다: 첫째, 공산당의 전통적 조직 자원을 동원해 당정분리로부터 당정 통합을 강화하면서 공산당을 이용하여 정치를 이끌고(영도하고), 이런 조직 자원을 공산당의 사회적 자본(social capital)으로 간주하면서 국가 통치를 강화하는 역량으로 활용하였다; 둘째, 전통적 이데올로기 자원과 혁명적 부호(상징) 자원을 더욱 강화해 공산당의 조직적 동원력을 뒷받침할 수 있도록 하고, 중앙집권적 통일 지도와 당 중앙으로의 권력의 고도 집중을 이끌어내었다; 세 번째는, 보편적 가치, 삼권분립, 군대의 국가화, 권귀(權貴)자본주의, 역사허무주의 등의 주장에 대한 일련의 금지령을 통하여, 좌우 세력의 정치참여 팽창을 억제하고 공산당의 이데올로기 관리권, 영도권, 그리고 담론권 강화를 이끌어내어 통치 안정성을 실현하고자 했다(萧功秦 2019).

이런 통치 체제에 대해 스타인 링엔(Stein Ringen)은 당국가체제(party-

---

3 2019년 7월 30일 징위에진 교수 심층 면접 자료에 기초함.

4 2019년 8월 3일 샤오콩친 교수와의 심층 면접에 기초함.

state)로 규정지으면서, 그 특징으로 정교한 독재체제(sophisticated dictatorship)로서 거의 전체주의에 가깝지만 완전한 전체주의는 아니라고 설명한다. 특히 그는 시진핑 등장 이후 통치의 추가 정당성을 얻기 위한 공산당의 능력에 대한 신뢰로부터 통제 능력에 더 의존하는 것으로 기울고 있다고 주장한다. 이런 정치적 통제는 완벽한 독재로, 그것은 대부분 인민들의 일상적 삶에 대한 통제에 의존하는 것이 아니고 인민들의 침묵과 자기검열에 의존하고 있는 것이 특징이라고 주장한다. 그리고 시진핑이 유연한 통치로부터 점점 멀어지면서 더욱더 가면을 쓰지 않는 강력한 통치로 전환시키고 있고, 중국몽이 하나의 중요한 이데올로기가 되고 있다고 주장한다(Ringen 2016, 164-178).

시진핑 등장 이후의 중국의 정치체제에 대한 이론적 분석은 중국 내에서 더욱더 전면적으로 전개되고 있다. 우선, 징위에진 칭화대 교수는 중국의 정치체제 변화 과정에서 나타난 특징은 '당국가체제'의 '승급'이지 (민주적) '전환'이 아니라고 주장한다. 그에 따르면 중국의 당국가체제는 두 개의 레드라인에 기초하여 개혁을 추진한다. 하나는 민주주의의 건설에서 다당제를 추진하지 않고, 정치지도자는 인민에 의해서 선출되는 것이 아니라 공산당이 "(육성)관리한다."라는 점이고, 다른 하나는 법치 건설에서 삼권분립을 하지 않고 공산당으로의 권력의 일원적 통일성(독점)과 행사를 중요시하는 민주집중제를 견지하는 것이다(毛益民 · 曹伟 2017, 92-96). 이것은 중국이 민주주의와 자유라는 가치 대신에 대일통(大一統: 대통일)을 제1의 가치로 선택함으로써 대일통의 정치제도, 즉 권위주의(集權主義) 체제를 선택한 것임을 의미한다고 주장한다. 이런 현상이 나타난 것은 중국이 서구와 달리 아직 통일된 민족국가 건설이라는 과제를 완성하지 못하였기 때문이고, 이로 인해 중국의 정치발전과 변화는 당국가체제의 자기 우량화 과정으로 나아갈 것이며, 이런 중국의 정치적 상황과 변화는 서구의 비교정치이론으로는 설명할 수 없어 새로

운 담론 체계를 개발하여 설명해야 한다고 주장한다.[5]

신권위주의론자인 샤오콩친 교수도 유사한 주장을 제기하고 있다. 그는 시진핑 등장 이후의 중국은 경제 영역에서는 시장경제 발전을 통하여 세계화로 나아가고 있지만, 정치 영역에서는 민주적 방향성이 전제되지 않은 국가주의(statism)가 등장하고 있다고 주장한다. 신권위주의가 시장경제 체제에 기초하여 민주화라는 장기적 방향성을 전제로 강권적 정치적 안정성을 추구하는 권위주의체제라면, 국가주의는 민주화라는 미래의 방향성을 제거하였다는 점에서 더 이상 신권위주의체제로 간주할 수 없다고 주장한다. 개혁개방 이후 덩샤오핑, 장쩌민, 후진타오 정권 모두 민주화라는 방향성을 전제로 한 신권위주의체제를 형성하였다면, 시진핑 시기에 진입한 이후에는 국가가 독점적 지위를 이용하여 시장경제 체제라는 조건하에서 중상주의 방식으로 경제발전을 추진하는 '국가주의'로 규정지을 수 있다는 것이다. 이것은 시장경제체제를 수용하고 세계화에 동참하고자 한다는 점에서 마오쩌둥 시대의 전체주의체제와는 다르며, 또한 민주화라는 방향성을 전제로 하지 않는다는 점에서 덩샤오핑 시대의 신권위주의체제와도 다른 것이다. 그리고 중국이 비록 마르크스-레닌주의 담론을 사용하지만, 중국은 마르크스-레닌주의 길을 가기보다는 '민주 지향성 없는' 국가주의의 길을 갈 것이며, 바로 '민주 지향성 없는' 국가주의는 중국의 정치체제의 최고의 발전단계가 될 것이고, 중국은 서방식의 민주주의 길을 가지 않을 것이라고 주장한다.[6]

한편 화동사범대의 류칭 교수는 중국의 정치체제를 시민사회와 국제사회에서 국력이라는 의미에서 강력한 국가권력에 의해서 통치되는 강

---

5 2019년 7월 30일 필자와의 심층 면담에 기초한 내용임.

6 2019년 8월 2일 상하이에서 진행된 심층 인터뷰에 기초한 것임.

국주의(强國主義: powerful nationalism)로 설명하면서, 이것을 권위주의체제의 변종 혹은 하위 유형으로 분류하기도 한다.[7]

상술한 설명이 근대주의적 접근법에 기초한 설명방식이라면, 당국가체제의 공식 이데올로기에 기초한 정통적 접근법이나 역사적 전통적 접근법을 통하여 중국의 정치체제를 설명하고자 하는 시도도 활발히 이루어지고 있다.[8]

커화칭(柯华庆) 중국정법대 교수는 "당정군민학(党政军民学), 동서남북중(东西南北中), 공산당은 모든 것을 이끈다."라는 시진핑의 언술에 주목하고, 당의 영도가 중국 특색 사회주의의 가장 본질적 특징임에 초점을 맞추어, 중국의 정치체제를 '입헌 당영도 민주제(立宪党导民主制)'로 규정한다. 그는 '입헌 당영도 민주제'를 '입헌군주제(立宪君主制)' 및 '입헌민주제(立宪民主制)'와 구분되는 정치체제로 간주하면서, 입헌민주제가 다당간의 경쟁 선거를 통하여 구성되는 민주제도이고 서구 자본주의 민주주의라면, 입헌 당영도 민주제는 사회주의국가 민주제도로 공산당만이 집권당이 될 수 있고 다른 당파는 참여만 할 수 있으며, 공적인 이익의 정치와 덕성의 정치를 할 수 있다는 점에서 사리(私利) 정치와 경제 정치를 하는 입헌민주제보다 정당성이 더 있다고 주장한다. 또한 '입헌 당영도 민주주의'는 지도식 · 융합식 민주주의이고 피라미드식 민주주의의 성격을 지니고 있다고 주장한다. 즉 당원들은 모두 각 분야의 선진분자로 대표성도 있고 덕성에서 진보성도 있기 때문에 당이 인민을 이끌 수 있

7 2019년 8월초에 심층 인터뷰에서 확인된 내용에 기초함.

8 이런 분류는 양쉐동(杨雪冬) 중공중앙번역국 연구위원이 중국의 정치 변화 연구에 대해 분류한 3가지 접근법에 기초한 것이다. 3가지 접근법은 다음과 같다: 첫째, 전통적 분석 방법으로 중국 역사의 거울을 통해 당대 중국의 정치 변화를 설명하고자 하는 접근법이고, 두 번째는 근대주의적 접근법으로 근대적 거울을 통해 당대 중국의 정치적 변화를 가늠하고 나아갈 방향과 최종 결과를 예측하는 것이 특징이다. 세 번째는 정통적 접근법으로 당정의 공식 이데올로기의 거울을 통해 중국의 정치 변화를 설명하고자 하는 방식이다(杨雪冬 2018, 115-126).

다. 또한 이것은 현대사회의 다원성을 인정하지만, 다원적 이익을 국가 전체의 이익으로 융합하도록 한다는 점에서 융합식 민주주의다. 그리고 당영도 민주제는 일종의 피라미드식 민주주의로, 첫째, 공산당이 중심축을 구성하고 외곽에는 민주당파나 다른 단체가 위치하며, 둘째, 일종의 계층적 민주 체제로, 당의 권력기관이든 인민의 권력기관이든, 최하층 단위에서 최상층 단위에 이르기까지 단계별 대표선출방식을 통하여 권력기관을 구성한다(柯华庆 2017; 柯华庆 2019).

이런 정치체제에 대하여 뤼샤오보어 난징대 교수는 근대 이전 중국의 '황권-민본주의(皇权-民本主义)' 통치와 비교하면서 '정당-민본주의' 통치로 규정짓기도 한다. '정당-민본주의'와 '황권-민본주의'와의 차이는 사적 가족(황족)에 기초하지 않고 강력한 조직적 네트워크와 철의 규율, 강력한 지배력과 행동력을 지닌 공산당이 민본주의를 기초로 한 통치를 지향하는 것을 특징으로 한다는 점이다(闾小波 2018, 5-20). 이것은 정용녠이 공산당 통치를 '조직화된 황제(ogranizational emperor)'의 통치로 묘사한 것과 유사한 분석으로 보인다(Zheng 2010). 커화칭(柯华庆) 교수도 중국공산당의 통치 모델은 고대 제왕의 통치와 유사하며, 다만 두 가지 점에서 고대의 제왕과는 다르다고 지적한다. 하나는 공산당은 개인(가족)이 아닌 조직이라는 점이고, 다른 하나는 공적 봉사와 덕성 함양을 강조하는 것이지 예(禮)로의 회귀를 주장하는 것은 아니라는 점이다. 또한, 개혁개방 이후 중국공산당이 점차 법치국가의 길로 나아갔지만, 이것은 고대 제왕의 법치와 유사한 것이라고 주장한다. 그 이유는 "공산당이 입법을 영도하고, 법 집행을 보장하며, 사법을 지지하고, 법을 지키는 데 앞장서기 때문이다." 다만 "한 사람이 스스로 공적인 일을 하는 것은 쉽지만, 8,800여만 명의 당원을 보유한 집단(공산당)이 공적인 것에 봉사하고 덕성을 지키는 것이 쉽지 않기 때문에, 스스로 당규를 만들어서 스스로를 관리하는 것이 필요하다."라고 지적한다(柯华庆 2017).

상술한 바와 같이 시진핑 시대 정치체제의 성격에 대해 다양한 접근법을 통한 분석이 이루어지고 있지만, 권위주의 통치의 강화를 민주적 지향성을 전제로 한 과도적 정치체제로서의 권위주의체제가 아닌 정치체제의 최종적 발전 형태로서 규정짓고 있다는 측면에서 공통점을 찾을 수 있다. 그러나 이런 논의들은 아직 이론적으로 체계화된 설명으로 발전되지 못하고 체제의 특정한 성격을 부각시켜서 강조하는 수준이거나, 주류 비교정치학과 소통이 용이하지 않은 논술 체계로 되어 있다. 따라서 이 글은 시진핑 시대의 중국 정치체제 변화의 특징을 설명하기 위하여, 민주주의와 헌정주의 이론의 기본적인 가정에 기초하여 '중국식 민주주의'의 핵심 내용에 대한 담론 체계를 비판적으로 분석하는 것으로부터 출발하고자 한다.

중국공산당은 자국의 정치체제를 서구와 다른 '중국식' 민주주의로 설명하면서, 핵심적인 내용으로 '공산당의 영도, 인민주권(人民当家做主), 법치'라는 3가지 구성 요소의 '유기적 결합'을 강조하고 있다(习近平 2019). 다시 말하면, 공산당의 영도하에 인민이 진정한 주인이 되는 주권재민의 구현과 법치의 실현이 유기적으로 결합됨으로써 중국식 민주주의는 완성될 수 있다고 본다. 이런 논리는 1997년 15차 당대회부터 등장하여 현재까지 중국 정치체제의 성격과 발전 방향을 규정짓는 가치체계로 자리해 오고 있다(陈明明 2008, 9-19). 특히 시진핑의 등장 이후 당의 통치에서 영도적 지위가 강조되면서 3가지 구성 요소의 유기적 통일의 가장 근본적 조건이 당의 영도적 지위의 견지임이 더욱더 강조되고 있다(王宗礼 · 李连军 2019, 88-98).

그러나 이 3가지 요소는 서로 유기적으로 결합되기 어려운 내재적 모순관계에 놓여 있다. '인민주권'은 자연권과 자연법에서 유래한 것으로 인민이 국가권력의 주인이라는 의미로 민주주의의 핵심 요소이지만, 중국 인민을 이끌고 사회주의혁명을 승리로 이끈 공산당은 인민과 국가

권력에 대한 일원화된 영도적 지위를 지니고 있어 인민주권과 조화되기 어렵다. 그리고 법치(the rule of law)는 법률이 최고의 권위로써 교회와 국가, 정당과 국가, 국가와 사회관계를 처리하는 것으로 법률의 최고 통치를 의미하며, 이것은 헌정 체제의 핵심 요소이다. 그러나 중국의 당국가체제에서 당은 시종 최고의 정치적 권위로서 종교와 국가, 국가와 사회, 도덕과 법률, 정책과 법률의 관계를 처리함으로써, 사실상 '당치(이당치국(以黨治國), the rule of party)'의 구도를 형성한다(强世功 2015, 18-29).

이처럼 상술한 3요소 간에는 공산당의 영도적 지위와 인민주권 원칙 간의 충돌이 존재하고, 다른 하나는 당의 영도와 법치주의 원칙 간의 충돌이 존재한다. 아래에서는 이 두 가지 모순을 설명 변수로 하여, 시진핑 시대에 나타나고 있는 '강성' 권위주의체제의 등장과 주요 특징을 분석하고자 한다.

III. '인민주권' 원칙과 공산당의 영도적 지위와의 충돌

1. 당의 영도적 지위 및 '인민주권' 원칙의 충돌과 헌정민주주의 논의의 등장

민주주의는 민중이 권력의 주인으로 민중에 의한 통치를 의미한다. 그리고 원칙적으로 국가의 모든 상황을 민중이 직접 결정하지만, 오늘날 대부분 국가에서는 민중이 선거를 통해 지도자를 선출하여 정부를 구성하고 있어 선거가 중요한 주권 행사의 방식이다. 이런 맥락에서 정치적 민주주의는 경쟁, 참여, 시민적 정치적 자유 등의 3가지를 보장하는 체제로 규정할 수 있다. 구체적으로 첫째, 정부의 모든 요직을 차지하기 위해 폭력 사용을 배제하면서 규칙적으로 진행되는 개인 또는 조직화된 집단, (특히) 정당 간의 의미 있고 광범한 경쟁이 보장되고, 둘째, 지도자와 정책을 선택하는 데 있어 규칙적이고 공정한 선거를 통해 주요 사회집단(성인집단)이 배제되지 않을 만큼의 포괄적 수준의 정치참여가 이루어지며, 셋째, 정치적 경쟁과 참여가 완전하게 이루어지고 있음을 보증하기에 충분한 정도의 정치적, 시민적 자유(표현, 결사, 참여의 자유)를 보장하는 체제이다(Diamond · Linz · Lipset 1988, x vi).

그런데 민주주의 제도와 관련된 중국공산당의 구상은 레닌의 민주주의에 대한 인식에 기초하여 이루어졌다. 레닌은 민주주의를 계급독재를 실현하기 위한 국가형태로 간주했다. 그리고 민주주의의 실현 형식으로 파리코뮨의 경험으로부터 주민자치에 기초한 직접 민주주의를 주장한 마르크스와 달리, 보다 현실적으로 소비에트 제도에 기초해 주민이 선거를 통해 자신의 의지를 반영하는 간접 민주주의를 주장했다(이정남 2012, 42-43). 중국공산당 역시 서방의 주권재민 관념을 계급적 관점에서 해석하면서 민주정치체제의 계급적 기반이 프롤레타리아(노동자, 농민으로 구성된 인민)임을 강조하면서, 주권자로서의 지위를 인민 계급에 한정하고 자본가 계급이 주도한 자유민주주의보다 우수성을 지닌 민주주의임을 강조했다. 그리고 민주주의를 실현하기 위한 제도적 기초로서 인민대표대회 형식의 대의제와(蔡定劍 2011, 77) 선거를 통한 지도자의 선출이 중요하다는 점을 분명히 했다. 그러나 선거 민주주의의 제도화는 중국의 현실적 사회경제적 상황으로 인해 실행되지 못하였고, 또한 민주주의가 효과적으로 작동하기 위해서 필수적인 견제와 균형을 가능하게 하는 헌정 체제도 제도화되지 못하였다(이정남 2019, 83-111).

인민민주주의의 민주적 제도화가 실패하고 대신에 모든 권력을 공산당에 고도로 집중하는 통치 체제를 형성했다. 마르크스주의 정당은 분산된 사회적 이익의 총대표일 뿐만 아니라, 사회의 도덕, 정치적 신념,

더 나아가 인류의 종국적인 사명의 대표이다. 이처럼 당과 국가가 통합된 정치체제하에서 당은 시종 최고의 정치적 권위로써 종교와 국가, 국가와 사회, 도덕과 법률의 관계를 처리함으로써, 사실상 '이당치국(以黨治國, the rule of party)' 구도를 형성했다(强世功 2015, 18-29). 또한 정치, 경제, 사회생활의 모든 것이 공산당에 의해 통일적으로 관리되고, 공산당이 모든 사소한 것까지 독점할 것을 요구하며 당정이 일원화된 통치가 실행되었다. 그리하여 '인민이 주인'이라는 국가의 성격은 그 구체적인 형식에서 실제로는 '공산당이 주인'인 것으로 대체되었다(王长江 2013, 74-75). 그리고 이런 공산당의 영도적인 지위는 당국가체제를 통해서 제도화되었다.

왕창장(王长江) 중공중앙당교 교수는 중국이 소련 모델의 마르크스-레닌주의 정당과 국가권력이 결합되어 권력이 고도로 집중된 당국가체제를 형성하였다고 주장한다.[9] 자유민주주의 체제에서 당과 국가가 분리된 정치체제모델을 형성하였다면, 소련은 당과 국가의 통합 모델을 채택했다. 중국 역시 소련과 마찬가지로 당과 국가의 통합 모델을 채택하였고,[10] 당과 국가 통합 모델에서 공산당에게 인민에 대한 영도적 지위가 부여되었다. 그리고 이것은 헌법과 당장에 의해 보증되었다. 중국의 헌법 2조는 "중화인민공화국의 모든 권력은 인민에 속하고 인민이 국가권력을 행사하는 기관은 인민대표대회다."라고 규정하고 있다. 그러나 공산당 당장은 "중국공산당은 노동자 계급의 선봉대로, 동시에 중국 인민과 중화민족의 선봉대"라고 규정하고 있다. 또한, 헌법 서문에는

9 왕창장(王长江) 중공중앙당교 교수는 당국가체제라는 말의 직접적인 사용을 유보하지만, 중국의 고도로 권력이 집중된 정치체제를 서구학자들이 당국가체제로 규정한다고 설명함으로써 사실상 당국가체제로서 중국 체제의 특징을 수용한다고 볼 수 있다(王长江 2013, 77-78).

10 중국에서 최초의 당국가체제는 손중산이 영도한 국민당 체제인 점으로 인하여 신중국 성립 이후 관방 이론은 한동안 이 당국가체제 개념의 사용을 꺼렸다.

중국공산당의 영도권을 분명히 하면서 과거에 성공적으로 영도했고, 현재도 영도하고 있으며 장래에도 계속 영도한다고 규정하고 있다(强世功 2015, 18-29).

이런 원칙하에서 공산당이 인민의 '주권' 행사를 대신하였고, 인민은 민주적 참여를 위한 충분한 통로가 존재하지 않은 상황에서 공산당의 국가권력에 대한 통제를 감수했다(王长江 2013, 82-83). 이것은 공산당이 혁명으로 통치 정당성을 획득했기 때문에 가능했다. 즉 중공은 혁명 과정에서 결정적 역할을 했고, 이것으로 인해 인민의 지지와 동의를 얻었다. 이런 관점에서 보면 공산당의 집권은 인민의 동의를 통한 한 차례의 역사적 선택이 있었다고 볼 수 있지만, 문제는 이런 역사적 선택의 결과에 인민이 영원히 동의한다는 것을 의미하지 않는다는 점이다. 인민들이 공산당 영도의 혁명을 지지하고 참여한 이유는 공산당이 인민주권, 전체 인민이 행복한 삶을 사는 새로운 사회를 약속하였기 때문이다. 그리하여 공산당에 대한 동의는 필연적으로 점차 새로운 사회에 대한 기대로 전환된다. 이에 공산당은 경제적 발전을 통해 자신의 정당성을 제고하고, 정치적으로 인민주권을 진정으로 실현하여야 하며, 공산당이 천하를 독점하고 모든 것을 장악하는 것으로 더 이상 지지를 얻어낼 수 없게 된다(王长江 2013, 79-80).

그러므로 공산당이 통치 정당성을 이끌어내기 위해서는 당국가체제의 민주적 방향으로의 개혁과 변화가 불가피하게 요구된다. 그러나 민주주의의 확대 발전은 공산당의 영도적 지위와 충돌할 수밖에 없어 민주적 제도화를 가로막는 요인이 되었다. 첫째, 공산당의 영도적 지위는 공산당만이 권력을 장악할 수 있으며, 다른 정치세력이나 정당, 개인은 권력을 장악하는 것이 불가능하다. 이것은 다양한 정당 혹은 집단, 개인 간에 자유로운 경쟁을 통하여 정치권력을 장악할 가능성 자체를 부정한 것이다. 공산당원이 아닌 인민들은 개인 혹은 집단을 조직하여 스스로 권력을 장악하기 위하여 어떠한 정치적 행위를 하는 것도 불가능하다.

둘째, 지도자와 정책을 선택하는 데 있어 최소한 규칙적이고 공정한 선거를 통해 주요 사회집단(성인 집단)이 배제되지 않을 만큼 매우 포괄적 수준의 정치참여를 부정한다. 주지하다시피 대의민주주의에서 국민의 주권 행사의 주요한 방식은 선거이며, 국민은 선거를 통해 자신의 권리를 대표할 지도자를 선출하고 동시에 감독과 견제를 할 수 있어 선거는 인민주권이 관철되는 핵심적인 제도적 장치이다. 그러나 중공은 통치 지도자는 인민에 의한 선출이나 혹은 다른 방법을 통한 결정없이 "공산당이 정치지도자를 관리하고 선발하며 감독해야 한다."라고 사고한다. 즉 정치지도자는 공산당이 육성하고 선발하는 것이지 인민이 선거를 통해서 선출되지 않는다고 사고한다. 다만 인민들은 당정의 지도자를 선출하지 못하지만 정부를 평가할 수는 있다고 본다. 이런 점에서 중국의 당국가체제는 인민의 통치(rule of people), 인민에 의한 통치(rule by people)가 아닌 인민을 위한 통치(rule for people)에 초점이 맞추어져 있다고 볼 수 있다.[11]

그럼에도 불구하고 당국가체제의 개혁과 새로운 통치 정당성 확보의 필요성에 대한 인식은 후진타오 집권 시기에 헌정민주주의 건설에 대한 논의의 확대 발전을 이끌어내었다. 중국은 건국 이후 중국의 국가형태를 프롤레타리아독재(인민민주전정)로 규정지으면서 계급적 적대세력에 대한 폭력적 진압을 강조하고, 당국가체제에 기초한 통치를 하면서 법치와 민주주의를 무시했다. 그러나 개혁개방 이후 인민의 자유로운 정치참여와 인민에 의한 정치지도자의 선택을 통하여 '인민주권'을 실현할 수 있는 민주정치체제의 제도화를 둘러싼 다양한 논의가 있어 왔다. 특히 2002년 16차 당대회에서 '당내 민주주의를 당의 생명'으로 간주한 이

11 7월 30일 징위에징 교수와의 심층 조사에 기초함.

후 2007년 17차 당대회는 '인민민주주의를 사회주의의 생명'으로 강조하였다. 이처럼 이론상으로 무산계급독재(프롤레타리아독재)가 아닌 사회주의 민주주의로 강조점이 전환되면서 정치제도에서 일련의 변화를 초래하도록 했다(俞可平 2013, 48-50).

특히 후진타오 정권 시기에 보편 가치로서 민주주의에 대한 인정과 민주주의의 제도화에 대해 진전된 인식의 전환을 보이면서, 민주정치의 제도화를 둘러싼 다양한 논쟁이 전개되었고, 이것을 위한 일련의 시도들이 행해졌다.[12] 첫째, 직선제를 통한 지도자의 선출에 기반한 기층군중자치제도를 민주주의를 실행하는 제도적 형식으로 인정한 점이다. 비록 기층 수준에 제한된 시도지만 초기 단계에서 기층에서의 실험에 기반하여 점차 상급 행정 단위로 직선제의 범위가 확대될 가능성을 염두에 둔다면 매우 의미 있는 변화로 볼 수 있다. 둘째, 경쟁적 선거와 광범위한 대중의 평등한 정치참여, 민주적 제반 권리의 보장, 인민들의 권력에 대한 감독과 견제의 강화, 법치의 실시 및 민주적 시민의식의 성장 등에 대한 강조는 선거 민주주의와 헌정 논리가 결합된 정치 제도화의 길로 갈 가능성을 의미한다고 볼 수 있다(이정남 2012, 48-55). 그러나 이런 민주적 담론은 시진핑 시대의 등장과 함께 정치 변화를 둘러싼 논쟁의 중심에서 사라진다.

2. 시진핑 시대의 등장과 공산당의 영도적 지위의 '재 강화'

시진핑 시대의 권위주의 통치의 강화는 당정기구개혁을 통해 개혁개방 이전 시기의 "당정이 고도로 일치되고 권력이 고도로 집중된 정치체

12 구체적인 내용은 (이정남 2012, 8-17) 참조.

제"를 만들어 공산당의 일원적 통치를 더욱더 강화함으로써, 인민의 정치참여에 기반한 통치 지도자에 대한 선택 및 결정권을 부정하고 오히려 공산당의 통치 지도자의 선발 및 임명을 통해 관리 강화의 필요성을 강조하는 것으로 나타났다.

우선, 유일 집권 정당으로서 공산당의 영도적 지위가 한층 강화되었다. 19차 당대회에서 중국공산당은 중국의 동·서·남·북·중(东西南北中), 노동자, 농민, 병사, 학생(党政军民学) 등 중국의 모든 것을 영도한다는 점을 강조하고, 이것은 '신시대'에 중국 특색의 사회주의를 발전시키는 제1의 기본 책략이고 그 성패를 좌우하는 근본적인 정치적 보증이라고 강조했다(习近平 2017). 이것은 개혁개방 이래 1982년 당의 영도를 정치, 사상, 조직에서의 영도로 한정 짓고, 1987년 13차 당대회에서의 정치적 영도로 규정지으면서 당정 분리를 강조하던 것과는 분명한 차이가 나는 것으로, 마오쩌둥 시대의 "당이 모든 것을 영도한다."라는 주장으로 회귀한 것이다(赵刚印 2017).

동시에 당정 일체화 방향의 기구개혁방안을 담은 〈중공중앙 당과 국가기구 개혁 심화에 관한 결정(中共中央关于深化党和国家机构改革的决定)〉을 통과시키고, 당정 일체화 방향의 기구개혁을 통해 천안문사태 이후 사실상 포기된 "당정 분리" 개혁 방향에 대한 제도적 완비를 이끌어내고자 했다. 이것은 18차 당대회 이후 공산당 권력이 사회경제적 업무 영역에 빠르게 진입함에 따라 국무원이 담당하는 범위와 역할이 축소되고, 당 부문이 어떤 분야의 중대 의사결정을 담당하고 정부부문이 의사결정의 집행만을 담당하는 권력구조가 등장한 점이 배경으로 작용한 것이다(郑永年 2018). 한마디로 공산당을 중심으로 국가와 당조직을 일원적으로 재구성하여 공산당의 통치를 강화하고자 한 조치이다.

「당과 국가기구개혁심화방안(深化黨和國家機構改革方案)」에서는 당정 기구개혁 중 기구의 신설과 개편뿐만 아니라 당 조직의 업무 강화 내용을 포함하고 있는데, 구체적으로 국무원과 당중앙 조직으로 이원화되었던 사무기구를 일원화하고 중국공산당 중앙조직부와 중앙선전부, 중앙통전부 등에 기존 국무원 산하 업무 부문을 통일하여 지도 및 관리하도록 함으로써 당의 전면적 영도를 관철할 뿐만 아니라 사회 안전과 통제 실현에 중요한 부문들을 직접 관리 통합할 수 있도록 하였다(中共中央印发 2018).

구체적으로 중앙조직부가 통일 관리하게 될 중앙기구편제위원회는 모든 국가기구에 대한 행정관리체제 및 기구개혁과 기구편제를 관리하는 업무를 통일 관리하고 총괄하게 되었다. 이로써 중공중앙이 당정기관, 인민대표대회, 정치협상회의, 법원, 검찰기관, 각 민주당파와 인민단체, 사업 단위에 이르기까지 전면적이고 통일적으로 관리하게 된다. 아울러 국무원 산하에 있던 국가공무원국 또한 관리하게 됨으로써 중앙조직부가 국내 모든 조직을 통합하여 관리하게 된 것이다. 한마디로 '당 영도 일체'의 원칙 아래 중국공산당 영도라는 국정운영의 체계적 사고를 형성함으로써, 당정 기구개혁을 통해 정부 기구에 대한 당 조직의 직접적이고 통일적인 관리 확대와 업무 일원화 및 기능 강화라는 당정 일원화의 특징을 실현한 것이다(황태연 2019, 29-30).

이처럼 공산당의 전방위적 통치 범위의 확대와 당정 일체화된 기구 통합에 기초한 통치력 강화는 인민주권 원칙의 실현 형식으로서 자유로운 정치참여와 정치지도자의 선택과 결정권의 제도화라는 방향과는 정면 배치되는 방향으로의 전환이다. 이것은 19차 당대회에서 당·정·군·민·학, 동·서·남·북·중에서 공산당이 모든 것을 영도한다는 원칙은 당정 간부의 선발과 임명에서 구체적으로 당이 간부를 '관리하는 원칙'으로 구현되었다(陈家喜 · 林清新 2019, 142-143). 이에 공산당은 정치지도자의 선발과 임명에서 선거제도의 문제점을 지적하고 '당이 (당정간부를) 관리한다.'라는 원칙을 분명히 하면서 선거를 통한 지도자의 선택권을 사실상 부정하는 것으로 나타났다.

18차 당대회 이후 공산당은 (당정) 간부의 선발과 임명에서 당 조직 역할의 중요성을 강조하면서, '당이 간부를 관리한다.'라는 원칙을 강조하고, 간부의 동의(动议), 지명, 감독 등 구체적인 단계를 세분화하고 완비했다. 시진핑은 2013년 전국조직공작회의에서 당의 간부 인사 업무에 대한 지도권과 중요 간부에 대한 관리권을 보장하고, 당이 간부를 관리하는 원칙을 고수하여, 표에 과도하게 의존하고, 표만 가지고 사람을 선발하고, '점수'만으로 사람을 선발하는 잘못된 방법을 방지해야 한다고 강조했다. 중국공산당은 간부 선발 업무에서 민주, 경쟁, 투표를 통한 선택을 지나치게 중시하면 간부 선발과 임명 과정 중의 투기적 행위, 추천인과 선거인의 의사표시를 방해하는 행위, 그리고 인선에 대한 신뢰를 해치는 행위 등등을 쉽게 초래할 수 있다고 부정적인 인식을 드러냈다. 이런 맥락에서 2014년 1월에 〈당정 지도 간부 선발 임용 사업조례〉를 발표하여 '당이 간부를 관리하는 원칙'과 '민주집중제 원칙'을 분명히 하게 된다(陈家喜 · 林清新 2019, 142-143).

또한 주목할 점은 시진핑이 공산당에 의한 당정 엘리트의 선발과 임명을 통한 관리를 강조하면서, 인민의 정치참여 형태로 선거보다 협상 방식을 강조하기 시작한 점이다. 시진핑 정권도 민주주의의 작동 기제로 선거를 완전히 부정하지는 않는다. 2014년 9월 21일 정치협상회의 성립 65주년 기념식에서 시진핑은 중국 특색의 민주주의 실현의 제도적 형식으로 선거와 투표를 통한 인민의 권리 행사 및 협의를 통한 사회 각 방면에서 의견일치의 확보라는 두 가지 형식을 언급했다. 그리고 이 두 가지 형식은 상호 대체하거나 부정할 수 없고, 상호 보완적 관계로 서로 협력함으로써 각자의 장점을 더 잘 실현할 수 있는 관계라고 언급했다(习近平 2014; 胡锦涛 2007). 그러나 시진핑 정권의 등장 이후 민주주의 실현 형식으로서 선거의 부정적 측면을 강조하면서 기존의 각종 선거민주주의 실험을 중단하는 등 선거를 통한 정치참여를 경시하고, 인민이 통치 과정에서 다양한 의견을 개진하고 논의하는 '협상'을 정치참여의 주요한 형태가 되어야 한다는 점이 강조된다. 다시 말하면 시진핑 정권은 민주주의의 작동 기제로 선거를 부정하지는 않지만, 선거보다 협상민주주의를 민주주의의 중요한 실현 방식으로 강조하면서 이것이 공산당의 영도를 실현하는 중요한 방식이고 중국 사회주의 민주정치 특유의 형식이자 독특한 장점이라고 강조한다. 그리고 이런 협상민주제도 건설을 통해 인민의 정치참여를 보장해야 한다고 주장한다(熊玠 2016).

이런 흐름 속에서 2012년 11월, 중국공산당 18차 당대회는 '사회주의 협상민주제도'를 제기하고, '협상민주주의'를 처음으로 중국공산당 최고 규격의 문건에 포함시켰다. 1년 뒤인 18기 3중전회는 "협상 민주주의의 다층적 제도화 발전을 위한 협의를 추진하자."라고 제안했다. 이런 과정을 통해 협상민주주의는 공식적으로 지방 수준과 국지적 범위에서의 실천에서 국가전략으로 격상되었고, 정치 영역에서 경제와 사회 영역 등으로 확대되어 각 분야에서 일종의 작업 방법에서 제도로 격상되었다(熊玠 2016). 그러나 협상민주주의는 독자적 민주주의 형식으로서보다는 선거민주주의의 문제점을 보충하기 위하여 등장한 것으로 선거민주주의가 실현되었을 때만이 협상민주주의가 실현될 공간과 가치를 지닐 수 있다는 점에서 그 역할에 분명한 한계가 있다(陈剑 2016). 따라서 이것은 곧 인민의 선거를 통한 지도자의 선출과 감독 기능을 사실상 부정하고 국가에 대한 관리 과정에 참여할 권한만을 인정하는 것을 의미한다. 다시 말하면 중국의 정치지도자는 인민에 의해서 선출되고 감독되는 것이 아닌, 공산당에 의해서 임명되고 관리되며, 인민은 협상 채널을 통한 국가의 통치 과정에의 참여가 가능할 뿐이다.

이처럼 중국공산당은 다양한 정치집단이나 개인의 자유로운 경쟁을 통한 권력 장악을 부정하고 공산당만이 집권 지위를 누릴 수 있도록 하고 있고, 공산당이 "간부(정치지도자)를 선발하고 관리한다."라는 원칙을 중공의 민주주의 건설에서 반드시 지켜야 할 레드라인으로 여긴다. 이것은 바로 중국에 민주주의의 제도화를 어렵게 하는 주된 요인이다. 공산당만이 집권이 가능하도록 함으로써 공산당에게 사실상의 세습적인 통치 지위를 부여하고, 선거를 통하든 다른 어떤 방식을 통하든 인민의 선택과 결정에 기초한 정치지도자에 관한 결정과 선택이 부정되고 있다. 즉 인민주권 원리가 부정되고 정치지도자는 공산당에 의해서 육성되어 선발된다는 현능(賢能) 주의 논리가 채택되고 있을 뿐이다. 그리고 이것은 개혁개방정책으로 사회경제적 조건의 다원화로 사회적인 충돌과 갈등이 가속화되는 상황에서 개혁을 통한 민주적 정당성을 확보하는 방식보다는 당의 통제를 강화하는 방식으로 대응하고자 함을 의미한다.

IV. 공산당 영도적 지위와 법치주의 원칙과의 충돌 및 권력 견제

1. 공산당의 영도적 지위와 법치주의 원칙의 충돌

민주주의는 민중 스스로가 선거를 통하여(혹은 다른 방식을 통하여) 정부를 구성하는 정치체제이다. 문제는 선출된 정부를 어떻게 감독할 것인가의 문제를 해결해야 한다. 바로 이런 점에서 민주주의 건설의 성패는 법치주의 원칙의 구현을 통한 헌정 체제가 수립되는가에 달려있다. 민주주의의 핵심이 민중이 정부를 결정하는 것이라면, 헌정 체제의 핵심은 법에 기초하여 국가를 다스리는 것이다. 헌정과 법치는 분리할 수 없으며, 헌정은 정치에 법치를 적용한 상태로 "정치법치"이다. 법치와 헌정의 핵심은 선출된 정부 혹은 권력이 법과 헌법의 제도적 틀에 의해서 제약받는 유한 정부를 구성하는 것이다. 이런 헌정 혹은 법치는 엄격한 의미에서 민주주의와 구분되지만, 민주정치체제가 효과적으로 작동하는 데 있어서 불가피한 구성 요소이다(王振民 2009, 150-155). 즉 법치국가를 목표로 하는 어떤 조직이나 개인도 반드시 헌법이나 법률의 틀 내에서 활동해야 하고, 어떠한 조직이나 개인도 헌법과 법률을 초월한 특권을 지니지 말아야 한다(俞可平 2013, 7-9).

중국공산당도 혁명 과정에서 헌정주의 구호에 기초하여 국민당 독재체제를 반대했고, 마오쩌둥은 1940년 〈신민주주의 헌정〉이라는 문장에서 "헌정이란 무엇인가? 바로 민주적 정치다."라고 규정한 바 있다(毛泽东 1991). 그러나 1954년 헌법제정과 함께 인민민주전정론이 등장하여 헌정론을 대체하였고, 개혁개방 시기까지 장기간 헌정과 법치에 기초한 공산당에 대한 권력 통제의 제도화는 부정되어 왔다. 이것은 중국공산당이 소련을 따라 프롤레타리아독재 이론을 선택한 데서 기인한 것이다. "무산계급의 혁명독재는 프롤레타리아가 자본가계급에 대하여 폭력적 수단을 사용하여 획득하고 유지하는 정권으로, 어떤 법률적 구속도 받지 않는 정권"이라는 레닌의 말을 따르면서, 공산당의 권력을 어떻게 구속할 것인가와 구속 기제를 어떻게 만들 것인가에 대한 어떠한 고민도 하지 않았다. 그 결과 "집권 과정에서 나타난 문제점들에 대하여, 관습적으로 개인적으로, 그리고 사상적으로 해결하는 데 익숙하였고, 뒤따르는 방식은 바로 정풍운동으로 아주 쉽게 한차례 또 한 차례 운동을 불러일으켰다. 그리하여 문혁(文革)에 이르기까지, 반(反)수정주의, 수정주의에 대한 방어, 자본주의의 길을 가는 당권파 타도라는 '운동치국(運動治國)' 사고의 틀을 벗어나지 못했고, 권력에 대한 구속은 낮은 제도화 수준에 머물러 왔다."(王长江 2019, 5-15).

1978년 12월에 개최된 11기 3중전회 이후 사회주의 민주 건설과 법치 건설에 대한 논의가 진전되면서 헌정 문제에 대한 논의가 다시 제기되었고 점차 영향력이 확대되어 갔다. 특히 헌정주의 논의는 후진타오 정권 시기에 비교적 활발하게 이루어졌다. 민주헌정과 헌정주의를 주장하는 진정한 의도는 중국에 자유민주주의제도를 수립하자는 것이고, 중국의 국체, 정체, 정당제도와 국가 구성 형식을 근본적으로 변화시키고, 공산당의 국가권력에 대한 영도와 집권 지위를 없애고자 하는 의도라는 비판에도 불구하고, 당시 논쟁에서 주류 지위를 점하던 사회주의 헌정론자들은 헌정 목표를 확립하는 것은 중국 사회주의 정치문명건설의 핵심 요구로, 이법치국(以法治国)과 사회주의 법치국가건설, 인권 보장과 존중 등의 정치 이념과 헌정 사상은 기본적으로 일치한다고 주장했다. 헌정은 민주와 법치, 인권보다 추상화 정도가 더 높은 개념으로, 중국은 헌정 개념을 명확히 사용할 뿐만 아니라, 헌정을 정치 이념의 핵심 내용으로 해야 한다고 주장했다(殷肃虎 2012, 62-65).

상술한 논쟁에서 핵심이 되는 것은 공산당의 국가권력에 대한 영도적 지위와 헌정 논리가 충돌한다는 점이다. 그렇다면 법치와 공산당의 영도적인 지위는 어떻게 충돌하는가? 우선, 민주헌정체제에서는 법률이 최고의 권위로써 교회와 국가, 정당과 국가, 그리고 국가와 사회관계를 처리함으로써 '이법치국(以法治国, the rule of law)'이 강조하는 바의 법률의 최고 통치 지위가 구현된다. 그러나 중국과 같이 당-국가 정합(整合)의 헌정 체제에서 공산당은 시종 최고의 정치적 권위로써 종교와 국가, 국가와 사회, 도덕과 법률의 관계를 처리하고, 따라서 실제로 '이당치국(以党治国, the rule of party)'의 구도를 형성하고 있다. 그리하여 헌법과 법률은 단지 공산당이 국가를 통치하고 집정 능력을 보증하는 중요한 수단이고 공구로, 그것에 의해서 '의법치국(依法治国, the rule by law)'을 실행한다(强世功 2015, 18-29).

중공은 법치를 강조하고 있지만, 공산당의 법치에 대한 영도적 지위가 강조되고 있다. 한마디로 공산당은 인민을 영도하여 헌법의 제정과 실시를 영도하는 지위를 차지하고 있다(习近平 2019). 따라서 공산당이 헌법을 제정하고 수정하는 중요한 근거는 바로 당의 노선, 방침, 정책 등의 상위 규범이다. 그리고 '당국가 헌정 체제'의 틀 속에서 당 중앙은 최고 권력인 전국인대를 영도하고, 그것으로 인해서 전국인대보다 높다. 법치국가는 절대로 당의 영도를 제거하면 안 된다고 주장한다. 그리고 영도적 지위를 지닌 공산당은 "스스로를 엄중히 다스리고, 자기가 제정한 근본 대법(大法)에 복종한다면, 따라서 '자각적'으로 당장의 요구에 기초하여 헌법과 법률의 범위 내에서 활동한다면, 헌법의 권위는 마침내 진정으로 세워진다."라는 것이다(强世功 2015, 18-29).

특히 시진핑은 19차 당대회에서 공산당이 '중국의 모든 것을 영도한다.'라는 노선을 명시화하였고, 그 결과 후진타오시기까지 진행된 일련의 헌정 체제 수립을 위한 노력이 완전히 부정되었다. 16차 당대회는 사회주의 민주제도 견지와 완비를 강조하면서, 민주제도 완비, 민주주의 형식의 풍부화, 공민의 질서 있는 정치참여의 확대, 인민의 법에 기초한 민주 선거, 민주적 정책 결정, 민주적 관리와 감독의 보증, 광범위한 권리와 자유의 향유, 인권 보장과 존중을 해야 한다고 언급하고 있는데, 이런 것들은 민주적 법치를 핵심으로 한 헌정 목표를 집중적으로 체현한 것들이다. 중공 17대 보고도 과학적 발전관을 제기하고, 인민 권익과 사회적 공평, 정의 보장을 핵심적인 지위에 놓았는데, 이것도 마찬가지로 민주적 법치를 핵심으로 하는 헌정주의 가치관을 풍부화한 것이었고, 헌정주의 가치관 속에 '조화'의 함의를 융합시킨 것으로 평가될 수 있다(殷啸虎 2012, 59-68).

그러나 시진핑은 "공산당은 중국의 모든 것을 영도한다."라는 언술하에서, 공산당 산하의 '의법치국영도소조'의 법치 건설에 대한 통일적 영도를 강조한 것에서 볼 수 있듯이, 공산당은 법치에 의해 통제와 견제를 받는 대상이 아니라 법치를 '영도'하는 지위를 부여받음으로써 무소불위의 권력을 보유하도록 했다. 〈정법공작조례(政法工作条例)〉는 공산당의 정법공작에 대한 영도에 대하여, "주요하게 〈정법공작조례〉의 각 항목을 실천하고, 당 중앙을 중핵으로 하여 각 급 당위원회가 전체적 국면을 총괄하고 각 방면을 조율하며, 공산당 정법위원회가 계통관리와 조직적 조율을 하고, 정법 단위의 당조(당위)가 주관하여 주도적으로 움켜쥐고 각자 맡은 바 임무를 완수하도록 하는 당의 정법 업무를 영도하는 총체적 구도와 운영 체제를 통하여 당 영도의 과학화와 법치화 수준을 제고한다."라고 규정하고 있다. 이것은 제도적으로도 국가의 법치 과정에 대한 당의 지도적 역할을 분명히 한 것이다. 따라서 비록 중국공산당 18기 4중전회가 전면적인 법률에 의한 국가 통치 결정을 내렸지만, 공산당의 관점에서 볼 때는 소위 '이법치국(以法治国)'은 실제적으로 공산당이 법에 따라 국민을 다스리는 것이며, 공산당이 법률 위에 존재하고 공산당 특히 당의 최고 영도자가 법률의 예속을 받지 않는다는 점에서 여전히 한계가 있다. 이는 곧 법치(rule of law)가 아닌 법이 공산당의 통치 도구 역할을 하는 '법에 의한 통치(rule by law)'를 의미할 뿐이다.

따라서 '영도적' 지위를 점하는 공산당에 대한 감독, 견제와 균형을 통하여 공산당의 권력 남용으로부터 권리와 인권 보장 등을 이끌어낼 헌정 체제가 제도화될 수 있는 여지가 부재한 상황이다. 징위에진 칭화대 교수는 중국과 같은 권위주의체제에서는 다당 경쟁이나 권력 분권에 기초한 견제와 균형의 작동 메커니즘이 없기 때문에, 권력에 대한 제약은 권위주의(집권체제)체제의 틀 안에서 정치권력 스스로의 자기 감시, 즉 자기 정화, 자기 보완, 자기 혁신, 자기 향상을 주요 내용으로 하는 자기 감시에 찾아야 한다고 주장하기도 한다(景跃进 2017, 32-44).

2. 당국가체제하에서의 권력 제약의 한계

그렇다면 당의 일원화된 영도적 지위를 주요 내용으로 한 당국가체제하에서 권력 제약은 작동 가능한가? 권력에 대한 감독은 권력을 위임한 주체 또는 위임을 받은 자가 권력 대리인을 통제함으로써 권력 행사가 위임자의 의도에 부합하도록 만드는 것이고, 견제는 업무 권한에 대한 분할에 기초하여 권력 주체 간의 상호 견제를 보장하여 어떤 일방의 권력 남용을 방지하는 것이다. 어떤 일방도 독자적으로 모든 사항을 집행할 수 없고 집행은 협상과 타협을 통해서만 실행될 수 있다. 따라서 감독이 결과 정당성 지향적이고 업무 권한이 효율적으로 실현되는 것을 보장한다면, 견제는 과정 정당성을 근거로 하는 것으로 업무 권한을 분할하여 견제에 도달하는 것을 보증하는 것이다(毛益民 · 曹伟 2017, 92-96). 이러한 감독과 견제 메커니즘의 효과적인 작동은 민주주의 체제가 효과적으로 작동하는 데 필수적 조건이다.

자유민주주의에서는 정치제도의 설계에 있어서 사적영역과 공적영역의 구분에 기초해 제한 정부를 주장하며, 시민의 권리 보장에 기초해 법치를 강조하고, 정치체제 측면에서 다양한 각도의 다차원적인 분권적 견제와 균형을 강조한다. 중국 내에서도 문화대혁명의 교훈, 부패 척결에 대한 심각한 도전, 세계화 맥락에서 시장경제의 정부 권력 경계(boundary) 및 법에 기초한 행정에 대한 요구, 법치 보장에 대한 공민 권리의 요구 등 권력 제약의 필요성은 이미 중국인들의 보편 인식이 되었다. 이에 중국공산당 내에 16차 당대회를 전후로 하여 새로운 권력 제약 담론이 형성되기 시작했고, 17차 및 18차 당대회를 거치면서 관련 표현이 점차 완성된다. 담론의 초점은 권력구조와 권력 운영 메커니즘의 합리화와 민주화에 있으며, 목표는 권력을 제도의 바구니에 가두어 권력이 투명하게 작동하도록 하는 것이었다. 주목할 점 중의 하나는 정책결정권, 집행권, 그리고 감독권이 서로를 제약하고 조율한다는 명제를 제시한 점이다. 그리고 18기 3중전회는 이런 그간의 성과들을 국가 통치체계와 통치 능력을 현대화하는 시스템 공정에 포함시켰으며, 해당 표현에 대해 미묘하지만 상당히 중요한 수정을 가했다(景跃进 2017, 32-33).

그러나 이런 권력 제약 관념을 받아들인다는 것이 민주정치체제에서의 권력 제약 메커니즘을 받아들인다는 것으로 의미하는 것은 아니다. 민주정치체제에서 권력에 대한 감독과 견제는 주민 선거를 통한 수직적인 문책과 수평적인 분권 견제 원칙을 실현하는 일련의 기구와 규칙을 통해서 이루어진다. 그러나 지난 60여 년 동안 중국은 권력에 대한 견제와 감독을 위해서 '대중운동을 통한 반부패에서 제도 건설에 의존한 반부패, 그다음으로 징벌체계 건설을 통한 반부패 건설'의 변천 과정으로 이어져 왔다. 한마디로 교육 · 감독 · 제도를 함께 중시하는 처벌 · 예방하는 권력에 대한 감독과 감시체계를 수립해 왔다. 그리고 현재 중국의 권력에 대한 감독체계는 각급 당위원회와 정부가 '위로부터 밑으로'의 감독 문책, 전문 감독기관의 '감시와 감찰'에 의존하여 권력 감독을 실현하여 부패를 예방하고 징벌하는 것이 특징이다. 허쩡커 교수는 "이런 전통적 권위주의체제의 자아 감독 특징의 청렴 제도 체계는 각급 당정의 주요 지도자에 대한 감독과 견제에서 정보의 비대칭성과 후견인의 존재 때문에 극복하기 어려운 장애와 곤경에 직면하고 있으며, 전문 감독기관 역시 누가 감독자를 감독할 것인가에 대한 문제를 안고 있다."라고 비판한다. 그리고 결국 이런 문제를 극복하기 위해서는 정치체제 개혁을 통해 수직적, 수평적 권력 문책 메커니즘을 확립하여 권력에 대한 감시와 제약을 결합할 수 있어야 한다고 주장한다. 즉 수직적 수준에서 공민선거를 통한 문책과 수평적인 수준에서 권력 분립에 기초한 권력에 대한 견제를 보완하는 것이 중국의 미래 반부패와 권력 감시 노력의 방향이 돼야 한다는 것이다(何增科 2013, 378-397;王长江 2016, 12-14).

그렇다면 현재 중국에서 당정권력에 대한 감독과 견제는 구체적으로 어떻게 이루어지는가? 그리고 그 한계는 무엇인가? 중국의 국가권력 구조는 공산당이라는 최고 권력 조직이 최고 국가권력기관인 인민대표대회와 정부, 검찰원과 법원의 업무를 총괄 지도한다. 이 중 최고 국가권력기관인 인민대표대회는 공산당에 의해서 영도를 받기 때문에 사실상 최고의 권력기관으로 보기 어렵다. 공산당이 국가권력을 이끄는 이런 방식은 정당조직과 국가조직을 서로 상대적으로 분리시킨 후에 서로 간에 지도와 피지도 관계가 형성되도록 하여 공산당이 정치권력을 통치하는 것을 특징으로 한다. 그래서 중국의 국가 통치의 관건은 공산당에 있다. 인민대표대회 중심의 국가권력 운용과정에서 또 하나의 전체 국면을 총괄하는 당위원회의 권력이 존재하기 때문에, 중국의 국가 통치의 횡적 권력구조는 당위원회, 인민대표대회(광의로 정협까지 포함), 정부와 사법(광의로 국가감찰위원회까지 포함)기관 등 네 가지 방면으로 구성되어 있다(虞崇胜 · 何路社 2019, 29-39). 바로 이런 권력구조에서 공산당은 견제받지 않는 영도적 지위를 보유한다. 그리고 공산당은 민주집중제 원칙하에 전국인대를 지도하고, 전국인대가 정부, 법원과 검찰원을 지도하는 지위를 지니는 것으로 나타난다.

따라서 권력구조 측면에서 권력 분할에 기초한 삼권분립을 통해 권력 간 상호 견제와 균형을 제도화한 민주주의 체제와 달리, 중국의 당국가체제는 영도적 지위를 지닌 공산당 권력에 대한 권력 분할에 기초한 견제와 균형의 제도화에 반대하고 민주집중제를 강조하면서 공산당에 의한 일원적이고 중앙집권화된 통치를 강조한다. 그리하여 권력 운영의 측면에서 인민대표대회, 정부와 사법기관 등이 영역별로 작동하고 있지만, 이들 기관은 권력 분립에 기초한 견제와 균형의 관계가 아니라, 기능적 업무 분담에 기초하여 각 부문 간 협력과 조율(업무 분담과 협력)에 초점을 두는 관계다. 이런 조건에서 권력에 대한 제약은 당국가체제 외부 경쟁자로부터의 견제가 아닌 체제 내부의 규칙을 통한 이른바 '자아 규율(规训, dispilicine)'에 의존한다(景跃进 2017, 39-44).

이러한 '자아 규율' 노력은 공식적 언술에서 당의 자기 정화, 자기 보완, 자기 혁신, 자기 향상으로 표현되는데, 특히 공산당의 자아 규율은 주로 두 가지 측면으로 진행된다. 하나는 당내 법규의 제정과 수정을 통해 권력 운영의 규범화를 이끌어내는 방식이고, 다른 하나는 절차적 공개 등을 통해 권력 운영의 투명성을 높이는 방식이다. 징위에징 교수는 현재 중국에서는 이러한 권력의 '자아 규율'이 쉽지 않지만, 세계화 과정이 중국의 공산당과 정부의 의사결정에 새로운 바로미터를 제공하면서 방향성 오류를 범할 확률을 낮추는 데 도움이 되고 있다고 지적하면서, 중국이 놓여진 세계화라는 상황이 권력에 대한 중요한 견제 기제가 될 수도 있다고 주장하기도 한다(毛益民 · 曹伟 2017, 92-96).

비록 현재 중국의 권력에 대한 자아규율 기제가 낮은 제도화 수준이지만, 다양한 기제가 탐색되고 있으며 최상층과 그 이하 권력층에 따라 다르게 나타나고 있다. 우선, 최상층 권력에 대한 자아규율은 종신제 폐지와 임기제 시행, 최고지도자 후보에 대한 당내 협의제의 실시와 '지명제'의 폐지 등 인사제도를 통해서 이루어지거나, 정책 결정의 절차화, 법제화, 민주화를 통한 집단적 정책 결정 메커니즘의 완비 등 정책 결정 기제를 통해서 이루어진다. 다른 한편, 최상층 이하의 권력층에 대한 자아규율 기제는 훨씬 더 다양하다. 우선, 전국인대, 정부 및 사법기관 등 권력 기구 간의 견제와 감독, 순시조 파견, 감사와 평가, 고발 등 다양한 형태의 권력 제약 기제가 있고, 둘째, 당정의 권력 행사 측면에서 그동안 진행된 일련의 합리화, 민주화, 법제화 과정도 권력 제약의 중요한 기제로 작용한다. 셋째, 시장경제로의 이행과 함께 이루어진 국가와 사회의 관계, 정부와 시장의 관계에서 나타난 일련의 커다란 변화도, 공권력의 경계가 정의되고 공권력 행사방식의 표준화를 이끌어내도록 하고 있다. 그럼에도 불구하고 공산당이 전국인대를 이끌고, 전국인대가 정부와 사법기관, 더 나아가 감찰기관을 이끄는 권력에 대한 수직적 감독 모델이 절대적으로 주도적 역할을 한다. 당국가체제는 권력 분립과 상호 제약이 아닌 권력 분공(分工)과 직능 협력 원칙에 기초하고 있어, 정부와 사법기관(광의적 차원에서 감찰위도 포함) 같은 횡적인 권력관계에서는 견제와 균형 관계가 아닌 상호 업무 분담(분업)과 조율하는 관계를 이룰 뿐이어서(景跃进 2017, 39-44), 권력에 대한 수평적 견제와 감독이 효과적으로 작동되지 못하기 때문이다. 뿐만 아니라 시민사회와 여론의 감시도 과거에 비해 그 역할이 증가되고는 있지만, 여전히 권력에 대한 효과적 감시기제로 작동하지 못하고 있기 때문이다.

상술한 바와 같이 중국에서 당정 권력에 대한 제약 이론은 권력 분립을 통한 제약이 부정되고 다당 간의 경쟁과 선거를 통한 감독과 견제도 부정된다. 주요하게 당국가체제 내에서 자기 규율 방식에 의존하며, 이것은 '권력을 제도의 우리에 가두는 것'으로 특징지을 수 있다. 이런 노력에 대해 중국공산당은 당의 자기 정화, 자기 보완, 자기 혁신, 자기 향상으로 표현하지만, 문제는 공산당의 권력에 대한 자아 규율이 다당 간 경쟁적 선거나 권력분립 같은 당 외부의 제도적 메커니즘에 의해 보장됨 없이 지속 가능한가에 대한 근본적 의문이 남는다는 점이다.

V. 결론 : 강성 권위주의체제와 새로운 패러다임의 권위주의체제 등장

중국공산당은 '중국식' 민주주의의 핵심 원칙으로 "공산당의 영도, 인민주권(人民当家做主), 법치라는 3가지 구성 요소의 유기적 결합"이라는 원칙을 제기하고 있다. 이 글은 바로 이 원칙에서 공산당 영도와 인민주권 원칙 및 공산당 영도와 법치 원칙 간에 존재하는 내재적 충돌이라는 두 가지 특징을 변수로 하여, 시진핑 정권 등장 이후 현대적 거버넌스 체제의 구축이라는 이름하에 추진되고 있는 이른바 '중국식 정치체제모델'은 민주주의와 헌정주의 원리가 관철되지 못한 공산당의 일원적 통치에 기반한 강화된 권위주의체제로 규정짓고 있다.

우선 공산당만이 권력에 대한 집권이 가능하여 공산당에게 사실상의 세습적인 통치 지위가 부여되고 있다. 비록 공산당 외에 8개의 민주당파가 국가 업무에 참여하고 있지만, 민주당파는 권력을 집권할 수 없고, 공산당 영도하에 공산당의 집권을 도와서 협력하고 협상하는 관계로 경쟁하는 관계가 아니다.

둘째, (선거든 혹은 다른 수단이든) 인민의 선택과 결정에 기초한 정치지도자를 선출하는 것이 부정되고, 정치지도자는 공산당에 의해서 육성되어 심사와 평가를 거쳐 선발된다. 이것은 인민이 국가권력의 주인으로서 스스로 대표를 결정하는 자신의 권력을 위임하는 인민주권 원리를 부정하는 것으로, 공산당에 의해 선발 육성된 현능(賢能)한 지도자에 의한 통치의 대상으로만 위치한다. 결국 인민의 정치참여는 인민 스스로 참여를 통해 지도자를 결정하는 것이 아닌 의사 개진(협상 민주)에 불과하고, 통치 지도자는 당에 의해서 육성되고 선발됨으로써 인민이 아닌 공산당이 통치 지도자에 대한 결정권이 있음을 의미한다.

셋째, 공산당 권력은 시진핑 총서기의 지적대로 당·정·군·민·학, 동·서·남·북·중 등, 중국의 모든 것을 이끄는 영도 권력으로, 분할될 수 없는 일원적인 영도적 지위를 지니고 있다. 그러므로 권력기관 간의 권력 분할에 기초한 견제와 균형의 원칙은 부정되고, 권력의 운영과정에서 정책 결정, 집행, 사법 등의 권력기관은 공산당의 영도하에서 업무분담과 상호 업무 조율을 할 권한을 지닐 뿐이다. 따라서 권력에 대한 제약은 당국가체제 외부 경쟁자로부터의 견제나 감독이 아닌 주요하게 체제 내부의 규칙을 통한 '자아 규율(规训, dispilicine)'에 의존한다.

이런 당국가체제의 개혁을 통한 새로운 통치 정당성 확보의 필요성에 대한 인식은 후진타오 집권 시기에 헌정민주주의 건설에 관한 논의의 확대 발전을 이끌어내기도 했다. 이 시기에 보편 가치로서 민주주의에 대한 인정과 민주주의의 제도화에 대해 진전된 인식의 전환을 보이면서, 민주주의와 헌정 논리가 결합된 정치 제도화의 길로 가기 위한 일련의 실험들이 행해졌다. 이런 논쟁과 시도들은 시진핑 시대의 등장과 함께 정치 변화를 둘러싼 담론의 중심에서 사라진다. 대신에 공산당의 정치, 경제, 사회 등 전방위적 영역에서 일원적인 통치 지위가 강조되면서 '강성' 권위주의체제가 등장한다.

이런 중국의 정치체제는 흡사 뤼샤오보어 난징대 교수가 주장하는 근대 이전 중국의 '황제-민본주의 체제'와 유사해 보인다. 뤼샤오보어는 민본주의와 민주주의를 다음과 같이 구분한다: 우선 민본주의는 주권자인 군주가 '민'을 나라의 근본으로 삼을 것을 요구하는 것이라면, 민주주의는 주권자인 '민'의 양도할 수 없는 권리를 전제한다; 둘째, 민주주의가 강조하는 '민'은 국가의 주인이고 국가권력은 반드시 '민'의 감독을 받아야 한다면, 민본주의는 국가의 주인인 군주에 대해 비판을 제기하거나 제도적 구상을 통해 군주의 권력을 제한하고자 한 적이 없다. '민'과 '군'은 상호의존적이지만 절대 대등하지 않으며 홍정도 가능하지 않다. 반면에 민주주의는 통치자와 피통치자는 사실상 계약관계로, 양자는 상호의존적임과 동시에 평등하며, 양자의 역할이 전환될 수도 있다고 본다; 셋째, 민본주의에서는 반란과 같은 비정상적 절차를 통한 정치 변화가 나타날 수 있지만, 민주주의는 인민에 의해 정부에 대한 감독과 정치적 개조를 이끌어낼 수 있어 반란처럼 파괴적이지 않고도 변화를 꾀할 수 있다(이정남 · 유은하 · 정주영 역. 뤼샤오보어 저 2019, 93-96).

이런 민본주의적 인식은 시진핑의 다양한 언술에서 확인할 수 있다. 일례로 2019년 당의 전면적 법치 통치에 대한 영도를 강화하자는 연설에서 시진핑은 "인민의 이익을 구현하고 인민의 염원을 반영하여, 권익을 수호하며, 인민의 복지 증진을 법치의 모든 과정에서 정착시켜야 하며, 인민이 당의 영도 아래 각종 경로와 형식을 통해 국가 사무를 관리하고, 경제와 문화 사업을 관리하며 사회 사무를 관리하도록 보장해야 한다."라고(习近平 2019) 강조했다. 이것은 한마디로 '법의 통치'가 아닌 공산당의 영도하에 법치를 수단으로 하여 인민의 이익을 구현하도록 노력하자는 것으로 요약할 수 있어, '공산당-민본주의'체제의 특징으로 규정할 수 있다.

결국 민주화의 길을 배제한 중국의 정치체제모델은 전통적 당국가체제의 자기 우량화 과정이고, 민주주의 원리와 헌정주의 원리가 아닌 '공산당-민본주의' 원리에 기초한 공산당 영도의 권위주의체제로 볼 수 있다. 물론 이것은 황제가 아닌 공산당이라는 공식적인 조직에 기초한 통치라는 점에서 '황제-민본주의' 체제와 다르다. 그러나 법치에 기초한 통치를 강조하지만, 고대 제왕의 법치와 유사하게 공산당이 입법을 영도하고 법 집행을 보장하며 사법을 지지하고 법을 지키는 데 앞장선다(柯华庆 2017). 또한 '협상' 방식을 통한 정치참여를 강조하고 있지만 이런 방식 역시 전통 시대의 '관'과 '민'의 소통 방식과 결정적으로 다르지 않다.[13] 더 나아가 이것은 비록 제한된 수준이지만 시장경제와 사적 소유에 기초한 다원적 이해관계로 구성된 시민사회가 성장하고 있다는 점에서 마오쩌둥 시대의 전체주의 체제와도 차이가 있다.

시진핑 정부는 상술한 특징을 지닌 정치체제를 이른바 중국식 정치

---

13 2019년 9월 고려대학교 아세아문제연구원 강연에서 뤄샤오보어는 전통 시대에도 오늘날의 협상 방식과 유사한 관민 소통 과정이 종종 존재했다는 점을 강조했다.

체제모델의 발전 방향으로 간주하고 추진해 갈 것으로 보인다. 이것은 중국공산당의 다양한 주장을 통해서 확인할 수 있다. 우선, 2019년 10월 중공 19기 4중 전회에서 국가 제도와 통치(治理) 문제를 전문적으로 다루는 중공 역사상 최초의 회의를 개최하여, 중국 특색의 사회주의 제도와 통치 체계 및 통치 능력의 현대화를 모든 당의 중대한 전략적 임무로 규정하고, 2021~35년, 그리고 2035~49년까지 두 단계를 통해 공고화해 간다는 장기적 완성 목표를 제시한 바 있다(『新华社』 2019.10.31). 신화사는 2019년 11월에 19기 4중전회 〈공보〉의 탄생기를 특별히 소개하면서, 그 의의를 "100년 미증유의 대변화 국면에서, 중국이 국가 제도와 통치에서 무엇을 견지하고 공고히 하며, 무엇을 보완 발전시켜야 하는가"에 대한 질문에서 출발하였다고 지적한 바 있다. 또한 4중전회의 결정은 중국 특색의 사회주의 '경로, 이론, 제도, 문화' 등 이른바 '4개 자신'을 견지하기 위한 역사의 한 장을 쓴 것으로, 세계 인구의 5분의 1을 차지하는 동양 (강)대국이 국가 통치의 새로운 경지를 개척하기 위한 방향을 제시하였고, 또한 인류 사회제도 문명에 중국의 지혜가 공헌한 것이라고 평가한 바 있다(『新华社』 2019.11.06). 그리고 최근 왕이 외교부장도 2020년 중미 싱크탱크 매체 포럼에서 "상대방을 개조하려고 하지 말고 서로 다른 제도와 문명이 평화롭게 공존하는 길을 공동으로 찾자."라고 주장함으로써(『新华社』 2020. 07. 09) 대외적으로도 서구 민주주의와 다른 중국식 정치체제모델을 건설해 가고자 하는 의지를 천명하기도 했다.

바로 이런 점은 시진핑 정부에 의해 제시된 중국 정치체제의 발전 방향이 개혁개방 이래 줄곧 지향점으로 자리해 온 헌정민주주의 체제에서 이른바 새로운 '중국식' 통치 모델로 시각을 전환시키면서 권위주의체제의 새로운 진화를 꾀하고 있음을 의미한다고 볼 수 있다. 그리고 이것은 민주적 전환을 전제로 한 과도적 정치체제로 간주되어 온 그동안의 권위주의체제에 대한 학계의 이해와는 근본적으로 다른 새로운 패러다임의 권위주의체제의 등장으로 간주할 수 있다.

[참고문헌]

이정남. 2012. "민주주의 담론의 백화제방 시대의 도래." 이정남 편. 『민주주의와 중국』. 서울: 아연출판부.

_____. 2012. "민주주의에 대한 중국의 인식: 비교 역사적 관점을 중심으로." 이정남 편(2012).

_____. 2019. "5.4운동 100년을 통해서 본 중국 정치체제의 변화: 당국가체제의 '승급'인가? 민주체제로의 전환인가?." 『현대중국연구』 제21권 제2호.

이정남 · 유은하 · 정주영 역. 뤼샤오보어 저. 2019. 『중국의 민주주의: 민주 관념의 생성과 변천』. 서울: 아연출판부.

조지 세바인 외. 강정인-김세결 엮음. 1994. 『현대 민주주의론의 경향과 쟁점』. 서울: 문학과 지성사.

황태연. 2019. "중국의 당정(黨政)관계 변화, 마오쩌둥 시대로의 회귀인가?: 시진핑 시대 당정 기구개혁을 중심으로." 『현대중국연구』 제 21권 2호.

毛益民·曹伟. 2017. "集权体制下的权力制约:理论与实践会议综述." 『中共杭州市委党校学报』 第2期.

萧功秦·朱伟. 1989. "新权威主义." 『社会』 3期.

萧功秦. 2014. "关于新权威主义体制与国家治理问题的若干思考." 『华中科技大学学报(社会科学版)』 3期.

_____. 2019. "从新权威主义看中国改革40年." 『中国战略分析』(中国战略分析智库) (2019年3月2日)

杨雪冬. 2018. "理解改革开放以来中国政治变化的三重维度," 『中央社会主义学院学报』 5期.

柯华庆. 2017. "党规是法治中国的核心."『爱思想』(http://www.aisixiang.com) (검색일:2017.05.02)

_____. 2019. "党导民主制：正当性与价值," 『爱思想』(http://www.aisixiang. com) (검색일: 2019.05.29)

闾小波. 2018. "从守成到能动：中国共产党与民本主义的转向."『吉林大学社会科学学报』 第1期.

陈明明. 2008. "中国政治制度的价值结构: 冲突与调适." 『社会科学研究』 2期.

强世功. 2015. "党章与宪法: 多元一体法治共和国的建构." 『文化纵横』 8月号.

蔡定剑. 2011. 『民主是一种现代生活』 北京: 社会科学文献出版社.

俞可平. 2013. "中华人民共和国年的政治发展." 俞可平·李侃如(Kenneth Lieberthal), 『中国的政治发展: 中美学者的视角』, 北京: 社会科学文献出版社.

_____. 2013."中国的善治之路: 中美学者的视角." 俞可平·李侃如(Kenneth Lieberthal)(2013).

王宗礼·李连军. 2019. "新中国70年中国特色政治发展道路及其理论超越." 『马克思主义理论学科研究』 第5期.

胡锦涛. 2007. "高举中国特色社会主义大旗帜 为夺取全面建设小康社会新胜利而夺门 : 在中国产党第十七次全国代表大会上的报告." 『人民罔』 (2007.10.15)

习近平. 2014."在庆祝中国人民政治协商会议成立65周年大会上的讲话."『新华网』(2014.09.21)
_____. 2017."决胜全面建成小康社会 夺取新时代中国特色社会主义伟大胜利——在中国共产党第十九次全国代表大会上的报告,"『新华社』(2017.10.27)
_____. 2018. "深刻认识深化党和国家机构改革的重大意义——党的十九届三中全会第二次全体会议上的讲话(节选)."『中共中央办公厅通讯』第5期.
_____. 2019. "加强党对全面依法治国的领导."『求是』(2019.02.15)
_____. 2019."习近平在庆祝全国人民代表大会成立六十周年大会上的讲话."『求是』(2019.09.17)
赵刚印. 2017. ""党政军民学, 东西南北中,党是领导一切的", 55年前毛泽东最初是怎么说的?"『上观新闻』(2017.10.22)
郑永年. 2018. "中国体制改革向何处去?'『联合早报』(2018.12.04)
中共中央印发. 2018. "深化党和国家机构改革方案,"『新华社』(2018.03.21)
陈家喜,林清新. 2019. "新时代执政党干部选任制度的新变化."『理论探讨』第2期.
熊玠. 2016. "把协商民主作为国家战略."『学习时报』(2016.06.30)
陈剑. 2016. "协商民主与中国政治发展."『理论动态』2016年7月, http://chenjian. blog.21ccom.net/?p=292(검색일:2016.07.29)
王振民. 2009. "关于民主与宪政关系的再思考."『中国法学』第5期.
王长江. 2013. "中国共产党: 从革命党向执政党的转变." 俞可平·李侃如(Kenneth Lieberthal), 『中国的政治发展』北京: 社会科学文献出版社.
_____. 2014. "关于权力约束机制的几点思考."『西南政法大学学报』1期.
_____. 2019. "中国共产党执政七十年党建经验再思考."『党政研究』第4期.
殷啸虎. 2012. "当代中国宪政之研究."『政治与法律』11期.
景跃进. 2017. "中国特色的权力制约之路-关于权力制约的两种研究策略之辨析."『经济社会体系比较』第4期.
何增科. 2013."建构现代国家廉政制度体系: 中国的反腐败与权力监督." 俞可平·李侃如(Kenneth Lieberthal)
虞崇胜 · 何路社. 2019."我国国家治理权力架构当前存在的问题与对策."『绥化学院学报』2期.
鄢一龙. 2020."中美政治体制比较:"七权分工"vs."三权分立"."『东方学刊』3期.
毛泽东. 1991."新民主主义的宪政(一九四○年二月二十日)."『毛泽东选集』(第二卷). 北京: 人民出版社.
"中共中央关于全面深化改革若干重大问题的决定."(2013年11月12日中国共产党第十八届中央委员会第三次全体会议通过)『中国经济网综合』(2013.11.18)
"中国共产党第十九届中央委员会第四次全体会议公报."『新华社』(2019.10.31)
"筑牢中国长治久安的制度根基——十九届四中全会《决定》诞生记."『新华社』(2019.11.06)
"守正不移. 与时俱进维护中美关系的正确方向——王毅国务委员在中美智库媒体论坛上的致辞."『新华社』(2020.07.09)

Diamond, Larry·Linz, Juan J.·Lipset, Seymour Martin (eds.). 1988. *Demoraccy in Developing Countries*(Vol. 2). Boulder: Lynne Rienner.

Heurlin, Christopher. 2016. *Responsive Authoritarianism in China*. Cambridge: Cambridge University Press.

Nathan, Andrew J. 2008. "China's Political Trajectory: What Are the Chinese Saying?" Li, Cheng (ed). *China's Changing Political Landscape*. The Brookings Institution.

Ringen, Stein. 2016. *The perfect Dictatorship-China in the 21st China*, Hong Kong: HKU Press.

Tang, Wenfang. 2016. *Populist Authoritarianism: Chinese Political Culture and Regime Sustainability*. Oxford University Press.

Zheng, Yonghian. 2010. *The Chinese Communist Party as Organizational Emperor: Culture, Reproduction and Transformation*, Routledge.

2장

중국 체제 특성 규명의 보편성과 특수성 : 비교권위주의적 접근[14]

| 배진석 |

Ⅰ. 서론

중국 정치체제의 특성은 "중국 특색"이라는 수식어 없이는 설명하기 힘든가? 보편적 사회과학 개념으로 중국의 체제 특성은 규명되기 힘든 것인가? 이 글은 비교권위주의 분야의 최근 연구 성과를 통해 중국 체제 특성 규명의 보편성과 특수성을 이론적 차원에서 검토하는 것을 목적으로 한다. "공정하고 자유로운" 선거가 없는 상황에서도 (대의)민주주의의 본질적 내용인 정치적 책임성이 구현될 수 있는지 이 글은 중국 사례를 적용해 검토하려고 한다.

통상적인 차원에서 중국 정치체제를 민주주의로 분류하기는 힘들다. 중국 내부에서 "중국 특색"이라는 수식어를 자주 사용하는 이유도 이러한 어려움이 반영된 결과일 것이다. "자유롭고 공정한 경쟁"(Schumpeter 1943), "선거뿐만 아니라 표현의 자유와 집회 및 결사의 자유가 존중받는 체제"(Dahl 1971) 등의 통상적이고 원론적인 민주주의 기준에 비추어볼

14 이 글은『세계지역연구논총』제37집 4호에 게재된 원고를 단행본의 성격에 맞추어 수정, 보완한 것이다.

때 중국 정치체제를 민주주의 체제라고 보기는 힘들다.

그렇다면 민주주의 체제로 분류되지 않는 중국은 곧바로 권위주의체제라고 할 수 있는가? 민주주의가 아닌 국가들은 흔히 별다른 이론적 설명 없이 권위주의체제로 분류되어 왔던 것이 사실이다. “민주주의가 부족 혹은 결핍된 상태”(Dahl 1971; Linz 2000; Schumpeter 1943)로 권위주의는 해석되어 왔다. 최근의 비교권위주의 연구들은 선행연구들이 권위주의 자체를 정의하지 않고 민주주의 부족 혹은 부재로 정의하는 경향에 대해 문제의식을 표출했다(Glasius 2015, 2018; Schedler 2015). 권위주의 개념의 속성에 근거한 자체 정의 없이 특정 개념에 대한 부정적 카테고리로 권위주의의 정의를 대체하려는 시도에 대한 문제 제기라고 할 수 있다. 이 글의 문제의식도 같은 선상에 있다.

중국 내부에서 서구식 민주주의, 특히 선거 민주주의에 대한 비판이 활발했다는 것은 널리 알려진 사실이다. 서구식 민주주의는 능력 있는 국가지도자를 선출하지 못했다는 주장(옌이룽 외 2015), 잦은 정권교체로 주요 국가정책이 단절되고 정권 획득이라는 근시안적 목표로 인해 장기적 비전을 제시하지 못했다는 주장(조영남 2013), 당파성에 근거한 집단이익 추구를 해결하지 못했다는 주장(판웨이 2010) 등이 선거 민주주의 비판의 근거로 제시되어 왔다. “자유롭고 공정한” 선거가 없기 때문에 권위주의체제로 지목되어 왔던 중국은, 서구 민주주의에 대한 이런 비판과 함께, 다른 권위주의 국가들과 차별성을 부각시키는 노력을 경주했다. 국가주석의 5년 중임제, 중앙상무위원 집단지도체제, 국가주석과 총리의 역할 분담 등은 권위주의적 속성보다는 민주주의적 속성에 가깝다는 주장이다(이정남 2018a). 기존 권위주의 국가들과 차별화되는 특성을 강조하는 것은 중국 정치체제를 권위주의체제로 평가받을 수 없다는 항변으로 이해할 수 있다.

이 글은 “중국적 특색”이라는 수식어의 도움을 최대한 줄이고, 비교민주주의 혹은 비교권위주의의 보편적 개념으로 중국 정치체제의 특성을 규명하려는 시론적 연구이다. 중국 정치체제를 민주주의로 볼 수 없다면, "민주주의의 부족 혹은 부재"라는 부정적 카테고리에 의지하기보다 권위주의체제의 본질적 속성에 근거해 중국 정치체제의 특성을 규명하려는 시도로 이 연구는 기획되었다.

II. 선거와 위임 : 민주주의 대 권위주의

정당 간의 경쟁적 선거제도가 없다는 사실은 중국 정치체제를 권위주의로 해석하는 주요 논거이다. 행정부와 입법부의 주요 구성원들이 경쟁적인 선거로 충원되는 정치 시스템을 민주주의로 이해하는 해석은 널리 수용되어 왔다. 1) 행정부의 수반이 직간접적으로 선출되고, 2) 다당제에 근거한 의회가 존재하며, 3) 야당의 존재가 허락되고 동시에 이들이 권력을 쟁취할 수 있는 실질적(realistic) 기회가 있는 시스템이 민주주의의 구체적 기준으로 제시되어 왔다. 이 세 가지 기준 중 하나라도 부족할 경우 그 체제는 곧바로 권위주의로 해석되었다(Cheibub et al. 2010).

이 기준에 따르자면 중국은 권위주의체제임이 분명하다. 세 기준을 모두 충족하지 못하기 때문이다. 1)번 기준은 논란의 여지가 있으나 충족하는 것으로 해석할 수도 있다. 행정부를 총괄하는 총리는 여러 단계의 전국인민대표 간접선거를 통해 선출되기 때문이다. 미국의 대통령 선거인단(electoral college) 제도나, 의회제의 총리 선출 역시 간접선거인 것은 사실이다. 다만 이들 체제는 두 단계의 비교적 간단한 위임사슬(chain of delegation)로 이루어진다. ([그림 1] 참조) 이에 비해 중국의 총리 선출은 최소한 다섯 단계의 간접선거를 거치게 된다.[15] ([그림 2] 참조) 이 과정을 거치면서 위임의 실질적 내용이 희석된다는 비판은 타당한 것으로 판단된다. 게다가 중국의 총리는 미국의 대통령 혹은 서구 의회제 국가의 총리와 권한 차원에서 직접적 비교가 힘들다. 중국공산당에서 선출되는 국가주석의 영향력도 중국 총리의 권한을 제약하는 요소라는 점도 별도로 고려되어야 한다. 2)번과 3)번 기준은 좀 더 명확하게 민주주의 기준에 위배된다. 중국에서 민주당파를 야당으로 이해하기는 곤란하며, 야당으로 이해한다고 하더라도 이들이 선거를 통해 권력을 장악할 실질적 기회는 전무하기 때문이다.

중국 정치에 "자유롭고 공정한" 경쟁 선거가 없다는 의미는 "위임"(delegation)이라는 개념의 부재와 직접적으로 연결되어 있다. 민주주의는 인민주권(popular sovereignty)에 기반해 권력의 주인(principal)인 유권자가 대리인(agent)인 정치인에게 자신의 권력을 한시적으로 빌려주는 시스템이기 때문이다. 선거는 바로 권력을 위임하는 과정이다. 민주주의는 권력구조의 유형에 따라 위임 사슬(delegation of power)의 구조가 달라진다([그림 1] 참조). 의회제에서는 의회 선거에서 위임받은 권력이 직렬적으로 총리 선출로 이어져, 일원적인 정치적 정통성이 형성된다. 대통령제는 유권자가 두 번의 별도 선거를 통해 행정부와 입법부에 병렬적으로 권력을 각각 위임함에 따라 이원적인 정통성이 형성된다(Strom 2000).

---

15 이 주장에 대해서는 서로 다른 두 방향에서 비판이 있을 수 있다. 예상되는 첫 번째 비판은 중국공산당의 정치적 영향력이 포함되어 있지 않기 때문에 당국가체제의 특성이 제대로 반영되지 않았다는 주장이다. 또 하나는 반대 방향에서 예상되는 비판이다. 기층 단위에서 실시되는 선거가 실질적 의미의 위임으로 보기 힘들다는 주장이다. 예상되는 두 가지 비판 모두 자체로서는 타당한 주장이겠으나, 서론에서 밝힌 바와 같이 이 연구의 목적을 감안할 때, 첫 번째 비판에 대해서는 위임의 의미를 최소강령주의로 해석했고, 두 번째 비판에 대해서는 위임의 의미를 최대강령주의로 해석했음을 밝힌다.

[그림 1] 민주주의 체제 위임사슬(chain of delegation)

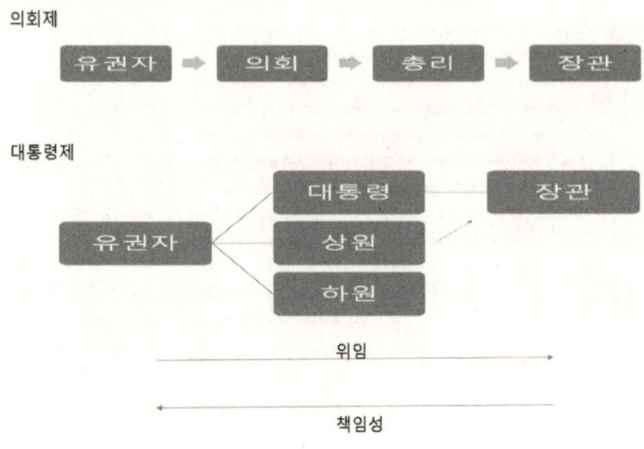

출처: Strom(2000)을 재구성

[그림 2] 중국 정치체제의 위임사슬

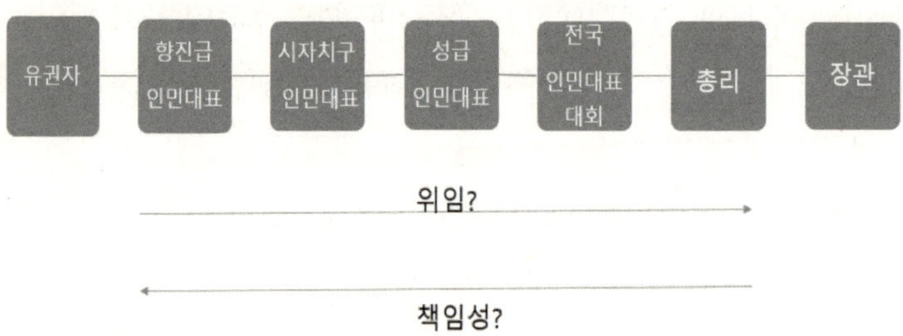

권위주의체제에서는 인민이 최고 권력자에게 권력을 위임하는 과정이 사실상 생략되어 있다. 대부분의 권위주의체제가 인민주권을 명목상으로 표방하고 있지만, 이 인민주권의 위임 과정이 없기 때문에 정통성 차원에서 취약해진다. 권위주의 국가들이 명목상 선거를 실시하는 이유

도 이 정통성 취약을 극복하기 위한 시도이다. 인민주권을 위임받았다는 사실을 형식적으로나마 내세워 정통성 취약을 극복하고자 하는 시도로 해석할 수 있다.[16] 다만 이 선거는 민주주의 체제에서 실시하는 선거의 실질적 위임의 내용을 포괄하지 못한다. 그 결과 권위주의체제에서 권력의 위임은 최고 권력자가 지배 연합의 일원인 정치 엘리트들에게 분담하는 권력관계로 국한된다. 민주주의 체제에서 유권자 → 대통령/의회 → 행정 일선(대통령제), 혹은 유권자 → 의회 → 총리 → 행정 일선(의회제)으로 이어지는 권력 위임 사슬이 권위주의체제에서는 최고 권력자 → 지배 연합 엘리트 간의 관계로 단순해진다.

중국은 어떠한가? 명목상으로 중화인민공화국의 주권은 인민에게 귀속되어 있으나 인민이 권력자에게 권력을 위임하는 절차가 사실상 누락되어 있다. 전국인민대표자회의를 민주주의 국가들의 의회제처럼 직렬적 위임관계로 해석하는 것은 무리이다. 그 결과 명목상 주권자인 인민은 빠지고 국가주석과 지배 엘리트들인 공산당 및 행정관료들 간의 관계로 위임 사슬이 축소된다.

III. 책임성 : 민주주의 대 권위주의

책임성은 위임과 반대 방향으로 진행된다는 점에서 주인-대리인 관계에서 동전의 양면과도 같다. 주인으로부터 권력을 위임받은 대리인은 책임성(accountability)을 요구받는다. 책임성의 핵심은 응답성(answerabi-

16 권위주의 정치지도자들이 선거를 실시하는 이유는 여기에서 그치지 않는다. 자세한 내용은 이 논문의 제5장에서 별도로 논의된다.

lity)[17]과 문책(enforcement)이다 (Schedler 1999).

먼저 대리인은 응답의 의무가 있다. 위임받은 권력의 행사 과정 및 결과를 주인에게 투명하게 보고해야 한다. 주인-대리인 간의 비대칭적 정보(asymmetric information) 문제를 해결해 대리 손실(agency loss)을 줄이려는 시도이다. 투명성이 부족한 권위주의체제에서는 반응의 의무가 희석된다. 이는 당연한 결과이다. 주권자인 인민으로부터 실질적인 권력을 위임받지 않았기 때문에 형식적인 차원에서 대리인인 최고 권력자는 응답의 필요성이 생기지 않는다. 오히려 주요 정보를 통제하는 경향이 생기고, 그 결과 인민과 최고 권력자를 포함한 지배 연합 사이에 정보의 비대칭성은 심화된다.

권위주의체제에서 최고 권력자와 지배 엘리트 사이에서도 정보와 관련된 응답성 문제는 중요한 의미가 있다. 이 관계에서 주인인 최고 권력자는 대리인인 지배 엘리트보다 정보의 양이 작을 수밖에 없다. 독재자에게 가장 위협적인 대상은 바로 지배 엘리트들이다. 이들은 독재자의 권력을 뒷받침하는 세력이지만, 동시에 독재자의 권력에 도전할 수 있는 후보군이기도 하다(Bueno de Mesquita et al. 2003; Egorov and Sonin 2011). 지배 엘리트들의 쿠데타를 두려워하는 독재자(주인)와 독재자의 약속 위반을 두려워하는 지배 엘리트(대리인)들은 타협책으로 정당이나 의회에 각종 위원회 등의 조직을 두고 상대방의 행동과 의도를 모니터링한다(Svolik 2009, 2012). 중국공산당 정치국(상무위원회)도 같은 기능을 담당한다(이정남 2017).

---

17 "한글 번역으로 이와 혼동되는 개념 중의 하나가 바로 responsiveness이다. 이 연구는 responsiveness를 대응성 혹은 반응성으로 번역할 것을 제안한다. 대응성은 주인인 유권자의 선호가 선거 당시와 달라졌을 때, 그 변화에 대응하는 대리인의 능력으로서 동적 대표성(dynamic representation)을 의미한다. 이와 관련된 자세한 논의는 Stimson et al.(1995)을 참조할 것. Stimson et al.(1995)에 대한 비판은 Manin et al.(1999)을 참조할 것." (배진석 2020, 300)

책임성의 다른 측면인 문책(enforcement)은 대리인이 위임받은 권력을 제대로 사용하지 않고 계약을 위반했을 때, 주인이 위임된 권력을 회수하는 방식으로 처벌하는 것을 의미한다. 대리 손실의 사후적 측면, 즉 도덕적 해이(moral hazard)를 감소시키기 위한 메커니즘이다. 민주주의 체제에서는 주인인 유권자가 대리인인 정치인을 선거라는 과정을 통해 심판 혹은 보상하게 된다. 권위주의체제의 문책은 민주주의 체제와는 다른 맥락에서 시행된다. 앞서 살펴본 바와 같이 최고 권력자가 인민으로부터 처벌받는 메커니즘은 존재하지 않는다. 최고 권력자가 권력 공유라는 약속을 위반했거나 위반할 조짐이 보일 때, 지배 엘리트들은 주인인 최고 권력자를 쿠데타 등의 방법으로 교체한다. 이때의 문책은 민주주의 환경에서 주인이 대리인을 교체하는 방향이 아니라, 대리인이 주인을 교체하는 방향으로 행사된다. 따라서 통상적인 민주주의 체제에서 선거로 행사되는 문책보다 훨씬 높은 위험부담과 비용이 수반된다(Schedler 2015).

책임성의 또 다른 축은 수직적-수평적 책임성이다.[18] 민주주의 체제에서는 주인과 대리인 사이의 관계가 수직적 책임성으로, 대리인들(권력기관들) 간의 관계가 수평적 책임성으로 표현된다. 수직적-수평적 책임성의 수준에 따라 큰 틀에서 체제 유형이 결정되기도 한다(Slater 2013). [그림 3]에서 확인되듯이, 이론적 차원에서 민주주의 체제는 수직적 책

---

18 "오도넬의 수직적-수평적 책임성 구분은 직관적인 시각적 비유로 학계의 주목을 받았"지만(배진석 2020, 300), 세 가지 차원에서 논쟁의 대상이 되었다. 첫째, 대통령과 의회는 주인-대리인 관계가 아니므로 위임-책임성의 관계가 적용되지 않는다는 점에서 수평적 책임성이라는 개념은 무리한 주장이라는 비판이다. 둘째, 직접적인 제재 권력이 없는 각종 감찰기구의 경우 "책임성"을 논하기 힘들다는 비판이다. 셋째, 의회제 국가에서는 책임성의 범위가 사법적 위반 사안에만 국한되지 않는다는 점에서 오도넬의 수평적 책임성 개념은 제한적으로만 활용될 수 있다는 비판이다. 메인웨어링(Mainwaring 2003)은 이런 비판을 수용해 수직적-수평적 책임성 대신 선거 책임성(electoral accountability)과 국가기구 내 책임성(intrastate accountability)으로 대체할 것을 제안한 바 있다. 자세한 논의는 배진석(2020, 300-306)을 참조할 것.

임성과 수평적 책임성이 모두 높은 체제이다. 수직적 차원에서 주인인 유권자는 대리인인 정치인들로부터 응답의 의무를 요구할 수 있고, 도덕적 해이가 나타났을 경우 선거로 권력을 회수할 수 있다. 수평적 차원에서는 행정부, 입법부, 사법부 등의 국가권력, 즉 주인인 유권자로부터 권력을 위임받은 대리인들 사이에 상호 견제와 균형의 메커니즘이 작용할 것을 예상할 수 있다. 반대로 권위주의체제는 두 차원의 책임성이 모두 낮은 체제이다. 수직적 책임성은 낮으나, 수평적 책임성이 높은 체제는 과두정(oligarchy)으로 분류된다. 위임관계가 명확하지 않아 인민과 권력자들 사이의 책임성은 낮지만, 지배 연합 내 대리인들 사이의 견제와 균형이 작동하는 기제이다. 반대로 수직적 책임성은 높으나, 수평적 책임성은 낮은 체제는 포퓰리즘으로 구분된다. 유권자로부터 선출되어 수직적 책임성은 높지만, 다른 권력기관들 사이의 균형이 무너진 유형이라고 할 수 있다. 주로 선출된 대통령이 국민으로부터 전권을 위임받았다는 판단하에 의회나 정당을 우회해 국민과 직접 접촉하며 정책을 추진하는 위임민주주의(delegative democracy)가 대표적인 사례라고 할 수 있다(O'Donnell 1994).

[그림 3] **수직적-수평적 책임성과 체제유형**

		수평적 책임성	
		고	저
수직적 책임성	고	민주주의	포퓰리즘
	저	과두정	권위주의

출처: Slater(2013)을 재구성

Slater는 [그림 3]의 체제 유형에 민주주의-권위주의 분계선을 포함시켜 [그림 4]와 같이 표현한 바 있다. 그림 좌측 상단에 위치한 포퓰리즘과 우측 하단에 위치한 과두정은 민주주의-권위주의 분계선 부근에 자리 잡고 있다. 민주주의와 권위주의는 그 자체로 명확히 구분되지만, 포퓰리즘이나 과두정 그 자체로는 민주주의와 권위주의로 쉽게 구분되지 않는다는 의미이다. 수직적-수평적 책임성의 정도에 따라 민주주의에 가까울 수도 있고, 반대로 권위주의에 가까울 수도 있다는 의미이다.

[그림 4] 수직적-수평적 책임성과 민주주의-권위주의 분계선

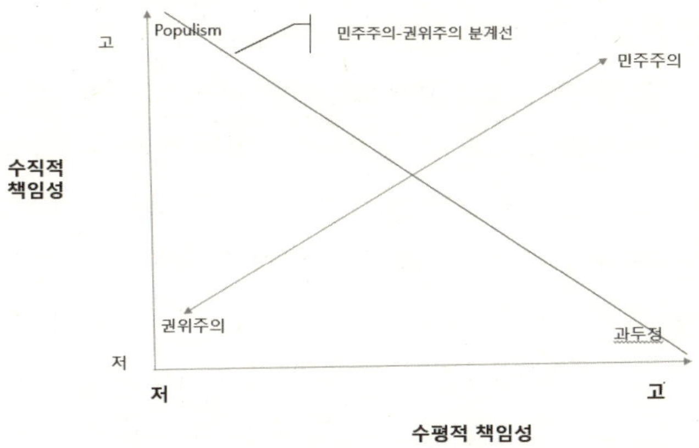

출처: Slater(2013)

중국 정치체제를 이 그림에 적용시키면 어떻게 될까? [그림 5]에서 "중국A"의 위치는 수평적 책임성이 매우 높은 경우로 상정했을 경우이다. 후진타오 시기에 중국이 민주주의를 긍정적인 체제로 해석하고 다양한 민주주의적 요소를 도입하려는 시도가 반영된 결과라고 할 수 있다(이정남 2014; 조영남 2013). "중국A"의 위치는 덩샤오핑 이후 장쩌민, 후진타오 시기에 안정적이었던 집단지도체제의 긍정적 측면을 표현하고 있다. "중국B"의 위치는 "중국A"보다 수직적 책임성이 상향된 상황을 표현하고 있다. 2000년대 이후 기층 선거가 확대되고 있는 정치적 상황이 반영된 결과라고 할 수 있다(이문기 2012; 이홍규 2009; 이희옥 · 장윤미

2013). "중국C"는 수평적 책임성이 낮아진 상황을 반영하고 있다. 시진핑 등장 이후, 특히 19차 당대회 이후 집단지도체제가 약화된 상황을 나타낸다. 지배 엘리트 내에 권력 공유의 균형이 무너지면서 시진핑으로 권력이 집중되고 있다는 평가가 지배적이기 때문이다(이정남 2017).

[그림 5] 수직적-수평적 책임성과 중국 정치체제[19]

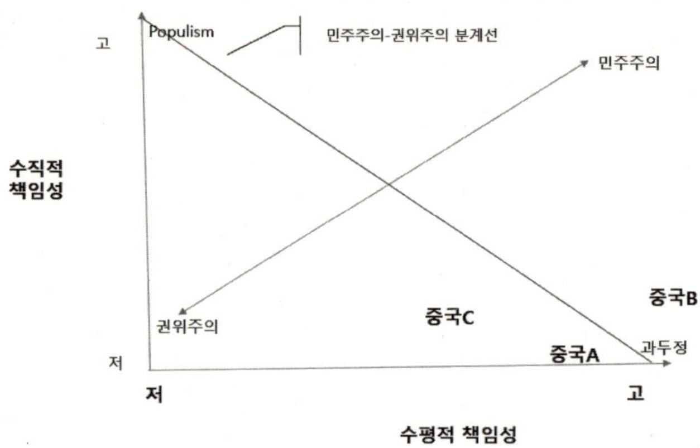

시진핑 등장 이후 민주주의 담론에 반영된 퇴영적 변화는 어떻게 표현될 수 있을까? 시진핑 등장 이전 민주주의 담론이 확산되던 시기에는 [그림 5]에 반영된 민주주의-권위주의 분계선을 대체로 인정하고 중국의 위치를 이동시켜 해석하려 했던 것이 사실이다. 즉, "민주주의는 좋은 것"이라는 것을 인정하고 민주주의에 가까이 접근하려고 하는 중국의 노력이 [그림 5]의 상황이다. 그러나 시진핑 이후 기층민주주의에 대한 강

19 이 그림에서 표시된 "중국A" "중국B" "중국C"의 위치는 수직적 책임성과 수평적 책임성을 축으로 중국 정치 상황과 변화를 개념적으로 표시한 것에 불과하다. 논자의 평가에 따라 위치와 변화의 폭은 상이할 수 있다.

조가 줄어들고, 민주주의 대신 거버넌스 담론이 확산되었다. “중국몽” 속에 “민주몽”의 위치가 취약해지는 상황이 발생한 것이다(이정남 2018b). 중국이 더 이상 민주주의의 결핍을 핸디캡으로 인식하지 않고, 기존의 민주주의-권위주의 분계선 자체를 흔드는 것으로 표현할 수 있다. [그림 6]의 점선은 이 상황을 반영하고 있다. 기존의 분계선을 인정하고 중국이 변화를 통해 민주주의에 가까워지려는 노력에 제동이 걸린 것이다. 대신 기존의 분계선 자체를 흔들어 중국의 위치가 서구 민주주의에 뒤처지는 것이 아니라는 의지를 표현하고 있다.[20] 정치체제에 대한 수세적 태도가 공세적으로 전환된 것으로 해석할 수도 있다.

[그림 6] 민주화 담론의 퇴행

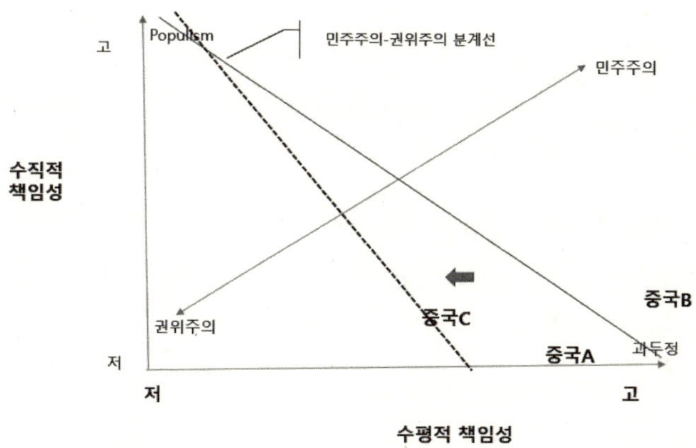

20 이 그림에서 점선은 기존 민주주의와 권위주의 분계선 자체의 변동을 개념적으로 표현한 것이므로 이 점선의 정확한 위치는 논자에 따라 달라질 수 있다. 또한 점선의 이동은 기존 민주주의에 대한 부정의 결과로 해석할 수 있다.

IV. 경쟁적 선거 없이도 정치적 책임성은 확보되는가?

앞서 살핀 바와 같이 시진핑 등장 이후 중국은 민주주의의 긍정적 측면을 강조하던 정치적 흐름에서 벗어나 거버넌스(治理)와 협상 민주 혹은 심의 민주 등의 개념으로 정치개혁의 방향을 선회한 것으로 보인다. 그렇다면 기존 민주주의-권위주의 관점에서 취약성으로 지적되어 온 중국의 정치적 책임성, 특히 수직적 책임성은 거버넌스 논의에서는 자유로운가? 서방의 거버넌스 연구에서 책임성(accountability)은 합법성, 투명성, 법의 지배, 효과성 등과 함께 굿거버넌스의 핵심 요소 중의 하나이다(Pierre and Peters 2000). 중국에서도 이는 마찬가지이다(옌이룽 외 2015).

서두에서 언급한 바와 같이 민주주의 혹은 선거의 부재로 정의해온 권위주의체제의 특성을 권위주의 자체의 특성으로 개념화하려는 노력이 최근 연구들에서 발견되고 있다(Glasius 2015, 2018; Schedler 2015). 이 연구들에서도 권위주의체제의 속성은 책임성과 직결된다. 다만 기존 논의와 차별화되는 지점은 다음과 같다.

쉐들러는 책임성의 높고 낮음으로 민주주의와 권위주의를 구별할 수 없다고 주장한다(Schedler 2015). 이론적 차원에서 민주주의 체제가 책임성이 높을 것으로 기대되지만, 현실적 차원에서 발견되는 민주주의 체제 내에서 책임성 부재 논의는 이론적 논의와 별개로 그 심각성이 지적되어 왔기 때문이다. "제왕적 대통령제, 총리의 독주, 입법부가 아니라 통법부, 관료 권력의 비대, 선거 책임성의 저하" 등은 민주주의 체제 내에서도 끊임없이 반복되어 온 불만 사항이다. 책임성의 높고 낮음이 아니라, 책임성을 구현할 수 있는 구조적 기회(structural opportunity)의 존재에 따라 민주주의와 권위주의를 구별해야 한다는 것이 쉐들러의 핵심 주장이다. 글라시우스는 같은 맥락에서 권의주의 체제의 핵심 특성을 책임성 방기(sabotaging accountability)로 규정했다(Glasius 2018). 기존 연구는 자유롭고 공정한 선거 실시 여부에 따라 민주주의와 권위주의를 구분해왔다. 상황은 많이 변해서 "선거 권위주의"(electoral authoritarianism)는 더 이상 낯선 용어가 아니게 되었다. 글라시우스는 선거 실시 여부 자체보다는 책임성(accountability)이 민주주의와 권위주의를 구분하는 기준임을 강조한다. 자유롭고 공정한 선거 실시가 무의미하다는 뜻이 아니라, 선거 실시 여부와 같은 표면적 이분법이 아니라 책임성이 준수되는지 혹은 방기되는지 여부가 더 중요하다는 의미이다.

책임성과 관련해 권위주의체제를 규명하려는 시도들은 시론적 연구라는 한계로 인해 권위주의 개념의 속성을 입증할 경험적 연구로까지 이어지지는 못하고 있다. 다만 이들의 연구 성과를 통해 확인할 수 있는 것은 선거 실시가 책임성 구현의 충분조건은 아니라는 점이다. 하지만 선거 실시가 책임성 구현의 필요조건인 것만은 확실하다. 책임성의 특성 중 하나인 응답성(answerability)은 투명성과 직결되며 정보 비대칭성이라는 대리 손실(agnecy loss)을 줄일 수 있는 핵심이다. 권위주의체제의 권력자가 대중에게 응답의 의무를 제대로 이행하지 않는 것은 대중으로부터 권력을 위임받지 않았기 때문이다. 응답의 의무도 없을 뿐 아니라 대중에 의해 권력을 빼앗길 가능성(enforcement)도 없다. 선거가 없기 때문이다. 최고 권력자가 지배 연합 내의 정치 엘리트들의 배반에 더 신경을 쓸 수밖에 없는 것은 당연한 결과이다. 중국이 민주주의 담론을 거부하고 거버넌스 등의 개념으로 전환한다고 해도 투명성, 정보 격차 해소 등과 직결되어 있는 책임성 문제를 회피하기는 힘들다. 그 핵심은 자유롭고 공정한 경쟁 선거의 실시이다.

일부 연구들은 중국 기층 선거 확대에 관심과 기대를 가지고 있지만 (이문기 2012; 이홍규 2009; 이희옥 · 장윤미 2013), 그 효과에 대해서 낙관적인 것은 아닌 것으로 판단된다. 한 가지 주목되는 주장은 중국공산당 당내 기층 간부 선출에서 도입된 경쟁 시스템에 대한 평가이다. 당내 민주화의 일환인 경쟁 선거의 의미를 "중국식" 선거 민주주의의 실험으로 보고 있는 것이다. 즉, 공산당 당내 후보 간의 경쟁은 서구의 정당 간 경쟁과 유사하다고 보는 입장이다. 이 역시 당국가체제라는 "중국적 특수성"을 강조하는 것이다.

이러한 주장은 사르토리(Sartori 1976)가 지적한 바와 같이 전형적인 단위 비약의 오류(unit jump fallacy)라는 비판을 피하기 어렵다. 당국가체제라는 "중국적 특수성"을 감안하더라도 정당 내(intra-party) 경쟁과 정당 간(inter-party) 경쟁은 개념적 속성이 같을 수 없다. 일당제 내에서도 '파벌'(faction)이 있으면 다원주의가 가능하다고 본 뒤베르제(Duverger 1954)의 주장에 관해 사르토리는 일당제와 다원주의 혹은 일당제와 민주주의는 양립할 수 없음을 분명히 했다. 당과 국가가 모두 통치자의 입장에 있는 일당제에서는 당내 경쟁의 결과가 권력의 "전제화"로 이어지지만, 정당이 통치자와 피치자의 중간에 있는 정당 다원주의에서는 정당 간 경쟁의 결과는 피치자에 대한 응답성의 결과로 권력을 "민주화"할 것이기 때문이다. 민주주의 가치 추구의 결과라기보다는 통치 위기 모면용으로 확대되고 있는 중국의 기층선거제도는 실질적 민주주의 내용으로는 크게 부족하고, 기층 선거 경험이 중앙까지 상향 확대될 가능성은 낮다는 주장(이문기 2012)에 주목할 필요가 있다.

V. 선거권위주의 : 중국적 적용?

선거권위주의(electoral authoritarianism)는 권위주의 연구의 대세이다. 일단 현재 권위주의체제로 분류되는 국가의 약 90%는 선거를 실시하고 있다. 중국이 대표적인 예외일 뿐이다. 민주주의의 전유물로 인식되던 선거가 권위주의체제에서도 실시될 수 있고, 선거와 권위주의의 조합은 독립적인 정권 형태라는 사실은 10여 년 전만 해도 낯선 주장이었다. 이제는 오히려 중국처럼 선거를 실시하지 않는 권위주의체제가 드문 사례가 되고 말았다. 선거권위주의 연구는 두 가지 질문에 답하는 방향에서 연구되어 왔다. 첫 번째 질문은 "권위주의 정치지도자들은 왜 선거를 실시하는가?"였고, 두 번째 질문은 "선거의 실시는 권위주의체제를 존속시키는가, 혹은 체제 불안 요인이 되는가?"이다.[21]

첫 번째 질문과 관련해 이 글에서 주목하는 부분은 바로 지배 엘리트 간 권력 공유(power sharing)의 문제이다. 이 문제에서 주요 행위자는 독

21 "권위주의 내부동학에 초점을 맞춰 선거가 체제 안정화에 도움이 된다는 주장(Magaloni 2006; Geddes 2005; Lust-Okar 2006; Gandhi and Przeworski 2006)이 있는가 하면, 권위주의체제에서 선거는 민주화의 지렛대 역할을 담당해 체제 불안 요소가 된다는 주장이 그 반대에 있다 (Schedler 2006, Lindberg 2006, Howard and Rossler 2006). 선거가 권위주의체제의 안정에 기여한다는 주장은 1) 반대 세력에 관한 정보를 독재자에게 제공해 잠재적 도전요인을 제거하거나 완화시킬 수 있고, 2) 압도적 선거 결과를 통해 집권 엘리트, 야당, 시민에게 독재자의 강고함을 메시지로 전달하며, 3) 후원-수혜 관계를 통해 지지 세력의 충성심을 고착화시키는 것은 물론, 4) 독재자와 지배그룹 내 엘리트들 간의 권력 분담 (power sharing) 혹은 권력 순환 (power rotation)에 대한 약속의 장으로서 지배체제를 공고히 할 수 있다는 논거를 제시한다. 반대로 선거가 권위주의체제의 불안 요인이 된다는 주장은 1) 권위주의체제 내 정보 부족이 해소되어 지배 엘리트, 야당, 시민의 도전 기회가 열리고, 2) 지배 세력이 미미한 차이로 선거에 이길 경우 독재자의 권력이 예상보다 크지 않다는 메시지를 나머지 세력에게 전달하며, 3) 선거를 통해 다양한 정치세력이 집합행동에 나설 가능성이 커지는 것은 물론, 4) 독재자가 장기집권을 시도할 경우, 선거를 전후해 지배 그룹 내의 분열과 갈등이 증폭될 수 있다고 주장한다. Geddes (2006)의 주장처럼, 독재자가 민주적 제도인 정당과 선거를 도입할 때 위와 같은 기대효과를 모두 정밀하게 계산했다고 추론하는 것은 비현실적이다. 오히려 국제사회나 야권의 압력에 의해 수동적으로 선거를 도입했을 가능성이 더 크다 (Brancati & Snyder 2011). 다만 선거 도입으로 기대되는 혜택이 선거 도입에 동반되는 위험성보다 크다는 판단이 있었기 때문에 권위주의체제 하에서도 선거가 실시되었을 것이다. 실제로 정기적인 선거를 유지한 권위주의체제가 선거를 철폐한 권위주의체제보다 더 오래 존속했다는 경험적 연구 결과도 이를 뒷받침한다 (Geddes 2006; Simpser 2013) 권위주의 지배 세력은 선거 목적 달성을 위해 민주주의 규범도 쉽게 어긴다. 야당 배제, 언론 규제를 통한 정보 통제, 선거권 혹은 피선거권 박탈, 개표 부정, 유권자 협박, 그리고 매표 (vote buying)까지 선거 조작(electoral manipulation)의 방법은 다양하다 (Schedler 2002; Schaffer 2007; Simpser 2013)." (배진석 2018, 109-111)

재자, 지배 엘리트, 야당, 그리고 유권자이다. 이들의 상호작용 속에서 지배 엘리트 간 정보 확인 및 유통의 역할이 주목받았다. 권위주의체제에서 정보 부족을 해소할 수 있는 가장 확실한 통로는 선거이다(Pop-Eleches and Robertson. 2015). 선거를 통해 드러난 세력 분포에 따라 이들 정치세력은 자신들의 활로를 모색한다. 독재자는 불만 세력의 위치와 강도를 확인해 잠재적 도전 요인을 제거 혹은 완화하려고 할 것이다. 지배 엘리트들은 이 정보에 근거를 두고 독재자에게 계속 협력할지 야당에 편승할지를 결정할 것이다. 야당과 유권자의 선택도 같은 맥락에서 결정될 것이다[22].

최근 연구들은 권위주의 지배 세력 내 권력 공유에 관한 문제를 중국 사례에 적용시킨 바 있다(이정남 2012; Ma 2016; Svolik 2009, 2012). 주인-대리인 관점은 양방향에서 적용이 가능하다. 주인인 독재자는 대리인인 파워 엘리트들의 배반을 항상 의심한다. 이른바 약속의 문제(commitment problem)이다. 파워 엘리트들이 주인의 입장에 서기도 한다. 본인들의 지지로 대리인인 독재자가 권력을 행사한다는 관점도 가능하기 때문이다. 이때 파워 엘리트들은 독재자가 협약을 어기고 배반할 가능성에 신경을 곤두세운다. 상대의 의도를 확인할 수 없는 정보 부족 상황에서 벌어지는 각각의 배반 모의는 높은 비용을 요구한다. 이 비용을 줄이기 위해 정보를 공유할 필요가 생긴 것이고, 이는 정당 내 위원회, 상무

22 이 정보는 각 정치세력의 역량에 따라 권위주의체제의 안정에 기여할 수도 있고 체제 불안정성의 원인이 될 수도 있다. 다만 권위주의 세력이 보유하고 있는 정보량이 기타 세력의 정보량보다는 월등할 것이므로 정보의 비대칭성 문제가 일거에 해결될 것으로 기대하기는 어렵다. 독재자는 자신에게 불리할 수 있는 정보는 최대한 감추려 할 것이다. 권력을 뺏길 위험성이 낮음에도 불구하고 과도하거나 압도적인 선거 조작이 권위주의체제에서 빈번하게 나타나는 이유도 이 맥락에서 이해가 가능하다. 각종 선거 조작은 이 정보에 영향을 미치도록 전략적으로 활용된다. 집권 세력 및 경쟁 세력의 능력에 관한 정보는 선거 이후 각 정치세력의 전략을 결정하는 정치적 의사결정의 핵심이기 때문이다.

국 등의 협의체로 제도화된다는 것이다.

선거의 실시도 약속의 문제와 관련해 비용을 낮추는 효과적 방법 중의 하나이다. 약속을 깰 수 있는 능력, 이를테면 쿠데타 모의와 관련된 능력을 없앨 수 있다면 약속의 문제는 쉽게 해결될 수 있다(Acemoglu and Johnson 2005). 선거는 독재자의 배반을 처벌하는 비용을 줄여준다. 쿠데타 대신 선거를 통해 독재자의 기회주의적 행동과 약속 위반을 처벌할 수 있기 때문이다. 선거가 아예 실시되지 않는 폐쇄적 권위주의체제에서는 물리적 폭력이 동반되는 등 고비용의 처벌 비용이 발생한다.

그렇다면 중국은 왜 경쟁적 선거제도를 도입하지 않는가? 이 질문에 대한 답은 권력 공유와 선거의 관계에서 찾을 수 있다. 그 관계가 항상 선순환 관계인 것만은 아니기 때문이다. 한병진의 연구는 이 점을 지적하고 있다.[23] 대중들의 독재자 지지 정도에 따라 선거는 권력 강화에 도움이 되기도 하고, 반대로 권력 분담 체제를 붕괴시켜 독재자에게 위협이 되기도 할 수 있다. 집단지도체제의 안정적 운영으로 권력 공유 체제가 안정화된 상태에서 위험 감수형(risk-taking) 전략을 도모할 유인이 적은 것으로 판단할 수 있다.

---

23 "선거 권위주의에서 선거는 양날의 칼이다. 날의 한쪽이 독재자를 향해 있다면, 다른 한쪽은 지배 엘리트를 향해 있다. 독재자가 대중의 지지를 얻지 못한 상황에서 독재 의지를 표출할 경우 선거를 통해 지배 엘리트는 독재자를 처벌할 수 있다. 만약 독재자가 대중의 지지를 등에 업을 경우 선거는 권력 분담 기제가 아닌 권력 집중을 도와준다. 다양한 유인책과 물리적 억압 능력에 더해 대중의 지지를 얻은 독재자에게 선거는 더 이상 위협이 아니다. 오히려 자신의 정치적 힘을 모두에게 분명히 과시할 수 있는 기회이다. 독재자에 대한 대중의 지지가 강력할 경우 독재자의 유인과 억압에 취약한 엘리트는 세력 균형(balancing)이 아닌 편승(bandwagoning)의 전략을 구사한다. 이 결과 독재자의 개인 독재 권력이 강화되고 권력 분담은 무너진다." (한병진 2010, 268-269)

VI. 요약 및 결론

이 글은 "중국적 특수성"이라는 표현에 최대한 덜 의지하고 비교정치의 보편성에 최대한 기대어 중국의 정치적 책임성 문제를 이론적으로 탐색하고자 했다. 선거와 책임성 간의 관계를 규명하기 위해 위임 사슬(chain of delegation)의 관점에서 민주주의와 권위주의를 비교했다. 그 결과 중국 정치체제의 위임은 사실상 무력했음을 확인했다. 유권자가 직접 선출하는 향진급 인민대회 선거는 총 5회의 간접선거와 1회의 지명으로 실무를 담당하는 장관으로 연결되었다. 대통령제에서는 1회의 선거와 1회의 지명, 의회제에서는 2회의 선거와 1회의 지명으로 각각 실무 담당 장관에 연결되는 것과 대조적이었다. 그 결과 위임의 효과는 사실상 무력화 되었다. 게다가 당국가체제에서 공산당과 국가주석의 영향력은 행정부 수반인 총리의 권한을 제한할 수밖에 없었다.

위임 과정의 무력화는 책임성 약화로 직결되었다. 민주주의에서 응답성(answerability)과 문책(enforcement)의 개념으로 구체화되는 책임성은 위임 과정이 전제되었기 때문에 가능했다. 이 글은 수직적-수평적 책임성을 두 축으로 시각화한 체제 유형 그림을 통해 최근 중국 정치의 변화 동향을 직관적으로 표현하고자 했다. 또한 최근 비교권위주의의 개념 정의의 도움으로 선거 실시를 통한 수직적 책임성의 강화 없이는 실질적인 책임성 향상이 쉽지 않다는 점도 확인할 수 있었다.

마지막으로 선거권위주의 일반 이론의 두 가지 연구 동향을 분석해 대부분의 권위주의 국가들이 실시하고 있는 선거를 실질적으로 거부하는 이유를 추론했다. 선거와 집단지도체제 사이의 관계 설정에 따라 권력 균형이 깨질 수 있는 위험을 떠안을 유인이 없기 때문인 것으로 파악된다.

이 글의 결론은 중국이 경쟁적 선거를 도입하지 않는 이상 정치적 책임성 문제를 해결하기 쉽지 않다는 것이다. 민주주의 담론을 거부하고 거버넌스 등의 개념으로 우회전략을 써도 결국은 책임성 문제에서 병목 현상이 발생할 가능성이 높을 것으로 이 연구는 전망하고 있다. 이 글의 결론은 기존 연구의 진단과 마찬가지로 중국 정치체제는 권위주의 범주에서 벗어나지 않는 것으로 파악하고 있다. 다만 결론을 추론하는 과정에서 보편성과 특수성 간의 긴장 관계를 특별히 의식했다는 점에서 의의를 찾을 수 있을 것이다.

「 참고문헌 」

배진석. 2018. "권위주의체제의 선거 동원용 분배전략: 유신 및 제5공화국 사례연구." 『평화연구』 26집 1호, 107-140

배진석. 2020. "권력분립과 정치적 책임성." 박종민 편. 『민주화 이후 한국의 국가』 서울: 박영사

옌이룽 외 저 · 성균중국연구소 역. 2015. 『중국공산당을 개혁하라』 성균관대학교출판부

이문기. 2012. "중국의 기층 선거: 선거 민주주의인가 선거 권위주의인가." 『세계지역연구논총』 30집 3호, 37-68

이정남. 2014. "'좋은' 민주주의 관점에서 본 중국의 집단지도체제." 『중소연구』 38권 3호, 통권 143호, 37-61

이정남. 2017. "시진핑의 권력 강화와 중국 권위주의체제의 변화: 경쟁적 독재에서 확립된 독재로의 전환인가?" 『중소연구』 41권 1호, 7-39

이정남. 2018a. "중국 집단지도체제 권력승계의 제도화와 19차 당대회 이후의 변화: 새로운 게임 규칙의 모색인가?" 『중소연구』 42권 2호, 7-42

이정남. 2018b. "중국몽: 중국 주도의 세계질서(Pax Sinica) 재등장인가?" 고려대 아세아문제연구소-현대중국학회 학술회의 발표문

이홍규. 2009. "중국식 민주주의와 정치참여: 기층 선거의 성과와 한계." 『세계지역연구논총』 27집 1호, 111-151

이희옥 · 장윤미. 2013. 『중국의 민주주의는 어떻게 가능한가: 중국의 논의』 성균관대학교출판부

조영남. 2013. 『시진핑 시대의 중국』 민음사

판웨이 저 · 김갑수 역. 2010. 『중국이라는 새로운 국가 모델론』 에버리치홀딩스

한병진. 2010. "한국 선거권위주의의 정치동학." 『대한정치학회보』 17집 3호, 265-284

Acemoglu, Daron and Simon Johnson. 2005. "Unbundling Institutions." *Journal of Political Economy* 113: 949-995

Brancati. Dawn and Jack L. Snyder. 2011. "Rushing to the Polls: The Causes of Premature Postconflict Elections." *Journal of Conflict Resolution* 55(3): 469-492

Bueno de Mesquita, Bruce, Alastairi Smith, Randolph M. Siverson, and James D. Morrow. 2003, *The Logic of Political Survival*. Cambridge, MA: MIT Press.

Cheibub, Jose Antonio, Jennifer Gandhi and James Raymond Vreeland. 2010. "Democracy and Dictorship Revisited." *Public Choice* 143: 67-101

Dahl, Robert. 1971. *Polyarchy: Participation and Opposition*. New Haven, CT: Yale University Press

Duverger, Maurice. 1954. *Political Parties: Their Organization and Activity in the Modern State*. London: Methuen & Co. LTD.

Egorov, Georgy and Konstantin Sonin. 2011. "Dictators and Their Viziers: Endogenizing the Loyalty-Competence Trade-off." *Journal of the European Economic Association*,

9(5): 903-930.
Gandhi Jennifer and Adam Przeworski. 2006. "Cooperation, Cooptation, and Rebellion under Dictatorship." *Economics & Politics* 18(1): 1-26
Geddes, Barbara. 2005. "Why parties and elections in authoritarian regimes?" Presented at Annual Meeting of American Political Science Association Washington, DC
Glasius, Marlies. 2015. "Introducing the Symposium and a Research Agenda." *Comparative Democratization.* 13(2): 1-8
Glasius, Mrlies. 2018. "What authoritarianism is... and is not: a practive perspective" *International Affairs* 94(3): 515-533
Howard, Marc Morje and Philip G. Roessler. 2006. "Liberalizing Electoral Outcomes in Competitive Authoritarian Regimes." American *Journal of Political Science.* 50(2): 365-381
Lindberg, Staffan I. 2006. *Democracy and Elections in Africa.* Baltimore, MD: Johns Hopkins Univ. Press.
Linz, Juan. 2000. *Totalitarian and Authoritarian Regimes.* Boulder, CO: Lynne Rienner.
Lust-Okar, Ellen. 2006. "Elections under authoritarianism: preliminary lessons from Jordan." *Democratization.* 13(3):456-471
Ma, Xiao. 2016. "Term Limits and Authoritarian Power Sharing: Theory and Evidence from China." *Journal of East Asian Studies.* 16(1): 61-85
Magaloni, Beatriz. 2006. *Voting for Autocracy: Hegemonic Party Survival and its Demise in Mexico.* New York: Cambridge University Press
Mainwaring, Scott. 2003. "Introduction: Democratic Accountability in Latin America" In *Democratic Accountability in Latin America*, edited by Scott Mainwaring and Christopher Welna, 3-33. Oxford: Oxford University Press.
Manin, Bernard, and Adam Przeworski, and Susan Stokes. 1999. "Introduction." In *Democracy, Accountability, and Representation*, edited by Adam Przeworski, Susan Stokes and Bernard Manin, 1-26. Cambridge: Cambridge University Press.
O'Donnell , Guillermo. 1994. "Delegative Democracy." *Journal of Democracy.* 5(1): 55-69
Pierre, Jon and B. Guy Peters. 2000. *Governance, Politics and the State.* Basingstoke: Palgrave.
Pop-Eleches, Grigore and Graeme Robertson. 2015. "Information, Elections, and Political Change." *Comparative Politics.* 47(4): 459-478
Sartori, Giovanni. 1976. *Parties and Party Systems.* Cambridge: Cambridge University Press.
Schaffer, Frederic Charles. 2007. *Elections for Sale: The Causes and Consequences of Vote Buying.* Boulder, CD: Lynne Rienner
Schedler, Andreas. 2002. "The Nested Game of Democratization by Elections." *International Political Science Review.* 23(1): 103-122
Schedler, Andreas. 2006. *Electoral Authoritarianism:* The Dynamics of Unfree Competition. Boulder, CO: Lynne Rienner

Schedler, Andreas. 1999. "Conceptualizing Accountability." in *The Self-Restraining State: Power and Accountability in New Democracies*, edited by Andreas Schedler, Larry Diamond, Marc F. Plattner, 13-28. London: Lynne Rienner Publishers.

Schedler, Andreas. 2015. "Like Oil and Water? Authoritarianism and Accountability." *Comparative Democratization*. 13(2): 3-22

Schumpeter, Joseph. 1943. *Capitalism, Socialism and Democracy*. London: Allen and Unwin

Simpser, Alberto. 2013. Why *Governments and Parties Manipulate Elections: Theory, Practice, and Implications*. New York: Cambridge Univ. Press

Slater, Dan. 2013. "Democratic Careening." *World Politics*, 65(4): 729-763

Stimson, James A., Michael B. MacKuen, and Robert S. Erikson. 1995. "Dynamic Representation." *American Political Science Review* 89: 543-565.

Strom, Kaare. 2000. "Delegation and Accountability in Parliamentary Democracies." *European Journal of Political Research*. 37(3): 261-289.

Svolik, Milan W.. 2009. "Power Sharing and Leadership Dynamics in Authoritarian Regimes." *American Journal of Political Science*. 53(2): 477-494

Svolik, Milan W.. 2012. *The Politics of Authoritarian Rule*. Cambridge: Cambridge University Press

3장

중국인들의 민주(民主)에 대한 인식 : 절차적 · 도구적 관점에서의 이해와 도구적 지지[24]

| 강수정 |

Ⅰ. 서론

중국은 개혁개방 이후 급속한 경제성장을 통해 경제대국으로 부상하였고, 그러한 경제력을 바탕으로 전 세계적으로 경제적 영향력뿐만 아니라 정치 · 외교적 영향력을 확대해가고 있다. 하지만 '중국의 꿈'을 내걸고 강대국화를 추구하고 있는 중국은 국제사회의 자유민주주의 지지자들의 기대와는 달리 자유화와 민주화의 길을 따르지 않고 있으며 여전히 중국공산당 영도 하의 당국가체제를 고수하는 권위주의 국가로 남아있다. 그뿐만 아니라, 시진핑 집권 이후에는 당의 영도권과 권력 집중, 사회통제를 한층 더 강화하는 방향으로 나아가고 있다. 일부 자유민주주의 국가들은 중국의 이러한 국내정치적 행보에 대한 우려와 반감을 드러내고 있다. 최근 미국과 EU, 일본, 호주 등은 전략보고서를 통해 중국을 자유주의적 가치와 이익에 반하는 국제질서 형성을 원하는 '현상변경 세력(revisionist power)'으로 규정하고 중국의 부상에 대한 견제를

24 이 글은 『동북아연구』 34권 2호(2019)에 게재된 저자의 논문을 수정 · 보완한 것이다.

강화해왔다(The White House 2017).

정치개혁에 있어서 중국은 서구식 민주화에 반대하며 '중국 특색의 민주(民主)'를 추구해왔다.[25] 소위 '중국식 민주'를 실현하기 위해 법치, 당내 민주화, 기층 선거의 도입, 협상(协商) 민주의 확대 등의 개혁을 시도해왔지만, 이러한 시도들이 민주주의의 본질적 가치와 규범을 실현하는 데 얼마만큼의 기여를 하고 있는 것인지에 대해서는 비판의 여지가 많다.[26] 비판적인 학자들은 중국의 정치개혁은 민주화 없는 제도화 중심의 개혁이며, 공산당의 통치 능력을 강화하고 합리화하여 정치적 안정성을 유지하는 데 그 초점이 맞춰져 있다고 말한다(이정남 2013).

이처럼 현실에서 중국은 국제사회의 자유민주주의자들이 기대하는 자유화와 민주화의 길에서 점차 멀어져가는 것처럼 보이지만, 아이러니하게도 중국의 여론조사 결과들을 살펴보면 중국인들의 상당수는 중국을 민주적 국가로 인식하고 있으며, 중국의 민주적 수준을 비교적 높게 평가하고 있을 뿐만 아니라 중국에서 민주주의가 구현되는 방식에 대한 만족도도 상당히 높은 것으로 나타난다. 최근 제4차 아시아 바로미터 여론조사(Asian Barometer Survey)[27] 결과에 따르면, 중국인 응답자의 70%가

25 '중국 특색의 민주'와 관련한 논의는 다음을 참조. 이희옥 2011; 이희옥 2014; 이정남 2011; Lee 2013; 김재관 2012; 조영남 2009; 조희연 2012; 박종우 2014; 유은하 2018; 장윤미 2009; 장윤미 2015; 남종호 2010.

26 '중국식 민주'에 대한 비판적 논의는 다음을 참조. 이문기 2012; 이정남 2013; 이홍규 2009; 이희옥 2014.

27 아시아 바로미터 여론조사(Asian Barometer Survey)는 Prof. Fu Hu와 Prof. Yun-han Chu가 공동 책임자로, 대만 교육부, 대만중앙연구원, 국립대만대학교의 지원을 받아 진행되었다. 본 연구에서 활용하고 있는 제4차 아시아 바로미터 여론조사는 14개 아시아 국가들(중국, 홍콩, 대만, 일본, 한국, 싱가폴, 필리핀, 태국, 베트남, 인도네시아, 몽골 등)에서 진행되었다. 중국 지역 조사의 경우, 칭화대학교 정치학과가 현지 조사를 진행하였다. 설문조사는 2015년 7월부터 2015년 12월까지 대면면접조사(face-to-face interview)방식으로 진행되었으며, 응답자 수는 18세 이상 4,068명(응답률: 67.65%)이다. 표본추출은 확률적 표본추출 방법 중 하나인 다중층화지역표본추출방법(stratified multistage area sampling)을 사용하였다. 조사 지역은 티벳 자

량이 중국을 민주주의 국가로 인식하고 있는 것으로 나타났다(표1 참조). 물론, 그들 대부분은 정도의 차이가 있지만, 중국의 민주주의가 사소한 혹은 중요한 문제가 있다고 인식하고 있었다. 현 정부하에서 중국의 민주적 수준에 대한 평가에서도, 1을 "전혀 민주적이지 않음" 10을 "완전히 민주적"으로 하여 1에서 10 사이의 점수를 매기도록 했을 때, 중국인 응답자의 70%가량이 6점 이상의 비교적 높은 점수를 주었고, 평균 6.5의 점수를 주고 있는 것으로 나타났다(표2 참조). 이는 동아시아의 다른 국가들과 비교했을 때도 결코 낮은 점수가 아니다(그림1 참조). 그뿐만 아니라, 중국에서 민주주의가 구현되는 방식에 대한 만족도를 조사했을 때도, 중국인 응답자의 60%가량이 "만족한다"고 응답했다(표3 참조).

이렇듯 외부에서 바라보는 중국의 현실과 중국인들의 인식 사이의 괴리가 나타나는 이유는 무엇일까? 본 논문은 이러한 차이가 민주주의에 대한 서로 다른 이해(conception)에서 비롯될 수 있다는 가정에서 출발한다. 그렇다면, 중국인들은 민주주의를 어떻게 이해하기에 중국식 민주주의에 대해 이러한 인식과 평가를 하는 것일까? 본 논문은 이러한 문제의식 하에, 중국인들의 민주주의에 대한 이해(conception)와 중국식 민주주의에 대한 평가 사이의 관계를 살펴본다. 특히, 중국인들의 민주주의에 대한 이해가 어떠한 특징을 나타내며, 그러한 이해가 그들의 중국의 민주적 수준에 대한 평가와 중국식 민주주의 구현 방식에 대한 만족도에 어떠한 영향을 미치는지 살펴보고자 한다.

기존의 민주주의 인식에 관한 연구는 주로 민주주의 국가들에 초점을 맞추어, 신생민주주의 국가들의 민주화 이행 과정에서 나타나는 민주주의 인식의 변화나 민주주의 국가들에서 민주주의의 효과성에 대한

치구와 서장 자치구를 제외한 전국 29개 성(省)급 행정구역에서 시행되었다(www.asianbarometer.org 참조).

인식과 평가나 정치적 지지에 관한 연구 등이 많이 이루어져 왔다.[28] 권위주의 체제 연구에서는 권위주의적 탄력성(authoritarian resilience)의 관점에서 정치적 지지(political support)나 정치적 신뢰(political trust), 정치적 만족(political satisfaction)과 같은 정치 인식을 분석하는 연구가 많이 이루어져 왔지만, 중국과 같은 권위주의 국가들의 민주주의 인식에 관한 연구는 상대적으로 많이 이루어지지 못했다.[29]

따라서 본 연구는 중국인들의 민주주의 인식에 관한 연구를 통해 민주주의 인식에 관한 연구를 권위주의 국가로 확장한다. 특히, 중국과 같은 일부 권위주의 국가에서 대중들의 민주주의에 대한 인식에서 나타나는 모순성과 그러한 인식이 자국의 민주적 수준에 대한 평가 및 만족도에 미치는 영향을 이해하는 데 하나의 단초를 제공할 수 있을 것이다. 또한, 이러한 연구를 통해, 중국에서 정치적 선전(political propaganda)과 체제 정당성(regime legitimacy) 확보를 위해 사용되는 소위 '중국 특색의 민주주의' 담론[30]이 대중들에게 어떻게 수용되고 내재화되는지, 그리고 그러한 담론의 영향을 받은 중국인들의 민주주의에 대한 이해와 인식이 중국공산당이 정치적 정당성(political legitimacy)을 확보하고 유지하는 데 어떻게 기여하고 있는지를 살펴볼 수 있을 것이다.

---

28 관련 연구는 다음을 참조. Dalton & Shin 2006; 서경교, 2013; 2014a; 2014b; 2014c; 2015; 2016.

29 관련 연구는 다음을 참조. 강수정 2017; Chen 2004; Chen 2017; Nathan 2003; Wang 2005; Wang & Tan 2012; Pei 2012; Zhong 2014; Zhai 2016.

30 중국 특색의 민주주의 담론에 관한 연구는 다음을 참조. Bing 2014.

〈표 1〉 중국적 민주주의에 대한 인식

	빈도	퍼센트	누적 퍼센트
완전한 민주주의 (A full democracy)	213	5.2	5.2
사소한 문제가 있는 민주주의 (A democracy, but with minor problems)	1,867	45.9	51.1
중요한 문제가 있는 민주주의 (A democracy, with major problems)	812	20.0	71.1
민주주의가 아님 (Not a democracy)	361	8.9	80.0
선택할 수 없음(Can't choose)	758	18.6	98.6
답변 거부(Decline to answer)	57	1.4	100.0
총계	4,068	100.0	

질문: 중국이 어느 정도 민주적인 국가라고 생각하십니까?
(In your opinion how much of a democracy is the country?)
출처: Asian Barometer Survey Wave 4, China data, 2015.

〈표 2〉 현 정부하에서 중국의 민주적 수준에 대한 평가

	빈도	퍼센트	누적 퍼센트
1.00 (전혀 민주적이지 않음)	72	2.2	2.2
2.00	40	1.2	3.4
3.00	119	3.6	7.0
4.00	210	6.4	13.4
5.00	636	19.3	32.7
6.00	556	16.9	49.5
7.00	542	16.4	66.0
8.00	610	18.5	84.4
9.00	219	6.7	91.1
10.00 (완전히 민주적)	294	8.9	100.0
총계	3,298	100.0	
시스템 결측값	770		
전체 응답자 수	4,068		
평균	6.5034	표준편차	2.04659

질문: 현 정부하에서 중국을 어디에 위치시키시겠습니까?
(Where would you place our country under the present government?)
*1-10 사이에서 응답. 1=전혀 민주적이지 않음, 10=완전히 민주적
출처: Asian Barometer Survey Wave 4, China data, 2015.

〈그림 1〉 동아시아 국가들의 민주적 수준에 대한 평가

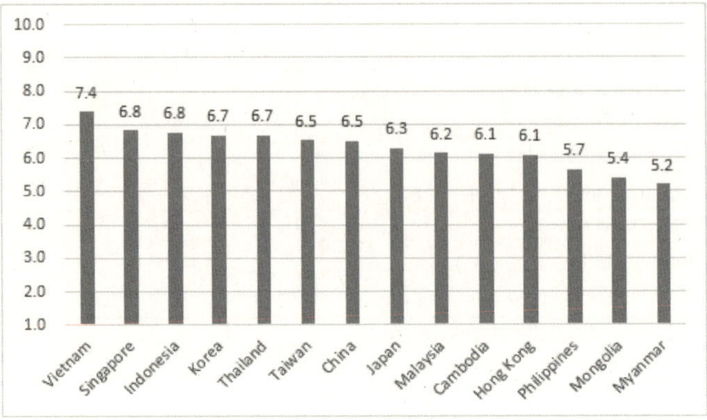

출처: Asian Barometer Survey Wave 4, 2014-2016.

〈표3〉 중국적 민주주의 구현 방식에 대한 만족도

	빈도	퍼센트	누적 퍼센트
매우 만족(Very satisfied)	275	6.8	6.8
상당히 만족(Fairly satisfied)	2,131	52.4	59.1
별로 만족스럽지 않음 (Not very satisfied)	821	20.2	79.3
전혀 만족스럽지 않음 (Not at all satisfied)	126	3.1	82.4
선택할 수 없음(Can't choose)	663	16.3	98.7
답변 거부(Decline to answer)	52	1.3	100.0
총계	4068	100.0	

질문: 전반적으로, 중국에서 민주주의가 구현되는 방식에 대해 얼마나 만족하십니까? (On the whole, how satisfied or dissatisfied are you with the way democracy works in the country?)

출처: Asian Barometer Survey Wave 4, China data, 2015.

II. 중국인들의 민주주의에 대한 이해

민주주의에 대한 이해는 크게 본질적(intrinsic) 이해와 도구적(instrumental) 이해로 나누어 볼 수 있다(Bratton & Mattes 2001). 민주주의에 대한 본질적 이해는 민주주의가 민주적 절차와 가치의 확립 자체를 목적으로 한다고 본다. 따라서 이러한 본질적 이해는 다시 민주주의에 대한 절차적(procedural) 이해와 가치 중심적(value-based) 이해로 나누어 볼 수 있다. 민주주의에 대한 절차적 이해는 제도화를 통한 민주적 규범과 절차의 확립이라는 제도적 측면을 강조한다(Dahl 1989). 즉, 다당제에 기반한 경쟁 선거, 주기적인 선거를 통한 대표자 선출, 행정부 · 입법부 · 사법부 간 견제와 균형을 위한 삼권분립, 법치와 사법권의 독립, 민주적 심의 · 의결 시스템 등 민주적 제도와 절차를 구축하고 실현하는 것을 중요시하는 것이다. 이러한 민주주의에 대한 이해는 절차적 민주주의로 개념화될 수 있다. 민주주의에 대한 본질적 이해의 또 다른 측면인 가치 중심적 이해는 민주주의가 민주주의 본연의 가치를 실현하는 것을 목적으로 한다고 보는 것이다. 따라서 이러한 관점에서 민주주의를 이해하는 경우, 민주주의의 근간을 이루는 본질적 가치의 실현을 중시하면서, 국민주권의 실현, 정치적 자유와 평등, 시민권 보장 등을 강조한다. 민주주의에 대한 이러한 본질적 이해는 당위적 정당성(normative legitimacy)을 추구한다고 볼 수 있다.

이에 반해, 민주주의에 대한 도구적 이해는 민주적 가치, 절차와 규범 자체를 목적으로 한다기보다는 민주주의의 정책적 결과(policy outcomes)와 성과(performance)를 중시한다(Zhai 2019). 이러한 도구적 관점에서 민주주의를 이해하는 경우, 민주주의를 국가가 처한 문제를 해결하기 위한 하나의 처방으로 인식하는 경향이 있다(Huntington 1993, 33-34). 정치지도자나 대중들은 인플레이션, 법과 질서의 붕괴, 경제적 위기, 군사적 패배 등 다양한 국가적 문제에 대한 하나의 해법으로 민주주의의 도입을 고려할 수 있다. 즉, 민주주의는 정치적 자유를 획득하기 위해서 도입하기도 하지만, 산적한 경제 · 사회적 문제를 해결하기 위한 목적에서 도입되기도 한다. 예를 들어, 동남아시아의 태국과 필리핀 그리고 인도네시아는 경제적인 어려움을 초래한 권위주의 정권을 심판하고 민주적인 제도 속에서 해결책을 모색하기 위해 민주주의로의 전환을 선택했다.

이러한 관점에서, 민주주의에 대한 도구적 이해는 국가가 처한 문제들에 대한 해결책으로써 민주주의의 도입을 통해 좋은 거버넌스(good governance), 민생 해결, 경제성장과 같은 실질적인 성과를 도출하는 민주주의의 도구적 · 결과적 측면을 강조한다(Bratton & Mattes 2001). 즉, 민주주의를 좋은 거버넌스의 실현이나, 경제 회복 · 성장, 경제적 불평등 완화, 민생 개선과 같은 정책적 성과를 도출하는 데 필요한 수단으로 인식하는 것이다. 이러한 도구적 관점에서 민주주의를 이해하는 경우, 민주주의의 성패는 그 정책적 결과와 성과에 달려있다고 볼 수 있다. 따라서 도구적 민주주의는 성과 중심적 정당성(performance-based legitimacy)을 추구한다고 볼 수 있다. 많은 학자는 어떠한 정치체제이든 체제의 안정성이 유지되기 위해서는 경제적 풍요, 경제성장, 그리고 부의 불평등 완화와 같은 경제 · 사회적 성과가 수반되어야 한다고 지적한다(Przeworski et al. 1996; Diamond & Linz 1989). 브래튼(Michael Bratton)과 매티스(Robert Mattes)에 따르면, 민주주의를 경제 회복 · 성장을 위한 도구로 이해하는 경우 대중은 민주주의를 정치적 자유를 확대하기 위한 제도로서 도입하려는 것이 아니라 경제발전 혹은 경제 회생을 위한 도구로써 필요로 한다(Bratton & Mattes 2001). 그러나 이러한 민주주의에 대한 기대는 민주주의에 대한 본질적인 지지라고 볼 수 없다. 잉글하트(Ronald Inglehart)와 웰젤(Christian Welzel)은 민주주의에 대한 본질적인 지지가 없다면 실질적인 민주주의 수준은 낮을 수밖에 없다고 지적한다(Inglehart & Welzel 2003; Inglehart & Welzel 2005). 이들은 한 국가의 민주주의가 민주주의에 대한 도구적 이해에 기반을 두고 있을 때 민주주의가 그 사회가 기대하는 성과를 충족시키지 못하는 경우 쉽게 흔들리거나 붕괴될 수 있음을 경고한다.[31]

본 세션은 제4차 아시아 바로미터 여론조사(Asian Barometer Survey) 데이터를 활용하여, 중국인들의 민주주의에 대한 이해를 살펴본다. 민주주의에 대한 이해를 측정하기 위해, 네 개의 설문 문항을 활용한다. 네 개의 문항은 각각 응답자들에게 민주주의에 대한 서로 다른 이해들을 보여주는 네 개의 문장을 선택지로 제시하고 그중에서 민주주의의 가장 중요한 특성이라고 생각되는 것을 하나씩 고르도록 했다(표4 참조).

앞서 살펴보았듯이, 민주주의에 대한 이해는 크게 본질적(intrinsic) 이해와 도구적(instrumental) 이해로 나누어 볼 수 있고, 민주주의에 대한 본질적 이해는 다시 절차적(procedural) 이해와 가치 중심적(value-based) 이해로 나누어 볼 수 있다. 첫째, 얼마나 많은 중국인이 절차적 관점에서 민주주의를 이해하는지를 확인하기 위해, 선거를 통한 지도자 선출, 다당제 하의 공정한 경쟁 선거, 입법부의 행정부에 대한 감독권, 법치와 같은 민주적 절차와 제도의 확립을 민주주의의 중요한 특성으로 인식하는지 살펴보았다. 둘째, 가치 중심적 관점에서 민주주의를 이해하는 응답자의 비율을 확인하기 위해, 언론 · 표현 · 집회 · 결사의 자유와 같은 정치적 자유와 시민권의 보장을 민주주의의 중요한 요소로 인식하는지를 살펴보았다. 셋째, 중국 사회에서 민주주의에 대한 도구적 관점에서

---

31 그 대표적인 사례로, 태국의 민주주의 붕괴와 필리핀의 반인권적인 우파정부의 등장을 들 수 있다. 또한, 인도네시아도 1998년의 경제위기를 극복하기 위해 민주주의를 도입했지만, 이후 민주 정부가 과거 권위주의 정부와 비교할 때 괄목할만한 경제적 성과를 내지 못하면서 민주주의는 지속적으로 위협받고 있다(지은주 2017).

의 이해가 어느 정도의 비중을 차지하는지 확인하기 위해, 좋은 거버넌스(good governance)의 실현이나 민생 개선과 같은 국가적 과제의 해결을 위한 처방으로써 민주주의를 이해하는 응답자의 비율이 얼마나 되는지 살펴보았다. 민생 개선이라는 국가적 과제를 해결하기 위한 민주주의의 정책적 성과를 강조하는 경우, 경제적 불평등(빈부격차), 실업, 빈곤과 같은 민생 문제 개선을 위한 빈부격차 축소, 의식주(기초생활) 보장, 일자리 보장, 실업 수당 지급과 같은 정책들의 도입이 민주주의의 중요한 요소들로 인식될 수 있다. 다른 한편, 최근 '현대적 거버넌스 체제의 건설'을 강조하는 중국의 국가적 어젠다를 고려할 때, 중국인들의 상당수가 좋은 거버넌스를 실현하는 하나의 방안으로써 민주주의를 이해할 수도 있다. 즉, 민주주의에 대한 도구적 이해의 관점에서, 민주주의 실행의 목적이 좋은 거버넌스의 실현에 있다고 인식할 수도 있는 것이다. 중국에서 좋은 거버넌스의 정의에 대해서는 여전히 의견이 분분하지만, 좋은 거버넌스는 정치적 안정성을 유지하면서 국가 발전을 추구하는 효율적이고 합리적인 통치(국가 운영) 방식으로 이해되는 경우가 많다. 따라서 국가재정의 효율적 운용, 공적 서비스의 제공, 법과 질서 확립, 깨끗하고 부패 없는 정치의 실현과 같은 좋은 거버넌스를 위해 필요한 여러 요소들을 제시하고, 얼마나 많은 중국인 응답자들이 이러한 요소들을 민주주의의 중요한 요소로 인식하는지 살펴보았다(표4 참조).

〈그림 2〉를 보면, 중국인들의 민주주의에 대한 이해는 전반적으로 절차적(제도적) 이해와 도구적 이해에 기반을 두는 경향이 있는 것으로 보인다. 민주주의 제도와 절차의 확립을 강조하는 절차적(제도적) 관점에서 '법치'를 민주주의의 가장 중요한 요소로 인식하는 응답자가 35.4%로 가장 높게 나타났다. 의외로, 절차적(제도적) 관점에서, '공정하고 자유로운 선거를 통한 지도자 선출'을 민주주의의 가장 중요한 특성으로 인식하는 응답자 비율도 28.3%로 비교적 높게 나타났다. 이는 중

국 지도부가 정치개혁의 어젠다로 법치를 강조해왔고 중국 특색의 민주주의를 위한 기층 선거의 도입을 추진해왔기 때문에, 중국 사회에서도 법치와 선거가 민주주의의 중요한 요소로 인식되고 있음을 알 수 있다. 하지만, 절차적 민주주의에서 중요한 입법부의 행정부에 대한 감독권(18.8%)과 다당제 하의 공정한 경쟁 선거(14.2%)를 민주주의의 가장 중요한 요소로 꼽는 응답자의 비율은 상대적으로 낮게 나타났다. 중국은 의회제도의 개혁을 통해 지방 의회라고 할 수 있는 지방 인민대표대회의 감독권을 강화하려는 노력을 기울여왔지만, 여전히 입법부 · 행정부 · 사법부 간 견제와 균형을 위한 삼권분립과 경쟁적 선거를 위한 다당제와 같은 자유민주주의의 핵심적 정치제도들이 여전히 중국 사회에서는 민주주의의 중요한 요소로 받아들여지지 않고 있음을 확인할 수 있다. 중국인들은 민주주의의 절차 · 제도적 요소들과 관련해서 삼권분립을 통한 견제와 균형의 원칙을 전제로 하지 않는 '법치', 다당제 하의 경쟁 선거를 기반으로 하지 않는 '기층 선거'와 같이 상당히 제한적이고 불완전한 의미에서의 민주적 절차와 제도만을 수용하고 있는 것으로 보인다.

이러한 절차적 관점 외에, 중국인들은 전반적으로 도구적 관점에서 민주주의를 이해하는 경우가 많은 것으로 나타났다. 도구적 관점에서, 민생 개선을 위한 기초생활(의식주) 보장(31.8%), 일자리 보장(28.2%), 빈부격차 축소(22.2%)와 같은 정책들이 민주주의의 가장 중요한 요소라고 인식하는 응답자의 비율이 비교적 높게 나타났다. 또한, 좋은 거버넌스의 실현을 위한 법과 질서의 확립(30.3%), 고품질 공공 서비스 제공(26.9%), 깨끗하고 부패 없는 정치의 실현(24.6%)을 민주주의의 가장 중요한 요소로 인식하는 응답자의 비율도 비교적 높게 나타났다. 이는 중국인들에게 있어서 민주주의는 민주주의 본연의 가치를 실현하는 것을 목적으로 하기보다, 국가가 처한 문제를 해결하기 위한 수단(처방)으로 인식되는 경향이 있음을 보여준다. 이러한 도구적 관점에서 민주주의를 이해하는 경우, 그를 통해 성취하고자 하는 목표와 관련한 정책적 성과가 민주주의에 대한 평가와 만족도에 영향을 미칠 가능성이 크다. 다시 말해, 민주주의를 통해 실현하고자 했던 정책적 목표가 좌절되거나 민주주의를 통해 해결하고자 했던 문제가 개선되지 않는 경우, 즉 그 성과가 만족스럽지 않은 경우, 민주주의에 대한 평가와 만족도가 낮게 나타날 가능성이 크다고 볼 수 있다.

이에 반해, 중국인 전체 응답자 중에 민주주의에 대한 본질적 이해를 통해 민주주의 본연의 가치 실현을 민주주의의 중요한 요소로 인식하는 응답자의 비율은 전반적으로 낮게 나타났다. 표현의 자유(20.4%)를 제외하고, 언론(8.3%) · 집회(6.2%) · 결사(3.6%)의 자유 보장을 민주주의의 가장 중요한 특징으로 인식하는 응답자의 비율이 다른 요소들에 비해 상대적으로 매우 낮은 것을 확인할 수 있다. 이는 상당수의 중국인이 자유민주주의의 핵심적 가치들이라고 볼 수 있는 언론의 자유와 집회 · 결사의 자유와 같은 정치적 자유와 시민권의 보장을 민주주의의 중요한 요소로 인식하지 않고 있음을 보여준다. 이를 통해, 중국인들의 민주주의에 대한 이해가 자유민주주의의 개념과는 상당한 거리가 있음을 다시금 확인할 수 있다. 따라서 중국인들은 민주주의를 이해하는 데 있어서 민주주의의 가치를 매우 제한적 · 선택적으로 수용하고 있으며, 민주주의의 본질적 가치와 목적보다는 다른 국가적 목표의 실현을 위한 도구적 측면에서 민주주의의 정책적 성과와 도구적 가치에 초점을 맞추어 민주주의를 이해하고 있다고 볼 수 있다.

정리하자면, 중국인들의 민주주의에 대한 이해는 민주적 가치의 실현이라는 본질적 측면에서의 이해와는 거리가 있으며, 절차적(제도적) · 도구적 관점에서 민주주의를 이해하는 경향이 높은 것으로 보인다. 따라서 중국인들에게 있어서 민주주의의 중요한 특징은 제한적인 민주적 절차 · 제도의 도입과 정책적 성과를 통해 정치 · 사회적 안정과 지속적인 경제성장, 현대적인 거버넌스 체제의 건설, 민생 개선 등의 국가적 과제를 해결하는 데 있다고 볼 수 있다. 따라서 중국인들의 중국적 민주주의에 대한 평가와 만족도는 그러한 정책적 성과의 영향을 받을 가능성이 크다.

〈표4〉 중국인들의 민주주의에 대한 이해

구분	특징	문항	빈도	퍼센트
가치1	표현의 자유 보장	사람들이 정치적 의견을 공개적으로 표현할 수 있는 자유를 보장하는 것	830	20.4
가치2	결사의 자유 보장	사람들이 정치적 집단을 조직할 수 있는 자유를 보장하는 것	148	3.6
가치3	언론의 자유 보장	언론이 정부를 비판할 수 있는 자유를 보장하는 것	337	8.3
가치4	집회의 자유 보장	사람들이 시위나 집회에 참여할 수 있는 자유를 보장하는 것	251	6.2
절차1	선거를 통한 지도자 선출	사람들이 자유롭고 공정한 선거를 통해 정부 지도자를 선택하는 것	1,150	28.3
절차2	입법부의 행정부에 대한 감독권	입법부가 정부에 대한 감독의 권한을 가지는 것	765	18.8
절차3	다당제 하의 공정한 경쟁 선거	다수의 정당들이 선거에서 공정하게 경쟁하는 것	576	14.2
절차4	법치	사법부가 정부 권력의 남용으로부터 일반 국민을 보호하는 것	1,441	35.4
민생1	빈부격차 축소	정부가 빈부격차를 축소하는 것	905	22.2
민생2	기초생활 보장	의식주와 같은 기본적인 생필품이 모두에게 제공되는 것	1,293	31.8
민생3	일자리 보장	정부가 모두에게 일자리를 보장하는 것	1,147	28.2
민생4	실업 수당 제공	정부가 실업자들에게 정부 보조금을 지급하는 것	571	14.0
거버넌스1	국가재정의 효율적 운용	정부가 국가재정을 낭비하지 않은 것	467	11.5
거버넌스2	공공 서비스 제공	정부가 국민에게 고품질의 공공 서비스를 제공하는 것	1,094	26.9
거버넌스3	법과 질서의 확립	정부가 법과 질서를 보장하는 것	1,233	30.3
거버넌스4	깨끗하고 부패 없는 정치	정치가 깨끗하고 부패가 없는 것	1,002	24.6

질문: 민주주의의 가장 주요한 특성을 고르시오
(Which one would you choose as the most essential characteristics of a democracy?)

출처: Asian Barometer Survey Wave 4, China data, 2015.

〈그림2〉 중국인들의 민주주의에 대한 이해

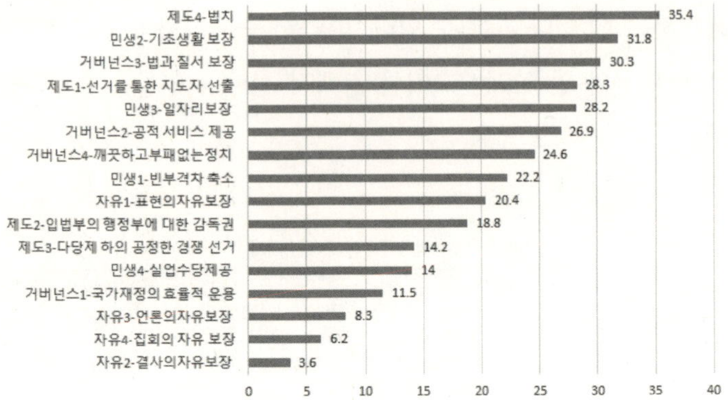

자료: Asian Barometer Survey Wave 4, China data, 2015

III. 중국인들의 민주주의에 대한 이해가 중국적 민주주의에 대한 평가와 만족도에 미치는 영향

중국인들의 민주주의에 대한 이해는 중국의 민주적 수준에 대한 평가와 중국적 민주주의의 구현 방식에 대한 만족도에 어떠한 영향을 미치는 것일까? 앞서 살펴보았듯이, 제4차 아시아 바로미터 여론조사 결과에 따르면, 중국에서 민주주의가 구현되는 방식에 대한 만족도와 현 정부하에서 중국의 민주적 수준에 대한 평가가 비교적 높게 나타나고 있음을 확인할 수 있었다. 본 세션에서는 중국인들의 민주주의에 대한 이해가 중국의 민주적 수준에 대한 평가와 중국의 민주주의 구현 방식에 대한 만족도에 어떠한 영향을 미치는지 살펴본다. 여기에서, 중국인들의 민주주의에 대한 이해는 크게 절차적(제도적) 관점에서의 이해, 가치 중심적 관점에서의 이해, 도구적 관점에서의 이해로 나누고, 어떠한 관점에서 민주주의를 이해할수록, 중국에서의 민주주의 구현 방식과 중국의 민주적 수준에 대한 평가가 높아지는지 (혹은 낮아지는지) 살펴본다. 민주주의에 대한 도구적 관점에서의 이해의 경우, 민생 개선과 좋은 거버넌스 실현이라는 두 개의 측면에서의 정책적 성과를 민주주의의 중요한 요소로 인식하는 경우로 나누어, 이러한 민주주의에 대한 도구적 이해가 중국의 민주적 수준과 중국에서의 민주주의 구현 방식에 대한 만족도에 어떠한 영향을 미치는지 살펴본다.

먼저, 앞서 살펴본 설문 문항들을 활용하여 측정된 민주주의에 대한 이해(독립변수)가 중국의 민주적 수준에 대한 평가(종속변수)에 미치는 영향을 검증하기 위해 회귀분석(regression analysis)을 실시하였다(표5 참조). 모형1은 민주주의에 대한 이해를 4개의 카테고리(절차적/제도적 관점에서의 이해, 가치 중심적 관점에서의 이해, 민생 개선을 위한 도구적 관점에서의 이해, 좋은 거버넌스 실현을 위한 도구적 관점에서의 이해)로 나누어 어떠한 관점에서의 이해가 중국의 민주적 수준에 대한 평가에 통계적으로 유의미한 영향을 미치는지를 보여준다. 모형2, 3, 4, 5는 민주주의에 대한 서로 다른 이해를 보여주는 4개의 카테고리별로 각각 구체적으로 어떠한 요소를 민주주의의 중요한 특성으로 인식할 때 중국의 민주적 수준에 대한 평가에 통계적으로 유의미한 영향을 미치는지를 보여준다. 모형2는 민주주의에 대한 가치 중심적 이해를 보여주는 4개의 요소(언론 · 집회 · 결사 · 표현의 자유)에 대한 인식이 중국의 민주적 수준에 대한 평가에 미치는 영향을 보여준다. 모형3은 민주주의에 대한 절차적(제도적) 관점에서의 이해를 보여주는 4개의 요소(법치, 선거를 통한 지도자 선출, 다당제하에서의 경쟁 선거, 입법부의 행정부에 대한 감독권)에 대한 인식이 중국의 민주적 수준에 대한 평가에 미치는 영향을 보여준다. 모형4는 민생 개선을 민주주의가 추구해야 하는 중요한 정책적 성과로 이해함으로써 민주주의에 대한 도구적 관점에서의 이해를 보여주는 4개의 요소(빈부격차 축소, 기초생활 보장, 일자리 보장, 실업 수당 제공)에 대한 인식이 중국의 민주적 수준에 대한 평가에 미치는 영향을 보여준다. 모형4는 좋은 거버넌스의 실현을 민주주의가 추구해야 하는 중요한 정책적 성과로 이해함으로써 민주주의에 대한 도구적 이해를 보여주는 4개의 요소(국가재정의 효율적 운영, 고품질 공공 서비스 제공, 법과 질서의 확립, 깨끗하고 부패 없는 정치의 실현)에 대한 인식이 중국의 민주적 수준에 대한 평가에 미치는 영향을 보여준다.

분석 결과, 민주주의에 대한 절차적(제도적) 관점에서의 이해와 가치 중심적 관점에서의 이해가 중국의 민주적 수준에 대한 평가에 통계적으로 유의미한 영향을 미치는 것으로 나타났다. 하지만, 민주주의에 대한 절차적(제도적) 관점에서의 이해는 중국의 민주적 수준에 대한 평가에 정(+)적인 영향을 미치는 것으로 나타났으나, 민주주의에 대한 가치 중심적 관점에서의 이해는 중국의 민주적 수준에 대한 평가에 부(-)적인 영향을 미치는 것으로 나타났다. 따라서 민주주의를 절차적(제도적) 관점에서 이해할수록 중국의 민주적 수준을 더 높게 평가하는 경향이 있으며, 민주주의를 가치 중심적으로 이해할수록 중국의 민주적 수준을 더 낮게 평가하는 경향이 있음을 확인할 수 있다.

민주주의에 대한 절차적(제도적) 관점에서의 이해는 전반적으로 중국의 민주적 수준에 대한 평가에 정(+)적인 영향을 미치는 것으로 나타났다. 이러한 절차적(제도적) 관점에서의 이해를 보여주는 4개의 요소(법치, 선거를 통한 지도자 선출, 다당제하에서의 경쟁 선거, 입법부의 행정부에 대한 감독권) 중에서 법치, 선거를 통한 지도자 선출, 입법부의 행정부에 대한 감독권을 민주주의의 중요한 특성으로 이해할수록, 중국의 민주적 수준을 더 높게 평가하는 경향을 보였다. 하지만 다당제하에서의 경쟁 선거를 민주주의의 중요한 특성으로 이해하는 경우에는 중국의 민주적 수준을 더 낮게 평가하는 경향을 보였다.

민주주의에 대한 가치 중심적 관점에서의 이해는 전반적으로 중국의 민주적 수준에 대한 평가에 부(-)적인 영향을 미치는 것으로 나타났다. 이러한 가치 중심적 이해를 보여주는 4개의 요소(언론 · 집회 · 결사 · 표현의 자유 보장) 중에서는 언론 · 집회 · 표현의 자유 보장을 민주주의의 중요한 특성으로 이해할수록, 중국의 민주적 수준에 대한 평가가 통계적으로 유의미하게 더 낮아지는 것으로 나타났다.

민주주의에 대한 도구적 이해와 관련하여, 민생 개선을 위한 도구적 관점에서의 민주주의에 대한 이해는 중국의 민주적 수준에 대한 평가에 통계적으로 유의미한 영향을 미치지 않는 것으로 나타났다. 좋은 거버넌스 실현을 위한 도구적 관점에서의 민주주의에 대한 이해는 민주적 수준에 대한 평가에 영향을 미치기는 하지만, 이러한 도구적 이해를 보여주는 4개의 요소(국가재정의 효율적 운영, 고품질 공공 서비스 제공, 법과 질서의 확립, 깨끗하고 부패 없는 정치의 실현) 중에서 법과 질서의 확립을 민주주의의 중요한 요소로 인식하는 경우에만 중국의 민주적 수준에 대한 평가가 통계적으로 유의미하게 더 높아지는 것으로 나타났다. 이에 반해, 고품질 공공 서비스 제공과 깨끗하고 부패 없는 정치의 실현을 민주주의의 주요한 요소로 인식하는 경우에는 중국의 민주적 수준에 대한 평가가 통계적으로 유의미하게 더 낮아지는 경향을 보였다.

위와 같은 방식으로, 앞서 살펴본 설문 문항들을 활용하여 측정된 민주주의에 대한 이해(독립변수)가 중국적 민주주의 구현 방식에 대한 만족도(종속변수)에 미치는 영향을 검증하기 위한 회귀분석도 실시하였다(표6 참조). 모형1은 민주주의에 대한 이해를 4개의 카테고리(절차적/제도적 관점에서의 이해, 가치 중심적 관점에서의 이해, 민생 개선을 위한 도구적 관점에서의 이해, 좋은 거버넌스 실현을 위한 도구적 관점에서의 이해)로 나누어 어떠한 관점에서의 이해가 중국적 민주주의 구현 방식에 대한 만족도에 통계적으로 유의미한 영향을 미치는지를 보여준다. 모형2, 3, 4, 5는 민주주의에 대한 서로 다른 이해를 보여주는 4개의 카테고리별로 각각 구체적으로 어떠한 변수들이 중국적 민주주의 구현 방식에 대한 만족도에 통계적으로 유의미한 영향을 미치는지를 보여준다. 즉, 민주주의에 대한 서로 다른 이해를 보여주는 4개의 카테고리에서 각각 구체적으로 어떠한 요소를 민주주의의 중요한 특성으로 인식할수록 중국적 민주주의 구현 방식에 대한 만족도가 통계적으로 유의미하게 높아지는지(혹은 낮아지는지)를 보여준다. 모형2는 민주주의에 대한 가치 중심적 이해를 보여주는 4개의 요소(언론 · 집회 · 결사 · 표현의 자유) 중 어떠한 요소를 민주주의의 중요한 특성으로 이해할 때 중국적 민주주의 구현 방식에 대한 만족도가 통계적으로 유의미하게 더 높아지는지(혹은 낮아지는지)를 보여준다. 모형3은 민주주의에 대한 절차적(제도적) 관점에서의 이해를 보여주는 4개의 요소(법치, 선거를 통한 지도자 선출, 다당제하에서의 경쟁 선거, 입법부의 행정부에 대한 감독권) 중 어떠한 요소를 민주주의의 중요한 특성으로 이해할 때 중국적 민주주의의 구현 방식에 대한 만족도에 통계적으로 유의미한 영향을 미치는지를 보여준다. 모형4는 민생 개선을 민주주의가 추구해야 하는 중요한 정책적 성과로 이해함으로써 민주주의에 대한 도구적 관점에서의 이해를 보여주는 4개의 요소(빈부격차 축소, 기초생활 보장, 일자리 보장, 실업 수당 제공) 중에 어떤 요소를 민주주의의 중요한 특성으로 인식할수록 중국적 민주주의 구현 방식에 대한 만족도가 통계적으로 유의미하게 더 높아지는지(혹은 낮아지는지)를 보여준다. 모형4는 좋은 거버넌스의 실현을 민주주의가 추구해야 하는 중요한 정책적 성과로 이해함으로써 민주주의에 대한 도구적 이해를 보여주는 4개의 요소(국가재정의 효율적 운영, 고품질 공공 서비스 제공, 법과 질서의 확립, 깨끗하고 부패 없는 정치의 실현) 중 어떤 요소를 민주주의의 중요한 요소로 인식할 때 중국적 민주주의 구현 방식에 대한 만족도에 통계적으로 유의미한 영향을 미치는

지를 보여준다.

이러한 분석 결과, 민주주의에 대한 절차적(제도적) 관점에서의 이해, 가치 중심적 관점에서의 이해, 민생 개선을 위한 도구적 관점에서의 이해, 좋은 거버넌스 실현을 위한 도구적 관점에서의 이해가 모두 중국에서의 민주주의 구현 방식에 대한 만족도에 통계적으로 유의미한 영향을 미치는 것으로 나타났다. 하지만, 민주주의에 대한 절차적(제도적) 관점과 도구적 관점에서의 이해는 중국적 민주주의 구현 방식에 대한 만족도에 정(+)적인 영향을 미치는 것으로 나타났으나, 민주주의에 대한 가치중심적 관점에서의 이해는 중국적 민주주의 구현 방식에 대한 만족도에 부(-)적인 영향을 미치는 것으로 나타났다. 즉, 민주주의를 절차적(제도적) 관점이나 도구적 관점에서 이해할수록 중국적 민주주의 구현 방식에 대한 만족도가 더 높아지는 경향이 있으며, 민주주의를 가치 중심적으로 이해할수록 중국적 민주주의 구현 방식에 대한 만족도가 더 낮아지는 경향이 있음을 확인할 수 있다.

민주주의에 대한 절차적(제도적) 관점에서의 이해는 전반적으로 중국적 민주주의 구현 방식에 대한 만족도에 정(+)적인 영향을 미치는 것으로 나타났다. 이러한 민주주의에 대한 절차적(제도적) 관점에서의 이해를 보여주는 4개의 요소(법치, 선거를 통한 지도자 선출, 다당제 하에서의 경쟁선거, 입법부의 행정부에 대한 감독권) 중에서는 선거를 통한 지도자 선출을 민주주의의 중요한 특성으로 이해할수록, 중국적 민주주의 구현 방식에 대한 만족도가 더 높아지는 경향을 보였지만, 다당제 하에서의 경쟁 선거를 민주주의의 중요한 특성으로 이해하는 경우에는 중국적 민주주의 구현 방식에 대한 만족도가 더 낮아지는 경향을 보였다.

민주주의에 대한 도구적 이해와 관련하여, 민생 개선을 위한 도구적 관점에서의 민주주의에 대한 이해는 중국적 민주주의 구현 방식에 대한 만족도에 통계적으로 유의미한 정(+)적인 영향을 미치는 것으로 나타났다. 하지만 이러한 민주주의에 대한 도구적 이해를 보여주는 4개의 요소(빈부격차 축소, 기초생활 보장, 일자리 보장, 실업 수당 제공) 중에서 일자리 보장과 실업 수당 제공을 민주주의의 중요한 요소로 인식하는 경우에만 중국적 민주주의 구현 방식에 대한 만족도가 통계적으로 유의미하게 더 높아지는 것을 확인할 수 있었다. 좋은 거버넌스 실현을 위한 도구적 관점에서의 민주주의에 대한 이해도 중국적 민주주의 구현 방식에 대한 만족도에 통계적으로 유의미한 정(+)적인 영향을 미치는 것으로 나타났다. 하지만 이러한 도구적 관점에서의 이해를 보여주는 4개의 요소(국가 재정의 효율적 운영, 고품질 공공 서비스 제공, 법과 질서의 확립, 깨끗하고 부패 없는 정치의 실현) 중에서, 법과 질서의 확립을 민주주의의 중요한 요소로 인식하는 경우에만 중국적 민주주의 구현 방식에 대한 만족도가 통계적으로 유의미하게 더 높아지는 것을 확인할 수 있었다.

이에 반해, 민주주의에 대한 가치 중심적 관점에서의 이해는 중국적 민주주의 구현 방식에 대한 만족도에 부(-)적인 영향을 미치는 것으로 드러났다. 특히, 이러한 민주주의에 대한 가치 중심적 이해를 보여주는 4개의 요소(언론 · 집회 · 결사 · 표현의 자유 보장) 중에서 언론 · 집회의 자유 보장을 민주주의의 중요한 특성으로 이해하는 경우, 중국적 민주주의 구현 방식에 대한 만족도가 통계적으로 유의미하게 더 낮아지는 경향을 보였다.

〈표 5〉 중국인들의 민주주의에 대한 이해가 중국의 민주적 수준에 대한 평가에 미치는 영향

독립변수 (종속변수 = 중국의 민주적 수준에 대한 평가)	모형1	모형2	모형3	모형4	모형5
	전체	가치 중심적 이해	절차적 (제도적) 이해	도구적 이해 (민생 개선)	도구적 이해(좋은 거버넌스)
(상수)	4.947	5.074	4.927	4.970	4.986
성별(1=남성)	0.037 (0.009)	0.056 (0.014)	-0.005 (-0.001)	0.034 (0.008)	0.035 (0.008)
연령	0.020*** (0.150)	0.019*** (0.147)	0.020*** (0.150)	0.020*** (0.154)	0.020*** (0.153)

교육수준		-0.124*** (0.161)	-0.120*** (-0.156)	-0.132*** (-0.172)	-0.123*** (-0.160)	-0.133*** (-0.173)
경제적 수준		0.246*** (0.243)	0.250*** (0.247)	0.242*** (0.239)	0.251*** (0.247)	0.247*** (0.244)
가치 중심적 이해		-0.866*** (-0.076)				
절차적(제도적) 이해		0.439** (0.053)				
도구적 이해 (민생 개선)		0.027 (0.003)				
도구적 이해 (좋은 거버넌스)		0.123* (0.014)				
가치1	표현의 자유 보장		-0.160** (-0.034)			
가치2	결사의 자유 보장		-0.210 (-0.021)			
가치3	언론의 자유 보장		-0.330*** (-0.048)			
가치4	집회의 자유 보장		-0.361*** (-0.046)			
절차1	선거를 통한 지도자 선출			0.234*** (0.054)		
절차2	입법부의 행정부에 대한 감독권			0.304*** (0.062)		
절차3	다당제 하의 공정한 경쟁 선거			-0.465*** (-0.085)		
절차4	법치			0.252*** (0.061)		
민생1	빈부격차 축소				-0.057 (-0.012)	
민생2	기초생활 보장				-0.036 (-0.009)	
민생3	일자리 보장				0.089 (0.020)	
민생4	실업 수당 제공				-0.040 (-0.007)	
거버넌스1	국가재정의 효율적 운용					0.064 (0.010)
거버넌스2	공공 서비스 제공					-0.122* (-0.028)
거버넌스3	법과 질서의 확립					0.369*** (0.087)
거버넌스4	깨끗하고 부패 없는 정치					-0.179** (-0.040)
F		61.723***	60.814***	65.285***	56.977***	61.281***
R^2		0.136	0.134	0.143	0.127	0.135
$adjR^2$		0.134	0.132	0.141	0.125	0.133

*** p<0.01, **p<0.05, *p<0.1

〈표 6〉 중국인들의 민주주의에 대한 이해가 중국적 민주주의 구현 방식에 대한 만족도에 미치는 영향

독립변수 (종속변수 = 중국적 민주주의 구현 방식에 대한 만족도)		모형1	모형2	모형3	모형4	모형5
		전체	가치 중심적 이해	절차적 (제도적) 이해	도구적 이해 (민생개선)	도구적 이해(좋은 거버넌스)
(상수)		-0.141	0.058	0.026	-0.044	0.022
성별(1=남성)		0.022 (0.011)	0.029 (0.014)	0.007 (0.003)	0.031 (0.015)	0.016 (0.008)
연령		0.005*** (0.081)	0.005*** (0.073)	0.005*** (0.075)	0.005*** (0.078)	0.005*** (0.077)
교육수준		-0.051*** (-0.139)	-.043*** (-0.116)	-0.049*** (-0.133)	-0.045*** (-0.123)	-0.051*** (-0.137)
경제적 수준		0.072*** (0.144)	0.076*** (0.153)	0.072*** (0.145)	0.076*** (0.152)	0.074*** (0.149)
가치 중심적 이해		-0.206** (-.035)				
절차적(제도적) 이해		0.303*** (0.075)				
도구적 이해 (민생 개선)		0.345*** (0.089)				
도구적 이해 (좋은 거버넌스)		0.251*** (0.057)				
가치1	표현의 자유 보장		-0.058 (-.024)			
가치2	결사의 자유 보장		-.028 (-0.005)			
가치3	언론의 자유 보장		-0.178*** (-0.050)			
가치4	집회의 자유 보장		-0.164** (-0.041)			
절차1	선거를 통한 지도자 선출			0.145*** (0.066)		
절차2	입법부의 행정부에 대한 감독권			0.058 (0.023)		
절차3	다당제 하의 공정한 경쟁 선거			-0.131*** (-0.047)		
절차4	법치			0.034 (0.016)		
민생1	빈부격차 축소				0.040 (0.017)	
민생2	의식주 보장 (기초생활 보장)				0.053 (0.025)	
민생3	일자리 보장				0.066* (0.030)	
민생4	실업 수당 제공				0.105** (0.037)	
거버넌스1	국가재정의 효율적 운용					0.026 (0.008)
거버넌스2	공공 서비스 제공					-0.022 (-0.010)
거버넌스3	법과 질서의 확립					0.135*** (0.063)
거버넌스4	깨끗하고 부패 없는 정치					0.007 (0.003)

F	29.401***	25.768***	25.085***	24.079***	23.835***
R^2	0.061	0.054	0.055	0.052	0.052
$adjR^2$	0.059	0.052	0.053	0.050	0.050

*** $p<0.01$, ** $p<0.05$, * $p<0.1$

IV. 결론

본 연구는 중국인들의 민주주의에 대한 이해에서 나타나는 특징들을 살펴보고, 그러한 중국인들의 민주주의에 대한 이해가 중국의 민주적 수준에 대한 평가와 중국식 민주주의 구현 방식에 대한 만족도에 미치는 영향을 살펴보았다. 중국인들은 주로 민주주의를 절차적(제도적) 관점과 도구적 관점에서 이해하는 경향을 보이는 것으로 확인되었다. 그리고 이러한 절차적(제도적) 관점과 도구적 관점에서의 민주주의의 이해는 중국인들의 중국식 민주주의 구현 방식에 대한 만족도를 높이는 데 긍정적으로 작용하는 것으로 나타났다. 즉, 민주주의를 절차적(제도적) 관점에서 이해하거나, 민생 개선, 좋은 거버넌스와 같은 국가적 과제를 실현하기 위한 도구적 관점에서 민주주의를 이해하는 경우, 중국식 민주주의 구현 방식에 대한 만족도가 더 높게 나타나는 경향을 보였다. 또한 중국의 민주적 수준에 대한 평가에 있어서도 민주주의에 대한 절차적(제도적) 관점에서의 이해가 긍정적으로 작용하는 것으로 나타났다. 즉, 민주주의를 절차적(제도적) 관점에서 이해할수록, 중국의 민주적 수준에 대한 평가가 더 긍정적으로 나타나는 것을 확인할 수 있었다. 이와 함께, 법치의 실현을 위한 도구적 관점에서 민주주의를 이해하는 경우도 중국의 민주적 수준에 대한 평가에 긍정적인 영향을 미치는 것으로 나타났다.

하지만 민주주의에 대한 절차적(제도적) 관점에서의 이해와 관련해서, 다당제 하에서의 경쟁 선거를 민주주의의 중요한 특성으로 이해하는 경우에는 중국의 민주적 수준에 대한 평가와 중국적 민주주의 구현 방식에 대한 만족도가 둘 다 더 낮아지는 경향을 보였다. 또한, 비록 소수에 불과하긴 하지만 민주주의를 가치 중심적 관점에서 이해하는 경우, 중국의 민주적 수준에 대한 평가와 중국식 민주주의 구현 방식에 대한 만족도가 모두 더 낮아지는 경향이 있음을 확인할 수 있었다.

이러한 연구 결과는 중국인들의 중국의 민주적 수준에 대한 평가와 중국에서의 민주주의 구현 방식에 대한 만족도가 전반적으로 높게 나타나는 이유를 설명하는 데 일정 정도 기여한다. 중국 지도부는 정치개혁에 있어서 '중국 특색의 민주'를 강조하면서 법치의 강화, 기층 선거의 도입, 당내 민주화, 협상(协商) 민주의 확대 등 절차화 · 제도화 중심의 정치개혁을 진행해왔고 인민을 위한 봉사를 강조하며 민생 개선을 위한 정책들을 추진해왔다. 최근에는 이와 더불어 현대적 거버넌스 체제의 건설을 적극적으로 추진하고 있다. 이 과정에서 중국 지도부는 지속적으로 서구식 민주화에 반대하며, 중국 특색의 민주주의는 서구식 민주주의와는 다른 길을 갈 것임을 강조해왔다. 즉, 중국의 정치개혁에 있어서 중국 특색의 민주주의 어젠다와 담론은 다당제나 정치적 자유의 확대 없이도 당의 일원적 영도 하에서 법치의 확립, 기층 선거의 도입, 당내 민주화, 협상 민주의 확대, "인민을 위한" 민생 정책 추진, 현대적 거버넌스 체제의 건설을 통해 중국적 민주주의의 실현이 가능하다는 논리에 기반을 둔다. 이러한 중국 정치개혁의 어젠다와 담론은 중국인들의 민주주의에 대한 이해에 영향을 미치고 있으며, 현재까지는 중국인들의 소위 "중국 특색의 민주주의"에 대한 평가에 긍정적으로 작용하고 있는 것으로 보인다. 즉 중국인들은 민주주의를 중국적 민주주의 어젠다와 담론을 수용하는 방식으로 이해하고 있으며, 따라서 중국인들의 민주주의에 대한 이해는 자유민주주의의 관점에서의 민주주의의 이해와는 거리가 있다고 볼 수 있다.

하지만, 중국 특색의 민주주의가 민주주의 본연의 가치 실현을 위한 노력 없이 절차적(제도적) · 도구적 관점에서의 민주주의 요소들만을 강조하는 경우 중국식 민주주의의 질은 낮을 수밖에 없고, 그에 대한 평가와 만족도는 그 정책적 성과에 쉽게 영향을 받을 가능성이 크다. 즉, 이러한 절차적(제도적) · 도구적 관점에서의 민주주의의 이해에 바탕을 둔 중국식 민주주의에 대한 대중들의 지지는 민주적 가치의 내면화에 바탕을 둔 본질적 지지(intrinsic support)가 아니라, 중국 정치개혁의 정책적 성과에 따라 언제든 돌아설 수 있는 도구적 지지(instrumental support)라고 볼 수 있다.[32] 따라서 중국 정부가 중국인들이 기대하는 정책적 성과를 내지 못하는 경우, 중국인들의 '중국 특색의 민주주의'에 대한 평가와 만족도는 급격하게 떨어질 수 있다. 즉, 중국인들의 민주주의에 대한 이해는 그들이 보여주는 중국식 민주주의에 대한 긍정적 평가와 높은 만족도에 내재된 모순과 한계를 동시에 보여준다고 볼 수 있다.

또한, 아직은 소수이기는 하지만 중국인들의 일부는 가치 중심적인 관점에서 민주주의를 이해하고 있으며, 이들은 중국의 민주적 수준을 낮게 평가하고 중국에서의 민주주의 구현 방식에 대한 불만도 높은 것으로 나타났다. 이는 이렇듯 민주주의 본연의 가치를 강조하는 가치 중심적 관점에서의 민주주의에 대한 이해가 확대될수록 중국의 민주적 수

32 민주주의에 대한 본질적 지지(intrinsic support)는 민주주의 그 자체를 하나의 목적으로 삼고 추구하는 것으로, 민주주의가 구현하는 정치적 자유와 평등한 권리를 가치 있는 것으로 여긴다. 민주주의에 대한 도구적 지지(instrumental support)는 생활 수준의 향상과 빈곤 완화와 같은 다른 목적들을 위한 하나의 수단으로서 민주주의를 지지하는 것으로 도구적인 계산을 반영한다. 민주주의에 대한 도구적 지지와 본질적 지지의 개념은 다음을 참조. Pavlovic 2014; Bratton & Mattes 2001; Tankebe 2014; Bloom & Arikan 2013.

준에 대한 평가와 중국적 민주주의의 구현 방식에 대한 불만이 확대될 가능성이 크다는 것을 보여준다. 더 나아가, 이러한 불만의 확대는 결국 진정한 민주주의 가치를 실현하는 방향으로의 민주화와 자유화를 요구하는 목소리로 이어질 수 있다는 점에서 의미가 있다.

[참고문헌]

강수정. 2017. "중국인들의 정치적 신뢰에 영향을 미치는 요인들에 관한 경험적 연구." 『국제지역연구』 제21권 제3호.

김재관. 2012. "현대화 과정의 중국 특색적 민주주의에 대한 비판적 검토." 『민주주의와 인권』 제12권 3호.

남종호. 2010. "중국 사회주의 민주 이론 분석." 『국제지역연구』 제14권 3호.

박종우. 2014. "중국 특색 민주주의의 논리와 특징." 『중국학연구』 70호.

서경교. 2013. "민주화 과정에 대한 대중들의 정치적 인식: 태국 사례." 『한국태국학회논총』 제19권 2호.

_____. 2014a. "민주주의와 정치참여에 대한 인식: 태국과 필리핀의 비교연구." 『한국태국학회논총』 제20권 2호.

_____. 2014b. "필리핀 민주화 이행과 대중들의 정치적 인식." 『동남아연구』 제23권 3호.

_____. 2014c. "대중들의 민주화 이행에 대한 인식: 동아시아 사례를 중심으로." 『국제지역연구』 제18권 2호.

_____. 2015. "인도네시아 대중들의 정치와 민주주의에 대한 인식." 『동남아연구』 제24권 3호.

_____. 2016. "동남아시아 대중들의 민주주의에 대한 인식." 『국제지역연구』 제20권 1호.

유은하. 2018. "중국의 민주주의 인식과 중국몽." 『아시아문화연구』 제48호.

이문기. 2012. "중국의 기층 선거: 선거 민주주의인가 선거 권위주의인가." 『세계지역연구논총』 제30권 2호.

이정남. 2013. "시진핑(习近平)지도체제의 등장과 중국의 정치개혁과 정치 변화 전망." 『아세아연구』 제151호.

_____. 2011. "민주주의에 대한 중국의 인식." 『아세아연구』 통권 145호.

이홍규. 2009. "중국식 민주주의와 정치참여: 기층 선거의 성과와 한계." 『세계지역연구논총』 제27권 제1호.

이희옥. 2011. "중국식 민주에 대한 하나의 해석." 『중국학연구』 제58호.

_____. 2014. 『중국의 새로운 민주주의 탐색』, 서울: 성균관대학교 출판부.

_____. 2014. "중국식 민주주의의 진화." 『국제정치논총』 제54권 2호.

장윤미. 2009. "중국식 민주로 구축되는 신국가권위주의체제: 비교사회주의의 관점에서 본 중국의 정치체제 전환." 『세계지역연구논총』 제27권 1호.

_____. 2015. "중국의 사회주의 민주정치 구상: 인민의 복귀(bring the people back in)." 『국가전략』 제21권 3호.

조영남. 2009. "중국 특색의 민주주의." 『중국과 중국학』 제10호.

조희연. 2012. "개혁개방 이후 중국 당-국가 체제의 위기와 '중국 특색의 민주주의'." 『민주사회와 정책연구』 제21호.

지은주. 2017. "아시아 민주주의의 이행과 공고화 비교 연구." 강원택 외, 『대한민국 민주화 30년의 평가』, 서울: 대한민국역사박물관.

Ben-Nun Bloom, Pazit and Arikan, Gizem. 2013. "Religion and Support for Democracy: A Cross-National Test of the Mediating Mechanisms." British Journal of Political Science, Vol. 43, No. 2.

Bing, Ngeow Chow. 2014. "Discourses on Chinese-Style Democracy in China." *China: An International Journal*, Vol. 12, No. 3.

Bratton, Michael and Robert Mattes. 2001. "Support for Democracy in Africa: Intrinsic or Instrumental?" *British Journal of Political Science*, Vol. 31, No. 3.

Chen, Dan. 2017. "Local Distrust and Regime Support: Sources and Effects of Political Trust in China." *Political Research Quarterly*, Vol. 70, No. 2.

Chen, Jie. 2004. *Popular Political Support in Urban China*. Washington, DC: Woodrow Wilson Center Press.

Dahl, Robert. *Democracy and Its Critics*. Yale University Press, 1989.

Dalton, Russell and Doh Chull Shin eds. 2006. *Citizens, Democracy, and Markets around the Pacific Rim*. Oxford: Oxford University Press.

Diamond, Larry and Juan J. Linz. 1989. "Introduction: Politics, Democracy and Society in Latin America." in Larry Diamond, Juan Liz and Seymour M. Lipset eds., *Democarcy in Developing Countries: Latin America*. Boulder, Colo.: Lynne Rienner.

Huntington, Samuel P. 1993. *The Third Wave: Democratization in the Late Twentieth Century*. Norman: University of Oklahoma Press.

Inglehart, Ronald and Christian Welzel. 2005. *Modernization, Cultural Change and Democracy*. Cambridge: Cambridge University Press.

Inglehart, Ronald and Christian Welzel. 2003. "Political Culture and Democracy: Analyzing Cross-Level Linkages." *Comparative Politics*, Vol. 36, No. 1.

Lee, Jung-Nam. 2013. "Perceptions of Democracy Among Chinese Intellectuals: Evidence from Political Scientists in Beijing and Shanghai." *Asian Perspective*, Vol. 37, No. 3.

Nathan, Andrew J. 2003. "China's Changing of the Guard: Authoritarian Resilience." *Journal of Democracy*, Vol. 14, No. 1.

Pavlovic, Zoran. 2014. "Intrinsic or Instrumental Support for Democracy in a Post-Communist Society." *The Case of Serbia1*, Vol. 3, No. 1.

Pei, Minxin. 2012. "China and East Asian Democracy: Is CCP Rule Fragile or Resilient?" *Journal of Democracy*, Vol. 23, No. 1.

Przeworski, Adam, et al. 1996. "What makes Democracies Endure?" *Journal of Democracy*, Vol. 7, No. 1.

Tankebe, Justice. 2014. "The making of democracy's champions: Understanding police support for democracy in Ghana." *Criminology & Criminal Justice,* Vol. 14, No. 1.

The White House. 2017. "National Security Strategy of the United Stat es of America," December 2017: https://www.whitehouse.gov/wp-content/uploads/2017/12/NSS-Final-12-18-2017-0905-2.pdf

Wang, Zhengxu. 2005. "Before the emergence of critical citizens: Economic development and political trust in China." *International Review of Sociology*, Vol. 15, No. 1.

Wang, Zhengxu and Ern Ser Tan. 2012. "The Conundrum of Authoritarian Resiliency: Hybrid Regimes and Non-Democratic Regimes in East Asia." *Asian Barometer Working Paper Series*, No. 65.

Zhai, Yida. 2016. "Remarkable economic growth, but so what? The impacts of modernization on Chinese citizens' political satisfaction." *International Political Science Review,* Vol. 37, No. 4.

Zhai, Yida. 2019. "Popular Conceptions of Democracy and Democratic Satisfaction in China." *International Political Science Review*, Vol. 40, No. 2.

Zhong, Yang. 2014. "Do Chinese People Trust Their Local Government, and Why?" *Problems of Post-Communism,* Vol. 61, No. 3.

2부

중국 강성 권위주의체제의 작동 메커니즘

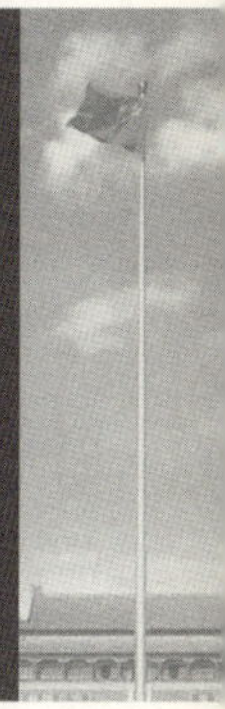

4장

중국 정치 엘리트 선발 기제 변화 분석 : '민주추천제도'를 중심으로 [33]

| 주장환 |

Ⅰ. 서론

본 연구는 민주추천제도(民主推薦制度)를 사례로 중국 정치 엘리트 선발 기제 변화의 특징과 그 요인을 분석하고자 기획되었다. 이 제도는 그동안 중국 정치 엘리트 선발 기제에서 그 변화를 가늠할 수 있는 주요한 잣대로써 인정받아왔다(劉福敏 2018, 11-12). 따라서 이 제도의 변화는 중국 정치 엘리트 선발 기제의 변화와 그 궤를 같이한다고 할 수 있다. 본 연구의 기본 관점은 그 요인 중 특히 구조와 행위자 측면에서의 변화에 착목하는 것이다. 즉 기본적으로 본 연구는 제도의 변화는 행위자와 구조의 상호작용의 산물이라는 논리 하에서 진행된다. 이를 통해 중국 정치 엘리트 선발 기제라는 제도의 변화에 대한 분석뿐만 아니라 중국 엘리트 정치의 현재 시점에서의 종합적인 좌표를 설정할 수 있다는 것에 본 연구의 의의가 있다고 사료된다.

본 연구는 또 특히 다음과 같은 사례와 시기의 측면에서 의의가 있다

33 이 글은 『아시아문화연구』 53집(2020)의 필자의 글을 수정 및 보완한 것이다.

고 판단된다. 우선 사례의 측면이다. 제도적 차원에서 민주주의에 대한 중국공산당과 정부의 기존 접근법은 '선(先) 당내 민주의 확대, 후(後) 사회 민주의 실시'로 정리할 수 있다(이정남 2013, 104-105). 이는 매우 단계적이고, 보수적인 시각을 반영한다고 평가할 수 있다. 동시에 이 같은 민주주의에 대한 인식은 경제성장과 민주화에 대한 입장에서도 유사하게 나타나고 있다. 즉 여전히 민주화를 진행하기에는 경제성장의 수준이 낮다라는 핵심 주장에 근거하고 있다(주장환 2011, 166-167). 한편 그동안, 보다 구체적으로 2007년경부터 중국 당내 민주주의 확대에서 가장 대표적인 사례로써 내세웠던 것은 '민주추천제도'의 실시였다(劉思揚·孫乘斌·劉剛 2007; Huang 2012). 즉 중국공산당과 정부의 민주주의에 대한 추진 로드맵의 구체적인 발현이라고 할 수 있다. 따라서 이 사례에 대한 분석은 현재 시기 중국 엘리트 정치의 변화를 측정할 수 있는 매우 유용한 잣대라고 할 수 있다.

다음으로 시기적으로 이 제도가 2019년에 '최소한' 변화한 사실이 발견되었기 때문이다. 일각에서는 이 제도가 폐지되었다고 보고 있으며(여유경 2018), 다른 일각에서는 이 제도가 유지되고 있다고 주장하고 있다(조영남 2019). 그러나 유지되고 있다는 주장도 내용적인 변화를 부정하는 것은 아니기에 최소한 변화되었다는 전제하에서 본 연구는 시작된다. 따라서 현재 시기와 매우 가까운 시점에서의 이 제도의 변화는 이 사례를 통한 중국 정치 엘리트 선발 기제의 변화의 특징과 요인에 대한 파악의 가능성과 중요성을 제고시키고 있다고 판단된다. 즉 정치 엘리트 선발 기제의 최신 변화를 사례로써 중국 엘리트 정치 전반의 변화의 흐름과 그 요인을 분석할 수 있다는 의미이다.

본 연구의 구성은 다음과 같다. II절에서는 중국 정치 엘리트 선발 기제의 변화를 통시적으로 분석한다. 그 주된 소재는 중국공산당의 관련 공식 문건인 "당정영도간부선발임용공작조례(黨政領導幹部選拔任用工

作條例)"이다. 이 조례는 중국의 최상급 간부를 지칭하는 '영도(leading)' 간부들의 선발과 임용에 관한 내용을 담고 있으며, 역대 총 3차례 수정된 것으로 파악되는바 그 시기에 맞게 분석을 진행한다. 특히 이 조례 중 민주추천제도를 기술하고 있는 부분에 초점을 맞추며, 그 변화의 특징과 추세에 대해 정리한다. III절에서는 중국 정치 엘리트 선발 기제의 변화 요인을 2019년을 중심으로 분석한다. 특히 공식과 비공식적 차원에서 접근하며, 비공식적 차원에서는 구조 및 행위자 차원에서의 요인을 집중 분석한다.

II. 중국 정치 엘리트 선발 기제의 변화

상술한 바대로, 여기서는 중국 정치의 엘리트 선발 기제의 변화를 파악할 수 있는 주요 문건인 〈당정영도간부선발임용공작조례〉를 중심 분석 대상으로 삼고 있다. 이 조례는 2019년 개정 전까지는 중국공산당 중앙위원회, 전국인민대표대회 상무위원회, 국무원, 전국정치협상회의, 중앙기율검사위원회의 영도 직무에 종사할 인원과 국가감찰위원회, 최고인민법원, 최고인민검찰원 등의 영도 직무 구성 인원, 현(縣)급 이상의 지방 당위원회, 인민대표대회 상무위원회, 정부, 정치협상회의, 기율검사위원회, 법원, 검찰원의 영도 직무 구성 인원의 선발 및 임용과 관련된 규칙을 상세히 기술하고 있다(안치영 2013, 104-105). 즉 중국 당과 정부의 '영도 간부(leading cadre)'의 선발 및 임용 관련 규칙을 정리하고 있는 문서라는 것이다.

상기 조례에 따르면, 중국 당정 영도 간부 선발의 대체적인 과정은 크게 4단계로 이뤄져 있다. 1단계는 상급 단위에서 예비 후보를 확정, 2

단계는 동급 단위에서의 추천, 3단계는 상급 단위에서의 '고찰(考察)', 4단계가 상급 단위에서의 확정이다. 또 이 조례는 최초인 1995년 '잠행(暫行)' 문건에서부터 2002년, 2014년 그리고 2019년으로 모두 4개의 판본이 있다. 이 모든 판본에서 본 연구의 주된 분석 대상인 민주추천제도가 명기되고 있다(中共中央 1995; 2002; 2014; 2019). 따라서 중국의 정치 엘리트 선발 기제는 지속적으로 변화를 거듭하고 있으며, 민주추천제도는 그 추이와 특징을 가늠할 수 있는 주요 잣대라고 할 수 있다(麻寶, 斌仇贇 2017, 30). 이하에서는 시기별로 그 특징을 분석한다.

첫째, 1995년 판 당정 영도 간부 선발 임용 공작조례는 잠행 조례이다. 이 조례 중 제3장 제9-15조까지의 내용이 민주추천제도에 관한 것이다. 주요 내용은 다음과 같다. 제9조에서는 민주 추천의 결과를 '응당(應當)' 고찰 대상 확정 시 중요한 근거로 삼아야 한다. 동시에 정기 인사 시에는 전체 인원 규모와 '같은 규모의(等額)' 추천을 진행하고, 비정기 인사 시에는 직위에 따른 추천을 실시한다. 주체는 동급 당위원회나 당조 혹은 상급 조직의 인사 부문이라고 명시하고 있다. 제10조에서는 민주 추천에 참가하는 인원은 당위원회 성원, 인민대표대회 상무위원회 성원, 정부 및 정치협상회의 당조 성원 혹은 전체 영도 성원, 기율위원회 영도 성원, 인민 검찰원과 인민단체 등의 주요 영도 성원, 하급 당위원회와 정부의 주요 영도 성원 그리고 기타 참여가 필요하다고 판단되는 성원으로 명시하고 있다. 제11조는 민주 추천의 과정에 대해 모두 4단계로 규정하고 있다. 1단계는 추천 작업의 방안 확정, 추천 직무, 조건, 범위, 요구 등 공포, 2단계는 추천회의에서 투표 진행, 3단계는 개별 면담, 4단계는 추천표 작성 후 동급 당위원회 혹은 상급 당위원회 조직 부문에 추천 상황 보고 등이다. 제12조에서는 정기가 아닌 비정기 인사의 경우 정기 인사의 민주 추천의 과정과 규정을 참조해야 한다고 명시하고 있다(中共中央 1995).

둘째, 2002년도에는 잠행이 아닌 정식 조례가 되었다. 이 조례 중 민주 추천과 관련된 조항은 모두 9조로써 제3장에 제10조부터 19조까지 위치해 있다. 제10조에서는 간부 임용 선발에서 민주 추천은 '반드시' 진행해야 하며 그 결과는 1년 내에는 유효하다고 규정하고, 민주 추천의 종류를 추천회 투표와 개별 면담 추천 등 두 가지로 구분하고 있다. 제11조는 1995년의 잠행 조례의 내용과 동일하게 정기와 비정기 인사에 관한 내용을 명시하고 있다. 제12조는 참여 인원과 관련된 내용으로 역시 1995년의 잠행 조례와 동일하다.

제13조는 보다 세련되게 정리하고 있지만, 기본적으로는 잠행 조례와 같이 모두 4단계로 규정하고 있다. 제1단계는 추천회의 개최와 동시에 추천 직무와 조건, 범위, 요구 등의 공포와 제2단계는 추천표를 작성하고 개별 면담을 진행한다. 3단계는 다른 직무와 수준별 추천 인사에 대한 개별 통계와 종합 분석을 진행하여 그 형평성 등을 판단한다. 제4단계에서 상급 당위원회에 추천 상황을 보고한다. 제14조는 1995년 잠행조례 제 12조의 내용과 동일하다.

제15조는 사업 부문 영도 성원에 대한 추천은 해당 부문의 영도 성원, 내부 기구의 영도 성원, 직속 단위의 주요 영도 성원 및 기타 참가할 필요가 인정되는 인원들이 참여하며, 비교적 규모가 작은 부문에서는 전체 인원이 참여할 수 있다고 명시하고 있다. 제16조는 신설된 부분으로써 고찰 대상의 확정과 관련된 것이다. 즉 정기 인사의 경우 동급 당위원회의 판공(辦公) 회의가 상급 당위원회 조직 부문의 민주 추천 결과에 대한 의견을 근거로 고찰 대상을 초보적으로 확정하고, 이를 상급 단위의 조직 부문과 최종적으로 소통한 후 고찰 대상을 확정한다. 다만 비정기 인사의 경우 동급 당위원회 혹은 당조 내지 조직 부문이 민주 추천의 결과를 바탕으로 집단적으로 연구하여 고찰 대상을 확정한다고 규정하고 있다.

제17조는 민주 추천의 중요성에 대한 언급이다. 고찰 대상 확정 과정에서 민주 추천의 결과는 중요한 근거 중의 하나이며, 이는 단순히 득표 결과로만 고찰 대상을 확정하는 것은 아니라는 의미를 명시하고 있다. 제18조는 개별 추천의 조건에 관한 내용으로써, 1995년의 잠행 조례와 대동소이하나, 군중의 지지 중요성을 강조하고 있다. 즉 소속 단위 다수 군중의 지지가 없을 경우 고찰의 대상이 될 수 없다고 명시하고 있다. 제19조는 민주 추천 이외의 고찰에 포함시킬 수 있는 방식에 대한 언급으로써, 1995년 잠행 조례보다 더욱 간소화되었다. 즉 당위원회, 정부 및 기타 사업 부문에서 특별한 필요가 있을 시, '조직 추천'의 방식을 사용하여 특정 인사를 고찰 대상에 포함시킬 수 있다고 규정하고 있다(中共中央 2002).

셋째, 이 조례는 2014년에 개정이 된다. 2014년도 판 당정 영도 간부 선발 임용 공작조례의 주요 내용은 다음과 같다. 이 조례에서 민주 추천에 관련된 사항은 제4장에 포함되어 있다. 제14조에서 22조까지 총 9조로 구성되어 있다. 제 14조의 내용은 2002년 판 조례와 대동소이하다. 그러나 민주 추천의 결과는 영도 간부 선발 및 임용의 중요한 참고 사항이라고 명시하고 있다. 제15조는 정기와 비정기 인사의 민주 추천에 관한 내용으로써 2002년 판과 동일하다. 제16조는 민주 추천의 과정에 관한 사항이다. 전반적으로 2002년 판과 대동소이하나, 추천표 작성이 제1단계, 즉 추천회의 개최와 같은 범주로 분류되어있다.

제17조는 구성 인원에 관련된 사항으로써 2002년 판과 동일하다. 제18조는 2차 추천회의와 관련된 사항으로 신설된 부분이다. 정기 인사 시 회의 추천과 개별 면담의 상황 및 영도 집단의 필요에 따라 '차액(差額)'으로 명단을 1차 확정한 뒤, 2차 추천회의를 개최할 수 있다. 이 2차 추천회의에는 당위원회 성원, 인민대표대회 상무위원회와 정부 그리고 정치협상회의의 당조 성원 혹은 전체 영도 성원, 인민법원과 검찰원의

주요 영도 성원, 기율검사위원회의 부서기 그리고 기타 참가가 필요하다고 판단되는 인원들이 참여한다고 명시되어 있다.

제19조는 비정기 인사 시의 관련 사항에 관한 규정이다. 비정기 인사 시의 규정은 정기 인사 시와 동일하다. 그러나 개별 면담을 우선 실시할 수 있으며, 그 결과에 따라 당위원회, 당조 혹은 조직 부문이 초보적으로 명단을 확정하고, 이를 토대로 추천회의를 개최할 수 있다고 명시하고 있다. 제20조는 비정기 인사의 민주 추천에 참여하는 인원에 대해 규정하고 있는데, 2002년 판보다 세분화되어 있다. 즉 지방 당정 영도 그룹 성원의 경우 제17조와 18조의 관련 규정에 따라 적절하게 조정할 수 있고, 사업 부문 영도 성원의 경우 추천회의는 해당 부문의 영도 성원과 내부 기구 영도 성원 그리고 직속 단위 주요 영도 성원과 기타 참여가 필요하다고 판단되는 인사들이 참여하며, 해당 부문의 인원수가 비교적 적은 경우에는 전체 인원이 참여할 수 있다고 규정하고 있다.

제21조는 개별 추천과 관련된 사항으로써 2002년 판과 동일하다. 제22조는 2002년 판보다 엄격하게 민주 추천 이외에 고찰에 포함시킬 수 있는 방식에 관한 규정을 명시하고 있다. 즉 필요에 따라 조직 추천을 할 수 있으나, 상급 조직 부문에 보고한 후 동의를 득하고 나서야 고찰 대상에 포함시킬 수 있다고 규정하고 있다(中共中央 2014).

넷째, 「당정영도간부선발임용공작조례」는 2019년에 개정이 된다. 이 판본이 최신 본이며, 전체 조례에서 4장에 해당되며, 총 7조로써 제16에서 22조에 배치되었다. 제16조는 민주추천제도의 원칙에 관한 것인데, 2014년 판과 상당한 차이를 보인다. 우선 간부 선발 및 임용에서 민주 추천은 '반드시'가 아닌 '응당'으로 그 중요성이 1995년 판의 수준으로 낮아졌다. 또 개별 면담의 명칭이 '면담조사연구추천(談話調硏推薦)'으로 바뀌었으며, 투표 방식의 추천회의가 사라지고 '추천회의 추천'이라는 개념이 도입되었다. 제17조는 정기 및 비정기 인사 시 민주 추천제도의 활용 방식에 관한 사항을 규정하고 있다. 2014년 판과 그 내용이 유사하다. 「당정영도간부선발임용공작조례」 제18조는 민주 추천의 과정에 관련된 내용인데, 일정한 변화가 나타났다. 우선 대상이 전체 당정영도 간부에서 지방 단위 영도 간부로 그 규모가 축소되었다. 또 상기한 기존 개별 면담의 변화태인 면담 조사연구추천과 추천회의의 순서가 바뀌었고 개별 면담의 과정이 더욱 세밀화되었다. 전체적으로는 4단계에서 5단계로 더욱 세분화되었다. 제1단계는 면담조사연구 추천 진행, 면담조사연구 추천 참가자에게 면담 가이드 라인 제공, 정기 인사 정책 설명, 간부 명부 제공 등 사전 준비를 진행한 후 실시하고, 제2단계는 면담조사연구 추천 결과 등을 종합적으로 고려하고 동급 당위원회와의 소통과 상의 이후 상급 당위원회 혹은 조직 부문 추천회의에 올릴 명단을 차액으로 확정하며, 제3단계는 추천회의를 개최한다. 이 회의는 동급 당위원회가 주최하고 관련 정책과 상황을 설명한 후 진행한다. 이 회의의 결과를 토대로 추천표를 작성한다. 제4단계는 민주 추천의 상황에 대한 종합 분석을 진행한다. 제5단계는 상급 당위원회 혹은 조직 부문에 민주 추천의 상황을 보고한다. 제19조는 민주 추천에 참여하는 대상에 관한 규정이다. 전반적인 민주 추천의 대상이 변화됨에 따라, 지방 영도 그룹의 정기 인사 시에 먼저 면담조사연구 추천에 참여하는 인원은 당위원회 성원, 인민대표대회와 정부 그리고 정치협상회의 영도 성원, 기율검사위원회 영도 성원, 법원 검찰원 주요 영도 성원, 당위원회 공작 부문과 정부 공작 부문 그리고 군중 단체의 주요 영도 성원, 하급 당위원회와 정부 주요 영도 성원, 기타 참여가 필요하다고 판단되는 인사 중 지명도와 관련성 그리고 대표성을 기준으로 확정한다. 다음으로 추천회의에 참여하는 인사들은 면담조사연구 추천에 참여하는 인사들을 대상으로 적절한 조정을 거쳐 확정한다.

제20조는 비정기 인사와 관련된 사항을 명시하고 있다. 2014년 판과

기본적으로 유사하나, 면담조사연구 추천에서 의견이 일치 혹은 수렴된다면 추천회의는 실시하지 않아도 된다는 것을 명시하고 있다. 제21조는 비정기 인사 시 민주 추천에 참여하는 인원에 관한 규정이다. 이 부분은 2014년 판과 동일하다. 제22조는 민주 추천 이외의 고찰 대상 포함의 방식에 관한 내용이고, 2014년 판과 동일하다(中共中央 2019).

상술한 내용을 종합하면 중국공산당의 공식 문건을 통해 확인한 민주추천제도 변화의 특징은 다음과 같이 세 가지 차원에서 정리할 수 있다. 먼저, 필수화 정도를 의미하는 강제성의 측면이다. 이는 모든 판본의 첫 번째 조항에서 명시한 원칙에서의 표현을 근거로 판단해 볼 수 있다. 1995년에는 민주 추천은 '응당' 실시해야 하는 것으로 규정되었으나, 2002년과 2014년 판에서는 '반드시(必須)'로, 2019년 판에는 다시 '응당'으로 변화했다. 따라서 강화되었다가 약화되었다고 평가할 수 있다.

다음으로, 민주추천제도에 대한 중요성의 측면에서는 추천 방식의 다양성과 범위의 차원으로 나누어 평가해볼 수 있다. 추천 방식의 다양성은 전반적으로 약화되는 추세를 보이고 있다. 즉 1995년에는 민주 추천외에도 조직 추천과 군중 추천 심지어는 자천과 시험 등의 방식이 규정되어 있다. 그러나 2002년에는 조직 추천만이, 2014년과 2019년에는 상급 기관의 동의를 얻어야 한다는 전제 조건하에서의 조직 추천 방식만이 명시되었다. 이를 통해서 봤을 때 민주 추천의 중요성은 강화되는 추세라고 할 수 있다. 다른 한편으로 민주 추천의 대상이 2019년에 지방영도 간부만으로 축소되었다는 점을 고려하면 전반적으로 민주 추천제도의 중요성은 그리 높아졌다고 보기에는 무리가 있다.

마지막으로, 임의성의 측면에서 정성 평가의 비중과 관련이 있다고 할 수 있다. 즉 투표라는 산출적인 결과의 비중이 높을 경우 임의성은 낮아진다고 할 수 있다. 1995년과 2002년에는 투표 방식의 추천회의가 존재했고, 2014년에는 필요할 경우 투표 방식의 추천회의가 2회까지도

가능했다. 그러나 2019년에는 투표 방식의 추천회의가 폐지되었다. 이를 토대로 봤을 때 임의성은 점차 높아지는 추세라고 할 수 있다. 결론적으로 중국의 민주추천제도는 강제성은 낮아지고, 중요성도 소폭 약화되었으며, 임의성은 높은 방향으로 변화하고 있다고 할 수 있다.

Ⅲ. 중국 정치 엘리트 선발 기제 변화의 요인
: 2019년의 변화를 중심으로

상술한 바에 따르면, 민주추천제도를 중심으로 중국 정치 엘리트 선발 기제를 살펴봤을 때 일정한 변화가 존재한다. 특히 2019년을 기점으로 그 강제성과 중요성은 낮아지고 그 임의성은 높아진 것으로 분석된다. 가장 중요한 예는 2019년 판에서 개별 면담의 중요성이 상대적으로 커졌다. 즉 그 명칭이 면담조사연구로 개칭되고, 순서도 추천회의 전에 배치되었다. 또 투표 방식의 추천회의가 아닌 협의와 상의 방식의 결정 구조를 가진 추천회의가 그 자리를 대체했다. 전반적으로 중국 정치 엘리트 선발 기제가 제도화의 측면에서 보면, 일정하게 후퇴한 것으로 평가된다. 이 같은 이유 때문에 민주추천제도의 존폐 여부에 대한 논쟁이 발생한 것이다. 즉 형식적으로 존재하지만, 내용적으로는 이전과는 매우 상이하게 변화했기 때문이다. 따라서 2019년 전후의 민주추천제도를 동일하게 봐야 하는가에 대한 논쟁이 존재하는 것이다.

그렇다면 이와 같은 변화의 요인은 무엇인가? 아래에서는 이를 공식과 비공식적 차원에서 분석을 진행한다. 우선, 공식적 차원이다. 2019년 민주추천제도 변화의 가장 큰 근거로써 이전 시기의 민주추천제도의 문제점이 심각하다는 것을 들고 있다. 첫째, 논리적으로 정보 비대칭으로 인한 제도 차원의 문제점으로 인해 우수한 간부를 추천하지 못한다는 것이다. 따라서 개인적인 관계나 인연에 의존하여 투표를 하는 '관계표(關系票)'나 '인정표(人情票)'를 던지는 현상이 광범위하게 존재한다는 것이다. 또 추천회의에서 표를 매개로 하는 매우 심각한 수준의 교역과 거래가 존재했다는 것이다. 둘째, 현실적으로 상술한 이 회의 자체의 논리적 결함을 이용한 불법 활동이 발각되었다는 것이다. 주로 2012년 시진핑(習近平) 집권 직전과 직후 부패 혐의로 실각한 저우융캉(周永康), 쑨정차이(孫政才), 링지화(令計劃) 등이 민주추천제도의 투표 방식인 추천회의의 특징을 활용하여 불법적으로 권력과 금전을 매개로 득표 활동을 한 사실이 확인되었다는 것이다(趙承, 霍小光, 張曉松, 羅爭光 2017).

한편 중국 당국의 이런 공식 입장과 유사하게, 일부 학자들은 이런 현상에 대한 학술적 분석을 진행해왔다. 주요하게는 민주추천제도의 허점을 분석하여, 대중 선거 민주주의에 대한 회의론을 제기하고, 심의 민주주의와 같은 대안적 민주주의를 주장하고 있다(麻寶 · 斌仇贇 2017, 31-36; 劉福敏 2018, 12-14).

다음으로, 비공식적 차원에서 접근할 수 있다. 이 차원에서 또 세 가지 측면에서 분석이 가능하다. 첫째, 정치공학적 측면이다. 종합적으로 시진핑의 권력 공고화를 위한 전략의 차원이다. 즉 2019년의 민주추천제도의 변화는 집권 1기를 통해 평가된 시진핑 중심의 권력체제의 약점을 보완하기 위한 조치라는 것이다. 기실 시진핑 집권 1기 동안 강력한 반부패 투쟁으로 주되게 중국공산당 내 다른 주요 정치 파벌인 상하이방(上海幫)과 퇀파이(團派) 등의 세력에 대한 견제에는 성공했다는 평가다(Miller 2016; Wang 2016, 24-27; Li 2017, 12-26). 그러나 중국공산당의 상층부, 즉 중앙위원회 정치국과 그 상무위원회 단위에 대한 권력 기반은 확대되었으나 여전히 중앙위원회 등 중 하층부 단위에서는 우위를 점하지 못하고 있다는 것이 전반적인 평가이다(鄭中原 2019). 따라서 수적 우위에 충분하지 못한 상황에서 중앙위원회 단위의 자파 세력 확대를 위해 자파 세력이 장악하고 있는 상층부 단위에서의 통제를 강화하는 방향으로 민주추천제도를 변화시켰다는 것이다.

이 같은 주장과 논리는 학술적으로도 집단지도체제의 약화와 여전히 충분히 도달하지 못한 1인 독재체제 사이에 존재하고 있는 시진핑 체제 2기의 '제도적 적응(adaptation)'의 결과로 해석될 수 있다.[32] 이 측면은 가장 직접적인 요인이라고 할 수 있으며, 집단지도체제라는 개혁 · 개방 시기 중국 엘리트 정치의 근간을 변화시킬 수 있다는 점에서 매우 중요하다 할 수 있다.

둘째, 중국 엘리트 정치의 충분하지 않은 제도화 수준의 측면이다. 이 측면은 일종의 배경적 요인이다. 즉 여전히 중국 엘리트 정치의 낮은 제도화의 수준이 바로 이런 제도 변화의 용이성을 제공하고 있다는 것이다. 대표적인 특징 중 하나는 불규칙한 제도의 명문화와 실행을 들 수 있다. 예를 들면, 2002년 제16기 중국공산당 중앙위원회와 관련해서는 조례를 먼저 개정한 후 민주 추천을 시행했으나, 2017년 제19기 중국공산당 중앙위원회와 관련해서는 조례 개정 전에 새로운 민주추천제도를 먼저 시행한 바가 있다. 이는 일반적으로 규정 개정 후 제도 시행이라는 상식적 차원의 규범을 스스로 지키지 않았다고 평가될 수 있다. 낮은 제도화의 다른 대표적인 특징은 불규칙한 제도와 규정의 실시를 들 수 있다. 이와 관련된 대표적인 예는 민주 추천의 대상과 관련된 것이다. 즉 1995년 민주추천제도가 명문화된 이후, 실제 운용 과정에서 당정 영도간부 전체를 대상으로 이 제도가 운용된 적은 한 번도 없고, 그나마 규

---

32 (劉銳 2018). 참고로, 이 제도적 적응이라는 것은 중국 거버넌스의 주요 특징 중의 하나인 제도적 조정을 의미하는 것이며, 권위주의 정권에서 종종 발견되는 제도적 발전의 경로로 이해할 수 있다. 보다 상세한 사항은 여유경(2018, 180-190)을 참조 바람.

정에 적시된 방식인 투표에 따른 중국 정치 엘리트의 최상급 단위인 당 중앙위원회 정치국 단위에 대한 민주 추천은 2007년 이후에야 실시된 것으로 확인된다.[33]

셋째, 중국 엘리트 정치의 구조와 행위자 차원에서 변화의 결과 측면이다. 이 부분은 제도의 변화를 구조와 행위자 간 상호작용의 결과라고 상정했을 때의 해석이다.[34] 즉 중국 엘리트 정치의 구조와 행위자 차원에서 모두 2019년 민주추천제도 변화의 흐름에 친화적인 방향으로 변화가 진행되어 그 결과로써 제도의 조정이 진행되었다는 것이다.

먼저 중국 엘리트 정치의 구조적 차원이다. 구조적 차원에서 중국 엘리트 정치는 이전 시기의 '지배하는(ruling) 과두제'에서 시진핑 집권 이후 '술탄제적 과두제'로 변화하고 있다는 분석이 있다(〈그림 1〉 참조). 보다 구체적으로 통치의 본질 차원에서, 중국식 과두제는 권력 승계와 정치 엘리트 선발 및 임용에 있어서 제도적/집단적이라기보다 개인적/분절적인 방향으로 변화하고 있다는 것이다. 동시에 그 결과가 바로 2019년 민주추천제도의 변화로 현상화되었다는 것이다. 부연하자면, 개혁·개방 시기보다 구체적으로 시진핑 집권 이전까지의 투표 방식의 민주추천제도는 마오쩌둥(毛澤東)이나 덩샤오핑(鄧小平)과 같은 카리스마형 지도자가 부재한 상황에서 순조로운 권력 승계와 중국공산당의 집권 지위 유지라는 대의를 위해 당내 파벌 간의 타협과 경쟁의 제도적 틀로써 평가되어왔으나, 시진핑이 집권한 이후 이 제도적 균형이 깨졌다고 평가할 수 있다(주장환 2017).

33 이 같은 사실은 필자가 2018년에서 2019년 사이 복수의 중국 전문가들에게 확인한 것임.

34 이 같은 논리는 사회과학 현상에 대한 해석의 측면에서 구조, 행위자 그리고 그 상호작용의 결과로써의 제도를 상정하는 것이고, 이에 대한 보다 상세한 설명은 주장환(2017, 33-35)을 참조 바람.

〈그림 1〉 중국 엘리트 정치구조의 변화

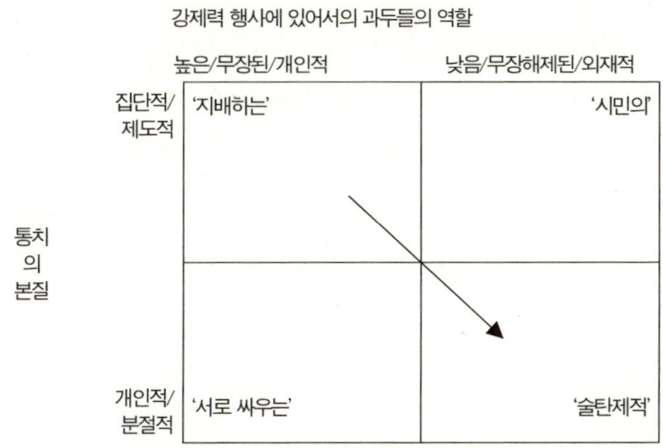

자료 출처: (주장환 2017, 112).

또 강제력 행사의 측면에서, 이전 시기와 비교했을 때 상대적으로 과두들 간의 세력 균형이 일정하게 깨지고 특정 과두의 권한과 권력이 상대적으로 강화되었다는 여러 증거가 존재한다. 실제로 시진핑의 국정 철학인 '시진핑 신시대 중국 특색 사회주의 사상(習近平新時代中國特色社會主義思想)'이 역대 최고 지도자보다 가장 빠른 속도로 당장의 총강에 지도 사상으로 삽입되었다. 또 집권 2기에 들어서 이전 정치 관례와는 달리 중국공산당 중앙위원회 정치국원들이 총서기에게 서면으로 보고할 것을 의무화하는 규정이 신설되었다. 이를 방증하듯이 집권 2기인 제19기 중국공산당 중앙위원회 정치국 인선에서 이른바 시진핑 파벌의 대대적인 약진이 진행되었다. 이 두 차원에서의 변화는 바로 상술한 중국 정치 엘리트의 구조가 지배하는 과두제에서 술탄제적 과두제로 변화했다는 근거가 된다(주장환 2018, 177-178).

다음으로, 행위자 측면에서의 변화이다. 중국 엘리트 정치의 행위자 측면에서의 변화는 크게 개혁개방 이전 시기 '이념형/대체형'에서 이후 시기 '분절형/재생산형' 유형으로 진행되었다. 그러나 시진핑 집권 1기가 시작된 제18기 중국공산당 중앙위원회 회기 때부터 '분절형/재생산형'에서 '분화된/준-대체형'으로의 변화 조짐이 감지되었다(주장환 2013, 20-21)(〈그림 2〉 참조). 한편, 제19기 중국공산당 중앙위원회의 상황도 제18기의 추이를 유지하고 있는 것으로 평가된다. 즉 상호작용과 규범적 차원을 그 범주로 하는 통합의 정도와 순환의 범위에서 여전히 약하고, 좁은 상태를 유지하고 있다. 성별, 민족, 출신 지역, 선택 전공, 주요 경력 등의 차원에서의 분화의 정도와 양 및 질적 수준에서의 순환의 방식 차원에서 모두 약하고, 급진적인 방향을 유지하고 있는 것으로 파악된다. 특히 순환의 질적 방식에서 여러 이전 시기에 관례화된 정치의 규칙들이 지켜지지 않았고, 정식으로 규정 개정이 이뤄지지 않은 상태에서 이미 민주추천제도의 임의성이 높은 상태에서 진행되었다는 것은 매우 중요한 실례로 들 수 있다.[35] 따라서 2019년 시기를 기준으로 중국 정치엘리트는 제18기 공산당 중앙위원회 시기에 이어서 권위주의체제에서 전형적으로 나타나는 분화된/준-대체형으로의 변화를 가속화하고 있다고 할 수 있다. 이러한 구조 및 행위자 측면에서의 변화는 모두 2019년 민주추천제도의 변화와 친화성이 높은 방향으로 진행되었다고 평가된다.

35 이정남. 2018. 「중국 집단지도체제 권력승계의 제도화와 19차 당대회 이후의 변화: 새로운 게임 규칙의 모색인가?」, 『중소연구』 제42권 2호, pp.10-14; 安德烈, "習近平不要王儲 政治局包圍常委會," http://www.rfi.fr/cn/20171025(검색일: 2019. 01.14일).

〈그림 2〉 중국 정치 엘리트 유형의 변화

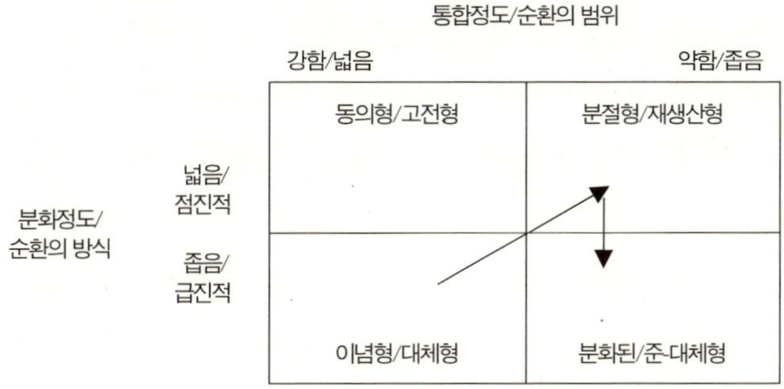

자료 출처: (주장환 2013, 20).

IV. 결론

본 연구는 민주추천제도를 사례로써 중국 정치 엘리트 선발 기제 변화의 특징과 그 요인을 분석하고자 기획되었다. 이를 통해 중국 정치 엘리트 선발 기제라는 제도의 변화에 대한 분석뿐만 아니라 중국 엘리트 정치의 현재 시점에서의 종합적인 좌표를 설정하겠다는 의도도 포함되어 있다.

연구 결과, 중국 정치 엘리트 선발 기제의 대표적인 사례인 민주추천제도는 1995년, 2002년, 2014년 그리고 2019년을 통시적으로 비교했을 때, 제도의 강제성은 낮아지고, 중요성도 소폭 약화되었으며, 임의성은 높은 방향으로 변화하고 있다고 할 수 있다. 이는 동시에 중국 정치 엘리트 선발 기제는 운용 주체의 의지가 반영되기 용이한 방향으로 변화하고 있다는 것을 의미한다. 이러한 변화의 요인으로 공식적으로는 민주추천제도 운영 과정에서 부작용의 표면화를 들 수 있다.

비공식적인 요인으로는 첫째, 정치공학적으로 현 집권 파벌인 시진핑 파벌의 자파 중심의 중하층 정치 엘리트 확보 기도를 들 수 있다. 둘째, 배경적 요인으로 중국 엘리트 정치의 충분하지 않은 제도화의 수준을 들 수 있다. 셋째, 구조 및 행위자 측면의 요인으로, 지배하는 과두제에서 술탄제적 과두제로의 엘리트 정치구조의 변화와 분절형/재생산형에서 분화된/준-대체형 유형으로의 중국 정치 엘리트 유형의 변화를 들 수 있다. 종합하면, 중국 엘리트 정치는 구조, 행위자 그리고 정책의 측면에서 일관된 방향으로의 변화를 나타내고 있다고 할 수 있다. 즉 그동안 개혁개방 시기 유지되어오던 집단지도체제와 이를 뒷받침하는 제도화가 약화되고, 개인 독재와 이를 공고화하려는 제도화의 방향으로 변화하고 있다는 것이다.

한편 이 같은 흐름에 대해서는 공산당의 중국 민주주의에 대한 새로운 인식 여부에 대한 논쟁과는 별개로, 그다지 상식적이지 않고 오히려 당내 민주의 확대와 정치 엘리트 선발 기제의 민주성과 제도화 측면에서는 퇴행적이라고 평가된다. 물론 이 같은 시도가 성공할 것인가에 대해서는 여전히 미지수이다. 논리적으로는 세 가지 방향의 전망이 가능하다. 개인 독재체제, 민주주의 체제 그리고 현 과두제 체제 내에서의 일정한 변화 등이다. 중단기적으로 평가하자면, 민주주의 체제로의 이행과 개인 독재체제로의 전환보다는 과두제 체제 내에서의 일정한 변화가 유력하다는 전망이 우세하다(주장환 2017, 120; 이정남 2018, 36-37). 특히 이 연구의 사례인 민주추천제도의 변화는 중국 엘리트 정치의 세 요소 중 하나인 정책의 측면에서, 바로 집단지도체제를 허물고 싶으나, 아직도 여전히 공고하지 않은 시진핑 개인 권력의 현주소를 반영하고 있다. 결론적으로 중국 엘리트 정치는 술탄제적 과두제와 분화된 준-대체형 엘리트 유형 다수의 상호작용 결과가 2019년 민주추천제도의 변화인 것이다.

「 참고문헌 」

여유경. 2018. “시진핑의 제도적 조정을 통한 권력과 정당성 강화: 중국공산당 19차 전국대표대회를 중심으로,” 『아태연구』 제25권 4호.

이정남. 2013.“시진핑 지도체제의 등장과 중국의 정치개혁과 정치 변화 전망,” 『아세아연구』 제56집 1호.

_____. 2018. “중국 집단지도체제 권력승계의 제도화와 19차 당대회 이후의 변화: 새로운 게임 규칙의 모색인가?,” 『중소연구』 제42권 2호.

조영남. 2019. “중국 엘리트 정치의 제도화 과정 분석: 연령제와 민주추천제의 도입사례,” 『한국과 국제정치』 제35권 2호.

주장환. 2011. “경제성장과 민주주의: 중국의 인식,” 『중국학논총』 제33집.

_____. 2013. “중국 정치 엘리트 유형 변화에 대한 연구: 제18기 중국공산당 중앙위원회를 중심으로,” 『중소연구』 제37권 3호.

_____. 2017. “중국 엘리트 정치 동학의 변화? 혹은 지속?: 제19기 중국공산당 중앙위원회를 중심으로,” 『현대중국연구』 제19집 3호.

_____. 2017. 『제2차 중국 정치엘리트의 전환: ‘기술 관료’에서 ‘일반 간부’로』, 한신대 출판부.

_____ 2018. “사회주의 초급단계론에 대한 중국의 새로운 인식: 시진핑 신시대 중국 특색 사회주의 사상,” 『마르크스주의 연구』 제15권 3호.

安德烈. “習近平不要王儲 政治局包圍常委會,”http://www.rfi.fr/cn/20171025 (검색일: 2019. 01.14).

麻寶, 斌仇賛. 2017. 「民主推薦制度的曆史演進與政治學分析」,『政治學研究』 第2期.

劉福敏. 2018. 「民主推薦在幹部選拔中存在的問題及對策」,『理論學習』 第4期.

劉銳. “中共新政治局常委揭曉 集體領導或被削弱,” https://www.bbc.com/zhongwen/simp/chinese-news-41752378 (검색일: 2018.01.12).

劉思揚. 孫乘斌, 劉剛. “肩負起黨和人民的重托: 新一屆中共中央委員會和中共中央紀律檢查委員會誕生記,” 『人民網』,2007年10月22日, http://politics.people.com.cn/GB/1026/6411397.html(검색일: 2016.03.12).

鄭中原. “中共十九大那場政治交易基礎動搖,” https://www.secretchina.com/news/gb/2019/10/22/911173.html (검색일: 2019.12.01).

中共中央. “黨政領導幹部選拔任用工作暫行條例,” http://www.peopledaily.com.cn/GB/channel1/11/20000804/172987.html (검색일: 2016.03.03).

_____.“黨政領導幹部選拔任用工作條例,” http://www.peopledaily.com.cn/GB/channel1/11/20000804/172987.html (검색일: 2016.03.13)

_____. "黨政領導幹部選拔任用工作條例,"
http://www.gov.cn/jrzg/2014-01/15/content_2567800.htm(검색일: 2016년 03.13).
_____. "黨政領導幹部選拔任用工作條例,"
http://www.xinhuanet.com/politics/2019-03/17/c_1124245012.htm
(검색일: 2016년 03.13).
趙承, 霍小光, 張曉松, 羅爭光a. "領航新時代的堅強領導集體——黨的新一屆中央領導機構產生紀實,"
http://www.xinhuanet.com//politics/19cpcnc/2017-10/26/c_1121860147.htm
(검색일: 2019.03.13).
_____, "肩負歷史重任 開創復興偉業——新一屆中共中央委員會和中共中央紀律檢查委員會誕生記,
"http://cpc.people.com.cn/19th/BIG5/n1/2017/1024/c414305-29606849.html
(검색일: 2019.03.13).

Huang, Cary. 2012, "Party Polls 370 Members on Choice of Top Leaders," *South China Morning Post* , June 8. https://www.scmp.com/article/1003317/party-polls-370-members-choice-top-leaders(검색일: 2016.03.12).
Miller, Alice. 2016. ""Core" Leaders, "Authoritative Persons," and Reform Pushback," *China Leadership Monitor* No. 50, https://www.hoover.org/sites/default/files/research/docs/clm50am.pdf#overlay-context=research/two-trains-running-supply-side-reform-soe-reform-and-authoritative(검색일: 2017.09.02).
Li, Cheng. 2017. Chinese Politics in the Xi Jinping Era . Washington, D.C.: Brookings Institution Press.
Wang, Zhengxu and and Zeng, Jinghan. 2016. "Xi Jinping: the game changer of Chinese elite politics?," *Contemporary Politics* , Vol. 22, Issue 4.
Wu, Guoguang. 2015. *China's Party Congress: Power, Legitimacy, and Institutional Manipulation.* Cambridge; University Press.
Zeng, Jinghwan. 2013. "What Matters Most in Selecting top Chinese Leaders?: A Quanlitative Comparative Analysis," *Journal of China Political Science*, No. 18.

5장

정치참여의 통제
: 협상민주주의를 통한 정치참여의 강조와 그 한계[36]

| 유은하 |

Ⅰ. 서론

1980년대 서구 학계에서 선거제를 골간으로 하는 절차적 민주주의의 결함을 지적하면서 대안적 민주주의의 하나로 제안된 Deliberative Democracy는 2000년대 초반 중국 학계에 协商民主(협상민주주의)로 번역되어 그 개념과 내용이 소개되었다.[37] 당시 중국 정치학계에서 어느 정도 학술적 권위를 갖고 있던 일부 학자들이 적극적으로 담론 형성을 주도하면서 협상민주는 중국학계에 빠르게 확산되었고, 2000년대 중반 이

---

36 이 글은 『분석과 대안』 제4권 제1호(2020)에 게재된 저자의 글을 일부 수정한 것이다.

37 국내 학계에서는 Deliberative Democracy를 '심의민주주의', '숙의민주주의' 등으로 번역하여 사용하고 있기 때문에 본 논문에서는 용어상의 혼란을 피하기 위해 중국의 경우에는 '협상민주(주의)'를 사용하고, 그 외 일반적인 설명에는 '심의민주주의'를 사용하였다. 한편 최근 들어 중국 내외 학계와 당정(黨政) 문건에서 중국의 协商民主에 대한 영역(英譯)을, 서구 심의민주주의와의 차이점을 내세우며, Deliberative Democracy가 아닌 Consultative Democracy를 쓰는 경우가 증가하는 추세다. 중국어의 '协商(xieshang)'은 '협상(하다), 협의(하다)' 등으로 번역되는데, 국내 선행연구에서 모두 '협상민주' 혹은 '협상민주주의' 용어를 쓰고 있어서 본 연구에서도 이를 따르고 있으며, '협상민주주의 · 협상민주론 · 협상민주'를 혼용하고 있다.

후 중국공산당이 이를 정식으로 수용하면서 협상민주는 이른바 중국 사회주의 민주정치의 이념 및 제도의 한 축으로 공식 편입되었다.[38] 시진핑(习近平) 시기에 와서는 협상민주가 중국에 가장 적합하면서도 독특한 우월성을 지닌 민주정치 형식으로 더욱 중시되고 있는 가운데 이론의 중국화와 함께 전면적인 제도화가 진행되고 있다.

그러면 이처럼 중국 정치에서 중요한 지위를 차지하게 된 협상민주를 어떻게 바라볼 것인가? 중국의 협상민주에 대한 선행 연구는 주로 자유민주주의와의 비교 시각에서 다루거나(Reitz 2018) 아니면 중국적 맥락과 특성을 강조하면서 중국 내부적 변화에 초첨을 맞춘 연구(Wang and Groot 2018; Balla 2017; Cho 2014; 이희옥 2014)가 많았는데, 본 연구는 중국 협상민주에 대해 종적 변화나 횡적 비교에서 벗어나 민주주의에 대한 일종의 본질적인 측면으로부터 접근하고자 한다.

오늘날 민주국가를 표방하는 국가는 기본적으로 인민주권(popular sovereignty)을 헌정질서의 기본요건으로 채택하여 궁극적인 권위가 인민에게 있음을 밝히고 있다. 근대 민주주의 확립의 원칙이 된 인민주권론은 정치공동체 내의 최고 권력으로서의 주권이 인민에게 있다는 것인데(Wolkenstein 2019, 338), 민주주의 체제는 권력이 인민으로부터 나온다는 이러한 인민주권의 원리를 근본이념으로 하고 있는 것이다.[39] 따라서 원칙적으로 민주주의는, 예를 들면 자유민주주의나 참여민주주의와 같

---

38 2006년 당 중앙이 하달한 〈인민정치협상회의 업무 강화에 관한 의견(关于加强人民政协工作的意见)〉 문건에서 중국 사회주의민주의 중요한 두 가지 형식으로 선거민주와 협상민주를 적시하였고, 2012년 제18차 당대회를 통해 〈보고(报告)〉에서는 처음으로 사회주의 협상민주를 중국의 정치발전 경로에 공식 편입시켰으며, 최근에는 당 헌장에 삽입되어 당의 지도 사상 반열에 오른 이른바 '시진핑 신시대 사상(习近平新时代中国特色社会主义思想)'에도 포함되었다.

39 권리의 평등한 주체로 연합한 개인, 곧 인민 권리의 총합이 인민주권 개념의 핵심을 이루고 있기 때문에 인민주권은 유사 이래 가장 강력한 정치 의사로 간주된다(최형익 2014).

이 그 앞에 어떤 수식어가 있던지, 그 본질적인 지향점은 인민주권을 실현하는 데에 있다고 볼 수 있다.

그렇다면 이는 중국이 내세우고 있는 협상민주도 '민주주의'의 한 형태라면 예외는 아닐 것인바 중국 연구자들도 중국의 협상민주가 민주주의의 한 형식이며, 그 가치 추구에 있어 인민주권의 실현을 최고 목표로 하고 있음을 천명하고 있다(戴激涛 2013; 马奔 2014; 崔应美·梁月群 2015). 그뿐만 아니라 인민은 다양한 방식으로 주권 행사를 할 수 있는데, 1인1표제에 기초하여 '투표'를 통해 선거기간에만 권리를 행사하며, '소수가 다수에 복종'하는 형식으로 공공의제를 결정하는 서구의 선거민주주의보다 각종 협상에의 '참여'를 통해 권리를 행사하면서 자유롭고 평등한 대화와 소통의 방식으로 공공의제에 대해 합의에 도달하는 중국의 협상민주주의가 인민주권의 원리를 보다 실질적으로 실천할 수 있는 방식이라고 주창되기도 한다(陈家刚 2014 ; 韩志明 2019).

그러면 현재 중국의 협상민주주의는 실제로 어떻게 작동하고 있는가? 그 이론적 체계는 구체적으로 어떻게 구성되어 있으며, 어떠한 제도적 기제를 통해 운영되고 있는가? 요컨대 '민주주의'의 한 형태라고 하는 협상민주주의를 통해 중국에서 실제로 인민주권이 충분히 실현되고 있다고 볼 수 있는가? 이러한 질문은 어떤 규범적 평가나 가치 중심적 판단에 치우치지 않고 민주주의의 본래적 속성에 기반하여 중국 협상민주주의를 보다 중립적으로 들여다볼 수 있는 유의미한 접근이라고 사료되나 지금까지 이러한 주제의 연구는 희박한 편이다.

이에 본 연구는 민주주의의 성립 원리인 인민주권의 실현이라는 관점에서 중국 협상민주를 평가해보는 것을 목적으로 하고 있으며, 결과적으로 이론적 측면과 제도적 측면에서의 고찰을 통해 중국 협상민주가 민주주의의 핵심 가치인 인민주권의 실현에 근본적인 제약이 있음을 밝히고 있다.

이 글의 구성은 다음과 같다. 먼저 협상민주에 대해 이론적 측면에서 살펴본 후 실제 제도적으로는 어떻게 운용되고 있는지 면밀히 들여다볼 것이다. 그리고 이를 바탕으로 인민주권의 실현이라는 민주주의의 본질적인 측면에서 중국 협상민주를 평가해보고, 아울러 그것이 향후 중국의 정치체제적 변화나 중국식 정치발전 모델 형성에 주는 함의를 짚어보고자 한다.

II. 이론적 고찰 : 심의민주주의와 협상민주주의

본 장에서는 협상민주에 대해 이론적 측면에서 고찰하고자 하는데, 먼저 심의민주주의에 대해 살펴본 후 협상민주론을 살펴볼 것이다. 협상민주를 보기에 앞서 심의민주주주의에 대해 짚어보는 이유는 다음과 같다. 2001년 하버마스(Jurgen Habermas)의 중국 강연 이후[40] 중국 학자들이 본격적으로 심의민주주의에 관심을 갖게 되면서 일부 학자들이 적극적으로 심의민주주의에 대해 소개하고 글을 발표하는 가운데[41] 점차 중국의 협상민주 담론이 형성되고 확산되었다. 이후, 후술하겠지만, 협상민주론의 중국화(中國化)가 진전되면서 서구 심의민주주의와 중국 협상민주주의의 차별성이 강조되고 있고, 실제 제도적으로도 다르게 운용되고 있다. 그럼에도 불구하고 심의민주주의와 협상민주주의는, 특히

40 하버마스는 2001년 중국에서 개최된 한 토론회에 참석하여 "민주주의의 세 가지 규범적 모델"에 대해 강연하면서 심의민주주의(심의정치) 개념에 대해 소개하였다(http://www.aisixiang.com/data/1856.html(검색일: 2019.10.07).

41 대표적으로 위커핑(俞可平 2003), 린샹리(林尚立 2003), 천자강(陈家刚 2004a; 2004b; 2005) 등을 들 수 있다.

주로 '투표'를 통해 정치과정에 참여하는 절차적 민주주의와 대비할 때, 심의 과정에 '참여'함으로써 시민의 정치적 권리를 행사한다는 핵심 사항을 공유하고 있기 때문에 심의민주와 협상민주의 기본 틀은 크게 다르지 않다고 볼 수 있다. 따라서 심의민주주의에 대한 이해와 평가의 바탕에서 협상민주주의를 보는 것이 보다 포괄적인 접근이라고 판단된다.

1. 심의민주주의의 개념 및 한계

심의민주주의는 슘페터(Joseph A. Schumpeter)와 셰보르스키(Adam Przeworski)를 대표로 하는, 민주주의를 최소한의 기준과 절차가 제공되는 정치체제나 정부형태로 보는 해석에 대한 한계 및 비판으로부터 출발(Knight · Johnson 1994, 281)한 것으로 대의제민주주의로 훼손된 공공성(publicity) 회복을 중시하고 있다.

심의민주주의의 정의에 대해서는 다양한 해석과 논쟁이 존재하지만 다른 민주주의 모델과 구별되는 심의민주주의의 핵심은 '심의'에 있는데, 심의에 대해서는 "시민이나 시민의 대표가 도덕적으로 동의하지 않을 경우에도 서로들 간에 수용할 만한 결론에 이르기까지 함께 이성적 논의를 지속하는 것(Gutmann & Thompson 1996, 1)"으로 제시되고 있다.[42] 심의민주주의에 의하면 '평등한 사람들의 자유로운 공적 심의'를

42 심의민주주의 이론에서 심의는 의사소통(communication) 이상의 의미를 가지고 있다. 이미 주어지거나 고정된 선호를 가진 시민들이 서로의 의견을 교환하는 것으로 그치지 않는다는 것이다. 서로의 견해를 강요할 수 없다는 것을 지나치게 강조하다 보면 선호집합적 민주주의에서 토론과 흥정을 통해 타협점을 찾아가는 의사결정의 과정으로 보는 것과 큰 차이가 없기 때문이다. 반면 심의민주주의에서 심의는 토론을 통해 시민들이 자신들이 가지고 있는 선호까지 바꾸어가는 과정으로 정의되고, 이런 의미에서 '토론을 통한 선호의 변화'와 '집단적 의사의 형성'은 분리될 수 없는 심의민주주의의 하나의 전제로 제시된다. 이렇게 심의가 이해될 때, 심의민주주의에서 심의는 개인이나 집단이 가진 정보와 선호가 교환되는 차원을 넘어 개인 또는

통해 도달된 민주적 과정은 집단적으로 정당화된다. 다수의 시민에 의해서 지지받은 결정이라고 해서 반드시 정당화되는 것이 아니라 정책결정 공동체 내의 다른 사람들로부터 수용 가능한 이유에 의해 지지받을 때 정당화된다는 것이다. 따라서 심의민주주의의 목표는 갈등하는 이익 간의 타협이 아니라 '합리적인 합의'이다(임혁백 1999, 167-170). 요컨대 심의민주주의자들은 현대 대의제민주주의가 '선호집합적 민주주의(aggregative democracy)' 형태로 운용되면서 심의성이 확보되지 못한다고 보고, 민주주의에 대한 신뢰를 찾기 위해 정치 심의성을 강화해야 한다고 주장한다(Cohen 2009; 박상혁 2013).[43]

심의민주주의가 주목을 받은 이유는 심의민주주의가 민주주의라는 규범적 가치에 보다 충실하기 때문이다. 즉 민주주의는 규범적 가치이며, 규범적 가치로서의 민주주의는 심의로 이해되는 공적 토론과 의사결정을 통해 반영되고 실현될 수 있다고 보고 있다. 따라서 민주주의의 규범적 정당성은 공적 토론과 의사결정의 과정에 그 토론과 의사결정에 영향받는 사람들이 얼마나 실질적으로 참여하고 있으며, 참여를 통해서 의사결정의 결과에 영향을 미치는 정당하고 평등한 기회를 얼마나 얻게 되는지, 그리고 그 결과 정의를 위한 사회 변화에 얼마나 기여하고 있는

집단이 특정의 선호를 가지게 된 경위와 이유가 설명되고, 이러한 과정을 통해 선호가 변경되고 집단적 의사가 형성되며, 그럼으로써 형성된 집단적 의사가 정당성을 확보해 나가는 과정으로 이해된다(곽준혁 2005, 146).

43 심의민주주의 이론의 유형은 크게 공동체주의적 입장과 자유주의적 입장으로 대별해볼 수 있는데, 이 두 입장은 공동체 구성원들 간의 합의된 공공의 윤리와 원칙을 이끌어내기 위한 심의의 조건을 다르게 이해한다. 엘슈타인(Elshtain)과 밀러(Miller)로 대표되는 공동체주의적 입장에서는 심의의 조건으로 공동체 구성원이 공유하는 공통된 문화와 역사를 강조하여 어느 정도 동질적인 공동체가 전제되었을 때 심의를 통해 공동체 구성원이 공유하는 합의된 결론에 이를 수 있다고 본다. 반면 롤스(Rawls)와 하버마스(Habermas)로 대표되는 자유주의적 입장은 심의의 조건으로 개인의 이성, 특히 공적 이성의 발현과 절차의 공정성을 강조한다(김희강 2010, 9).

지의 정도에 달려있다고 볼 수 있다(김희강 2010, 8-9).

이처럼 대의제민주주의에 대한 비판[44]과 함께 공식적 · 비공식적 기제를 통해 심의성을 강화시켜 공공선(common good)을 실현해야 한다고 강조하는 심의민주주의는, 그 유용성이 인정되기도 하지만[45], 간과할 수 없는 한계가 있다는 지적을 받고 있다.

심의민주주의에 대한 주요 비판은 심의민주주의에서 공적 심의가 공공선을 추구해야 한다는 것, 다시 말해 공동체 전체의 화합과 이익을 위하는 방향으로 전개되어야 한다는 주장에 대한 것이다. 사회구조적으로 우위에 있는 집단과 개인은 자신의 경험과 관점에 부합하는 공공선을 정립하는데 상대적으로 유리한 조건을 가졌기 때문에 공적 심의가 공공선에 호소한다고 하면 사회의 억압과 지배, 그리고 구조적 불평등으로부터 야기된 집단 간의 차이를 설명할 수 없으며, 따라서 심의가 진정으로 공공성을 담보하기 위해서는 심의 과정에서 집단 차별화된 관점, 특히 주변화되고 배제된 사회집단의 관점이 드러나야 한다는 것이다. 그렇기 때문에 심의민주주의에서 심의가 기존 사회를 비판하고 보다 정의로운 사회를 향한 규범적인 관점을 제시하기 위해서는 무엇보다 그 과정에서 다양한 집단의 구체적이고 특수한 관점이 소개되고, 이들 간의 차이와 갈등이 피력되어야 할 것이며, 만약 공적 심의가 공공선의 이름으로 단일화되거나 합의를 전제하는 방향으로 유도된다면 이는 오히려

44 대의제민주주의의 대표성에 대한 비판은 이론상 두 가지로 볼 수 있다. 첫째, 대의제에서는 인민의 의사가 제대로 대표되지 않는다는 것, 둘째, 인민의 의사가 대표되더라도 제대로 심의되지 않아 공공선이 실현되지 않는다는 것이다(이정진 2014, 11).

45 심의민주주의는 다음과 같은 제도적 유용성이 있는 것으로 제시된다. 첫째, 심의민주주의는 현대사회가 안고 있는 문제의 해결 능력이 높은데, 공적 담론의 성격을 선호의 집합에서 공동의 문제 해결 모색으로 전환시키고, 대의제민주주의가 안고 있는 조정의 딜레마를 극복할 수 있는 장점이 있다. 둘째, 대표들로 하여금 심의를 통한 시민적 합의에 기초한 결정을 과단성 있게 수행할 수 있는 정당성의 자원을 제공한다. 셋째, 심의의 과정은 시민들에게 민주주의를 교육하는 기능을 한다(임혁백 1999, 162-163).

사회에서 패권을 잡은 집단의 논의에 무비판적으로 수긍하는 모습이 될 것이라는 지적이다(Young 2000). 다시 말하면 심의민주주의의 규범적 정당성은 심의를 통해 사회정의에 일조하는 점에 있으며, 따라서 이를 위해 심의는 공동체 전체 이익을 위한 공공선 대신에 주변화되고 소외된 집단의 구체적이고 특수한 관점과 의사가 제시될 수 있어야 한다는 것이다(김희강 2010, 7).

아울러 심의민주주의에서 이성적 논의를 강조하는 것에 대한 비판도 제기된다. 이성적 논의에 관한 주장이 현실에서의 토의 과정에 나타나는 발언자의 제한과 힘에 의한 위협, 또는 대중매체에 의한 조작이나 금전에 의한 매수 등의 왜곡 요소를 제거하고자 하는 의도를 지니고 있는 것으로 파악되지만, 이러한 논의 조건상의 제약은 다른 한편으로는 그 의도와 무관하게 이성적으로 논의를 전개할 능력을 갖추지 못한 사람들을 심의 과정에서 배제하는 결과로 나타날 수 있다는 것이다. 그렇게 되면 토론 능력이 떨어지는 사람들을 자연스럽게 심의 과정에서 배제하고 현실적인 힘을 갖추지 못한 사람들의 주장이 도외시된 후에 이루어지는 심의는 이성적 토론을 구사할 능력과 그것을 행사할 힘을 가진 사람들, 바로 엘리트들의 심의일 수밖에 없다. 때문에 이러한 심의의 조건이 논리적 표현에 능숙하지 못한 사람들을 배제하는 기제로도 작동될 수 있다는 점에서 심의의 조건을 통해 확보되는 것은 사상 · 양심 · 표현의 자유 등이지 공적 자율성의 일부로서 평등한 참정권은 아니라는 지적이다(정원규 2005, 297-298).

이렇게 볼 때 심의민주주의는 시민들이 참여하는 이성적 토론을 통한 공공선의 구현을 제시했으나 바로 그 이성적 논의와 공공선의 도달이라는 핵심 개념 속에 이성적 토론 능력이 떨어지고 사회적 · 경제적 지위가 낮은 취약 계층—공적 절차에 의한 제도적 배려가 가장 필요한 사람들—이 심의 과정에의 참여 자체가 배제되거나 참여한다고 하더라도 엘리트들이 토론을 주도하여 결정된 집단적 합의에 정당성을 부여해 주는 역할만을 하게 되는 한계가 내재되어 있다고 하겠다.

2. 심의민주주의의 중국화(中國化) - 협상민주주의의 이론적 한계

앞에서 언급한 바와 같이 중국 협상민주론은 2000년대 초 서구의 심의민주주의에 대한 관심과 더불어 본격적인 담론이 형성되기 시작하였다. 특히 2006년 2월 당 중앙이 공표한 〈인민정치협상회의 업무 강화에 관한 의견(关于加强人民政协工作的意见)〉에서 사회주의민주의 두 가지 중요 형식으로 선거민주와 협상민주를 적시한 이후 중국 학자들의 협상민주에 관한 연구가 급증하였다. 이와 함께 협상민주론의 중국화도 빠르게 진행되어서 중국 협상민주주의는 서구 심의민주주의와는 다른 것으로 이해되고 있으며, 많은 중국 연구자들이 양자의 차별성—보다 정확히는 중국 협상민주의 우월성—을 부각시키고 있다.

중국의 협상민주주의는 중국 협상 정치의 실천이 총합된 토대 위에서 발현된 것으로서 서구 심의민주주의와는 본질적으로 다른 의미를 지니고 있는 것으로 제시되고 있다. 즉 중국 협상민주의 개념을 이해하기 위해서는 반드시 사회주의 제도 및 중국공산당 영도의 견지가 전제되어야 하며, 중국공산당의 다당 합작과 정치 협상이라는 기본 정치제도와 연계되어 있고, 중국의 '양회제(两会制, 인민대표대회와 정치협상회의)'라는 정치체제의 기본 틀과 대응되는 것으로 협의를 특징으로 하는 일종의 국가 민주 형식으로 이해된다(郭小聪 · 代凯 2012, 62). 요컨대 중국 협상민주는 다당 합작제 및 정치협상제도와 연계되어 있는 중국식 사회주의 민주 형식으로서 사회 계층이 세분화되고, 사회 구성원 및 이익 추구의 다원화가 진행되는 배경하에서 일련의 협상 기제를 통해 정치 · 경제 ·

사회 · 문화 등의 방면에서 개인 · 정당 · 조직의 상이한 이익과 이해관계를 봉합하고, 사회 주체 간의 차이와 선호를 조정하는 일종의 제도적 장치(陈家刚 2005)로 규정되고 있다.

중국 협상민주론의 본토화는 특히 시진핑 시기 들어 중국적 맥락을 중시하는 이론적 토대를 강화하고, 당의 영도를 강조하는 것에서 두드러진다. 먼저 협상민주의 개념과 이론적인 주요 연원을 중국의 오랜 정치 문화 전통과 사상 개념에서 찾고 있다. 즉 협상민주가 중국 전통문화의 가치 이념에 그 뿌리를 두고 있는 것으로 "중화민족이 오랜 기간에 걸쳐 형성해 온 우수한 정치 문화"라는 것이다(习近平 2014). 이는 협상민주가 천하위공(天下为公), 구동존이(求同存异), 이화위귀(以和为贵), 화합(和合)사상, 민본(民本)사상, 중용(中庸)사상 등에서 그 연원을 찾을 수 있는 것이어서 오늘날의 중국 국정(国情)에도 적합한 민주주의 형식이라고 주장되고 있다(中共中央宣传部 2018, 173; 肖光荣 2017, 6-7). 특히 '화합'이나 '민본' 같은 중국인들에게 친숙하면서도 거부감이 거의 없는 사상적 전통과 협상민주론과의 연계성을 내세우고 있는데, 이는 시진핑 시기 들어 강조되고 있는, 협상민주가 중국의 역사 문화 맥락과 현실에 가장 적합한 민주정치 형식이라는 주장에 매우 유효하게 작용하는 것으로 보인다.

시진핑 시기에 들어선 이후 협상민주론에서 더욱 강조되고 있는 다른 하나는 협상민주에서의 당의 영도(党的领导)이다. 중국에서 줄곧 중시되어 온 당의 영도가 제19차 당대회 이후 '당이 모든 것을 영도(党领导一切)'하는 것으로 그 범위와 정도가 더 강화되었는데, 협상민주론에 있어서도 당 영도의 중요성이 이전 시기보다 더 크게 강조되고 있다. 즉 당의 영도가 중국 사회주의 협상민주의 가장 본질적인 특징이며, 협상민주 발전을 위한 근본적인 정치적 보장이라는 것이다(宋连胜, 李建 2013, 6). 이는 당의 영도가 없으면 각 부문에서의 협상이 혼란스러워질 수 있을 뿐 아니라 협상만 하고 합의를 이끌어내지 못하거나 혹은 합의를 도출하고도 실행되지 못하는 것을 방지함으로써 협상의 조직적 전개와 체계적 실시 그리고 계획적 진행을 보장할 수 있기 때문이라는 논리로 뒷받침되고 있다(中共中央宣传部 2018, 181). 그뿐만 아니라 당의 영도가 중국 사회주의 협상민주의 가장 본질적인 특징이며, 협상민주가 바로 당의 영도를 실현하는 중요한 방식이라고 규정되며(陈梦琳 2018, 28-30), 만약 협상민주주의 발전 과정에서 당의 영도적 지위가 흔들린다면 민주주의가 남용되거나 심지어는 극단적인 민주주의 혹은 무정부주의를 추구하는 경향까지도 나타날 수 있다는 우려도 있다(肖光荣 2017, 8).

이러한 협상민주론은, 협상민주주의를 인민주권의 실현을 위한 '민주주의'의 한 형태로 볼 때, 이론적 측면에서 다음과 같은 근본적인 한계를 노정하고 있다. 먼저 협상민주주의의 이론적 토대를 중국 전통사상에서 찾을 수 있으며, 그렇기 때문에 다른 민주주의 형식보다 중국에 더 맞다고 내세우는 것은 중국인들로부터 협상민주주의의 대한 호응을 이끌어내는 데에는 유효하게 작용할 수 있으나 이는 인민주권론과는 배치(背馳)되는 것이다. 협상민주론과 연계성이 높다고 언급되고 있는 중국 전통사상들은 대부분 유가(儒家) 사상의 개념인데, 알려진 바와 같이 유가 사상은 통치자와 피통치자, 지배계급과 피지배계급 간의 철저한 분리를 전제로 한 것으로 군주의 덕목과 백성의 덕목이 구분되어 있다. 예컨대 가장 많이 거론되는 민본(民本)사상은 군주가 통치할 때 백성을 나라의 근본으로 알고 덕치(德治)와 인치(仁治)를 행하라는 취지인 것으로 이는 '이미 주어진' 군주의 존재를 전제로 하여 군주의 선정(善政)을 요구하는 것이지 백성의 뜻대로 군주를 '선출'하는 개념은 결코 아니다. 따라서 민본과 같은 중국의 전통사상에서 협상민주주의의 이론적 근거를 끌어오는 것은 '인민의 통치'라는 민주주의를 실현하는 데는 논리적 제약으로 작용될 것으로 본다.

또한 중국 협상민주주의의 본질적 특징이라는 당의 영도 역시, 당의 영도가 협상민주의 실천을 보장한다는 주장과는 반대로, 협상민주주의를 통해 인민주권을 실현하는 데에 중대한 제약이 될 수 있는 개념이다. 앞에서 살펴본 바와 같이 심의민주주의는 자유롭고 평등한 시민들의 참여로 이성적 심의 과정을 통해 공공성과 공공선을 실현할 수 있다고 보는 것이며, 따라서 원칙적으로 심의민주주의에서는 시민 개개인이나 사회조직이 자유롭고 평등한 참여와 제약 없는 토론을 보장받는 것, 즉 자율성이 보장되는 것이 심의 결과의 정당성 확보에 매우 중요할 것이다. 따라서 중국 협상민주론에서 어떠한 이유로든지 당의 영도를 가장 중요한 지위에 놓고 중국 협상민주의 본질적인 특징이라고 규정하고 있는 것은 시민의 자율성보다는 국가의 관리와 의지를 더 중시한다는 것으로 해석되는 바 진정한 인민주권의 실현에 중요한 현실적 제약으로 작용한다고 판단된다.

III. 중국 협상민주주의의 제도적 기제
: 기층 사회에서의 운영을 중심으로

그러면 중국 협상민주주의는 실제로 어떤 제도적 기제를 통해 운용되고 있는가? 중국 협상민주제도는 상층의 당정 기관부터 기층 사회까지 다층적인 제도 체계로 구성되어 있다. 본 연구에서는 특히 일반 시민이 참여하게 되는 기층 사회에서 협상민주제가 어떻게 운영되고 있는지 살펴봄으로써 협상민주주의의 실제 작동 기제를 파악해보고자 하는데, 그 이유는 중국에서는 국가가 시민을 직접 대면하고 통치권에 대한 집단적 신뢰가 형성되기 시작하는 곳이 지방이기 때문에 기층에서의 경험적 실재에 대한 미시적 접근(micro-political approach)이 정책적 분석에 유효하기 때문이다(Schubert 2014, 603).

기층 협상민주제는 그 효시로 간주되는 저장(浙江)성 원링(溫岭)시의 민주간담회(民主恳谈会)[46] 개최 이후 각지로 점차 확산되었는데, 최근의 양상을 종합해보면 그 기능과 목적에 따라 크게 4가지 유형으로 분류해 볼 수 있다(〈표 1〉).

〈표 1〉 기층협상민주제도 유형

성격/기능	주요 형태
정책결정형	공청회, 군중자치회의
자문형	민주간담회, 전문가 자문회, 지역사회포럼
감독형	정책심의회, 중요 사무 공시제, 온라인포럼
조정형	인민조화위원회, 지역주민 원탁회의, 임금단체협상제

첫째는 정책 결정형 협상민주제로 기층정부와 자치 조직의 정책 제정과 공공사무 관리를 위한 것이다. 여러 이익집단의 공개적인 대화와 토론을 통해 최종 결정에 이르게 되며, 주요 형태는 공청회나 군중자치조직회의 등이다. 둘째는 자문형 협상민주제인데, 특정 정책에 국한하지 않고 광범한 의제에 대해 자문을 받는 과정으로 정부부문이나 사회조직이 대중이나 전문가의 의견을 청취하는 활동을 한다. 주요 형태는 민주간담회, 전문가 자문회, 지역사회포럼 등이다. 셋째는 감독형 협상민주제로 대중의 감독권을 보장하고 기층정부의 행정과 자치 조직의 직능에 대한 시민의 감독을 강조하는데 주안점을 두고 있으며, 주요 형태는 정책심의회, 중요 사무 공시제, 온라인 포럼 등이다. 넷째는 조정형

46 1999년 저장성이 농업 · 농촌교육현대화 포럼을 진행하면서 원링시에서 그 효과를 제고하기 위해 쑹먼(松门)진(镇)을 시범 지역으로 삼아 기존에 해오던 '선전' 방식을 버리고 '간부-주민 상호 활동' 방식을 채택하였는데, 이것이 '민주간담회'로 명명되면서 점차 다른 지역에도 확산되었다(王雪春 2019, 23).

협상민주제로 주로 군중자치조직과 조직 내부 구성원 간의 이익 충돌에 대해 소통하고 협상하여 조정하는 기능을 하며, 주요 형태는 기층 정부의 인민조화위원회, 지역주민 원탁회의, 임금단체협상제 등이다(张等文 · 陈佳 2015, 6-7).

그러면 이러한 기층의 협상민주제가 주로 어떤 과정과 방식으로 운영되는지 구체적으로 살펴보기로 한다. 대표적으로 전국에서 선도적으로 협상민주제를 잘 운영하고 있다고 평가되는 저장성 타이저우시(台州)시 황옌(黄岩)구(区)의 사례를 보면 황옌구는 2017년 각계 인사 818명을 초빙하여 19개의 협상민주의사위원회(协商民主议事委员会)를 설립하였고, 1년간 76회의 협상민주의사회의를 개최하여 제출된 600여 건의 의제 중 400여 건을 채택하였다. 황옌구 협상민주제 운영의 핵심 주체는 협상민주의사위원회인데, 이는 당이 영도하는 조직으로 대표성과 통일전선 성격을 갖고 있으며, 지역 내 각계각층의 인사로 구성되는데 이들을 모두 당위원회(党委)에서 초빙하고 임명한다. 의제는 대부분 지방정부와 당위원회의 연내 주요 사업이며, 협상민주의사위원회 위원들이 의견을 제시하면 향진가도(乡镇街道) 협상민주건설공작영도소조(协商民主建设工作领导小组)의 심의를 거쳐 최종적으로 당위원회가 협상 의제를 설정한다. 그리고 해당 의제에 대해 위원들이 논의한 결과에 대한 수용 여부는 당위원회가 결정한다(潘禹斌 · 王功田 2019, 27-30).

위의 사례를 포함하여 많은 현지 사례 연구를 토대로 중국 기층 사회 협상민주제도가 어떻게 운영되고 있는지를 종합해보면 무엇보다 두드러지는 특징은 기층협상민주제도의 운영 주체인 의사회 같은 조직의 구성과 관리를 당위원회 같은 당 조직이 맡고 있다는 점이다. 이는 시(市)와 구(区) 단위뿐 아니라 기층 사회의 가장 하급 단위인 촌(村)급도 마찬가지여서 촌의 민주협상의사회도 촌 내 각 조직의 책임자 등으로 구성되고 촌 당 지부(党支部)의 영도하에 운영되며, 통상 촌 당 조직의 서기가 의사회의 주임을 맡는다(郑普建 2018, 56-57).

이처럼 기층 협상민주제도 기구를 기층의 당 조직이 관장하면서 제도 운용의 방향이 당의 구상대로 될 여지가 매우 크다고 하겠다. 즉 기층 협상민주제에서의 핵심은 '누가' 의제 협상의 '참여자'가 될 것인가인데, 이 협상 기구 구성원에 대한 추천권과 선발권을 모두 당 조직이 독점하고 있기 때문에 당의 의도대로 협상민주제 기구가 구성될 가능성이 매우 높다는 것이다. 실제 당 조직이 기층 협상민주제 기구에 위원으로 초빙하는 사람들 대부분이 당과 직간접적으로 관계가 있거나 관내에서 일정한 경제 · 사회적 영향력이 있는 인사들과 외부의 전문가들이다. 이들은 지역 내에서 상대적으로 높은 사회 · 경제적 지위에 있는 이른바 지역 엘리트라고 볼 수 있는데, 이들이 과연 기층 사회 일반 시민의 선호와 이익을 대변할 것인가의 문제가 제기될 수 있다. 특히 이들이 공공의제나 지역 현안에 대한 협상에서 정책적 차원의 배려가 더 필요한 사회 취약 계층—예컨대 농민이나 빈곤층 같은—을 위한 목소리를 낼 것으로 상정하기는 어렵다. 더욱이 최근에는 진(镇) 이하 협상민주 기구의 지적 수준과 전문성을 제고한다는 명분으로 지역 내 명망가(乡贤)를 더욱 적극적으로 영입하여 협상 기구에 참여시키고 있는데(郑普建 2018, 58), 이러한 경향은 협상민주의 본질적 취지를 고려할 때, 기층 협상민주제 참여자의 대표성에 대한 의문을 보다 가중시키는 것으로 보인다. 이와 함께 기층 협상민주제도에 농민공의 참여가 거의 배제되고 있다는 점도 중요한 결함으로 지적될 수 있다. 농민공들은 현재 거주하지 않기 때문에 전출지의 협상 기구에도 참여할 수 없고, 전입지 특히 도시의 후커우(户口)를 취득하기 어렵기 때문에 현 거주지역의 협상 기구에도 참여하는 경우가 거의 없다(张隆康 2014, 50). 즉 현재 중국 협상민주제도에는 3억 명 가까운 농민공의 참여 기제가 없다는 것인데, 농민공의 정치 · 경제 · 사회적 취약성과 규모를 고려한다면 이는 협상민주의 중대한 제도적 결함이라고 할 수 있다.

이뿐만 아니라 기층 당위원회는 협상 과정으로 도출된 합의에 대한 승인권과 실행 여부에 대한 결정권도 부여받고 있기 때문에 기층 협상 민주제도는 전 과정에 걸쳐 당 조직의 의지와 결정으로 운영되고 있다고 판단된다.

〈그림 1〉 기층 사회의 협상민주제도 운영 과정

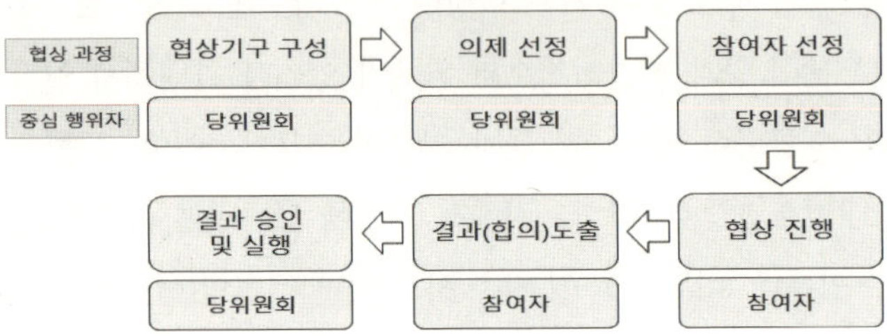

요컨대 중국 기층 사회에서 협상민주주의의 제도적 기제는 위의 〈그림 1〉을 통해 나타낸 것처럼 처음부터 끝까지 당의 주도와 영향력 하에 운용되고 있다고 볼 수 있으며, 이에 따라 중국 협상민주주의는 결과적으로는 인민주권의 실현보다 당 통치의 지속과 안정에 기여하는 기능을 하는 것으로 보인다.

종합해보면 이러한 중국 협상민주주의 제도적 기제의 특징은 아래 〈그림 2〉와 같이 개괄될 수 있다. 즉 민주적 절차 혹은 절차적 민주주의보다 협상을 통한 결과 도출 혹은 문제 해결을 중시하고, 실질적 협상보다는 형식적 참여가 두드러진다는 것인데, 이러한 특징들로 인해 중국의 협상민주주의는 '민주주의'의 한 형태보다는 '거버넌스'의 한 형태로 평가되기도 한다(He 2013; Wang and Groot 2018).

〈그림 2〉 중국 협상민주주의 제도적 특징

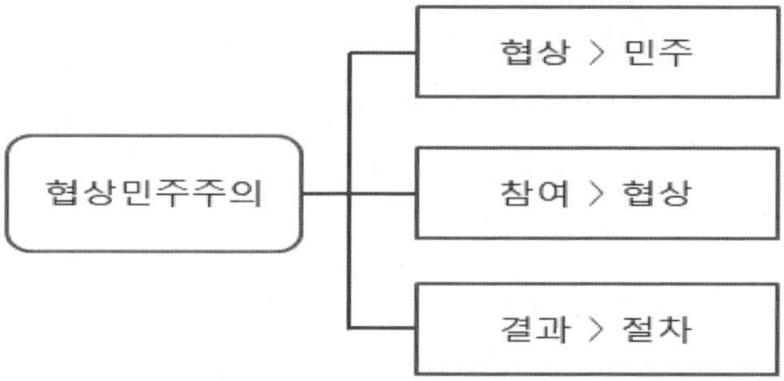

*韩福国 · 张开平(2015, 51) 내용을 재구성

IV. 결론

어느 정치공동체가 민주주의를 채택하기로 했다면 인민들이 인민주권을 실현하기 위해 자신들의 의사를 결정할 수 있는 기제를 가져야 하는데, 그러한 기제가 바로 민주적 절차이다. 본 연구에서는 이러한 민주주의의 본질적 측면에서 출발하여 헌법 제2조에 "중화인민공화국의 일체의 권력은 인민에 속한다."라고 규정되어 있는 중국에서 매우 중요한 정치적 지위를 갖게 된 협상민주주의가 어떤 내용과 제도적 기제를 통해 인민들이 주권 행사를 하도록 하고 있는지 살펴보고, 그것이 실제로 인민주권의 구현에 효과적으로 기능하고 있는지 판단해 보고자 하였다.

본 연구의 내용을 종합해 볼 때 중국의 협상민주주의는, 공적 협상과정에서의 인민들의 '참여'를 통해 '선거'민주주의보다 실질적인 주권 행사를 할 수 있다는 중국 내부의 주장과는 달리, 다음과 같은 이유에서 인민주권의 실현에 근본적이면서 중대한 제약이 있는 것으로 판단된다.

첫째, 먼저 중국 협상민주론 형성을 촉발시키고, 인민의 '참여'라는 핵심 개념을 공유하고 있는 심의민주주의에 대해 봤을 때 심의민주주의는 그 의도와는 다르게 사회적 약자가 심의 과정에 배제되거나 엘리트 주도의 심의 결과를 정당화시켜주는 역할을 하게 되어 자신의 이익 대변에 취약한 계층의 주권 행사가 제약받는 한계가 있다.

둘째, 중국 협상민주론이 그 주요 이론적 연원을 중국 전통사상과 연계시키고 있는데, 이는 인민의 통치라는 민주주의 개념과 상치되는 것이다. 또한 협상민주제에서 당의 영도적 지위를 강조하고 또 강화하고 있는데, 이는 인민의 주권 행사에 있어서 중요한 시민의 자율성 보장을 제약하는 것으로 여겨진다.

셋째, 실제 기층 사회에 운영되는 협상민주제도는 모든 과정에서 당 조직이 중요한 결정권을 가지고 주도하고 있기 때문에 인민의 의사, 특히 농민과 농민공같이 중국에서 가장 취약한 계층의 참여가 거의 배제되어 있어서 이들은 공적 협상 과정에의 참여를 통한 주권 행사가 크게 제약받고 있다. 그리고 이는 첫 번째로 지적한 심의민주주의의 이론적 한계와 결과적으로 일치한다.

이 중에서 특히 중국이 자국 협상민주주의의 본질적 특징이라고 내세우는 당의 영도와 당의 주도는 협상민주가 '공적 협상에의 참여를 통해 인민주권 실현에 기여하는 민주주의의 한 형태'가 되지 못하게 하는 핵심 요인이라고 판단된다. 당 조직이 협상민주의 전제인 참여자 지위의 평등성(陈尧 2013, 3)을 따르지 않고, 일반 시민보다는 주로 지역 엘리트를 협상 주체로 참여시키고 있는데, 이는 중국의 협상민주제를 엘리트 정치로 만들고 있다(郭小聪 代凯 2012, 64). 특히 지역 내 엘리트 중에서 주로 경제적 영향력이 있는 인사들을 협상 기구에 참여시키고 있는데,[47] 이는 중국이 아직 발전주의 국가이기 때문에 협상민주제도 경제발전에 유리하게 기능하도록 의도하기 때문이며, 이를 통해 궁극적으로는 당의 통치 정당성을 확보하고 정치적 안정을 유지하기 위해서라는 분석도 있다(周少來 2014, 63). 바꿔 말하면 중국 당국은 기층 사회에서 협상민주기구 같은 민주적 제도를 운영하는 것은 당 체제에 변화를 주려는 것이 아니라 당 통치(執政) 능력의 제고를 위한 것으로 인식하고 있으며(He 2013), 이러한 맥락에서 중국의 협상민주주의를 정당화 과정(process of legitimacy)으로 이해해야 한다는 시각이 있다(Schubert 2014).

요컨대 본 연구 결과는 협상 과정의 참여자를 추천하고 선발하는 권한을 갖고 있는 당이 어떤 단체와 개인을 참여자로 선발하여 대표성을 부여한다는 것은 곧 선발되지 못한 단체나 개인을 분리 견제하게 되는 것으로 그들의 권위를 실추시키는 효과를 가져오게 되어 반대자와 비판자들은 고립되거나 중화되거나 아니면 당에 협력적으로 되기 때문에 중국의 협상민주주의는 당의 헤게모니를 유지하려는 분명한 정치적 목적을 가진 일방적 과정(Wang and Groot 2018, 571)이라는 해석과 궤를 같이하고 있다.

47 기층의 협상민주기구에서 뿐 아니라 인민정치협상회의 내에도 경제력을 갖춘 사영 기업가들의 비중이 증가하는 추세를 보이고 있어서 중국 사회 전반적으로 경제 엘리트가 정치 엘리트화되는 경향을 보이는 것으로 진단된다(Chen 2015).

「 참고 문헌 」

곽준혁. 2005. "심의민주주의와 비지배적 상호성." 『국가전략』 11(2).

김희강. 2010. "공공성, 사회집단, 그리고 심의민주주의." 『한국정치학회보』 44(2).

박상혁. 2013. "절차적 민주주의와 실질적 민주주의의 지양: R. Dahl과 J. Cohen의 민주주의론을 중심으로." 『철학사상』 49.

이정진. 2014. "시민의 선거참여와 민주주의의 질." 『한국과 국제정치』 30(4).

이희옥. 2014. "중국식 민주주의의 진화: 협상민주주의 도입의 의미와 한계." 『국제정치논총』 54(2).

임혁백. 1999. "밀레니엄 시대의 민주주의 대안: 심의민주주의." 『계간 사상』 12.

정원규. 2005. "민주주의의 두 얼굴: 참여 민주주의와 숙의 민주주의." 『사회와 철학』 10.

최형익. 2015. "민주 공화정의 정치이론: 인민주권론을 중심으로." 『민주사회와 정책연구』 25.

Chen Minglu. 2015. "From Economic Elites to Political Elites: private entrepreneurs in the People's Political Consultative Conference." *Journal of Contemporary China* 24(94).

Cho Hee-Yeon. 2014. "Is democracy with Chinese characteristics possible? A theoretical and practical reflection of crisis in the Chinese party-state regime and post-revolutionary socialist hegemonic politics." *Inter-Asia Cultural Studies* 15(1).

Fabio Wolkenstein. 2019. "Agents of Popular Sovereignty." *Political Theory* 47(3).

Gunter Schubert. 2014. "Political legitimacy in contemporary China revisited: theoretical refinement and empirical operatonalization." *Journal of Contemporary China* 23(88).

Gutmann, Amy and Dennis Thompson. 1996. *Democracy and Disagreement*. Cambride, Mass.: Harvard University Press.

He baogang. 2013. "Working with Chian to Promote Democracy." *The Washington Quarterly* 36(10).

Knight, Jack and James Johnson. 1994. "Aggregation and Deliberation: On the Possibility of Democratic Legitimacy." *Political Theory* 22(2).

John C. Reitz. 2018. "The Chinese Model of Democracy as Liberal Democracy's Major Competitor." *Drake Law Review* 66.

Ray Wang and Gerry Groot. 2018. "Who Represents? Xi Jinping's Grand United Front Work, Legitimation, Participation and Consultative Democracy." *Journal of Contemporary China* 27(112).

Steven J. Balla. 2017. "Is Consultation the BNew Normal?: Online Policymaking and Governance Reform in China." *Journal of Chinese Political Science* 22.

Young, Iris Marion. 2000. *Inclusion and Democracy*. Oxford, Oxford University Press.

陈家刚. 2004a. "当代西方协商民主理论的主要内容." 『资料通讯』 第2期.

_____. 2004b. "协商民主引论." 『马克思主义与现第实』 第3期.

_____. 2005. “协商民主: 概念,要素与价值.”『中共天津市委党校学报』第3期.
_____. 2014. “中国协商民主的比较优势.”『新视野』第1期.
陈梦琳. 2018. “党领导社会主义协商民主的政治逻辑.”『福建省社会主义学院学报』第6期.
陈尧. 2013. “从参与到协商: 协商民主对参与式民主的批判与深化.”『社会科学』第12期.
崔应美 · 梁月群. 2015. “中国选举民主与协商民主比较研究.”『社会主义研究』第3期.
戴激涛. 2013. “作为宪政民主新范式的协商民主: 概念,价值与特质.”『中共天津市委党校学报』第3期.
潘禹斌 · 王功田. 2019. “基層協商民主建設的思考: 以台州黃岩區爲例.”『統戰理論與實踐』第1期.
郭小聪 · 代凯. 2012. “试论中西方协商民主的区别与联系.”『学习与实践』第6期.
韩福国 · 张开平. 2015. “社会治理的“协商”领域与“民主”机制－当下中国基层协商民主的制度特征,实践结构和理论批判.”『浙江社会科学』第10期.
韩志明. 2019. ”选举民主与协商民主的比较—以民意信息处理为中心的技术分析.“『社 会科学文摘』第2期.
梁珊. 2014. “我國基層協商民主的現狀和發展趨勢.”『瀋陽工程學院學報(社會科學版)』第2期.
林尚立. 2003. “协商政治: 对中国民主政治发展的一种思考.”『学术月刊』第4期.
马奔. 2014. “协商民主与选举民主: 渊源,关系与未来发展.”『中国政协理论研究』第3,4期.
宋连胜 · 李建. 2013. “社会主义协商民主理论源头探析.”『理论学刊』第3期.
王雪春. 2019. “新中国成立70年以来浙江乡村治理创新的实践历程和重要启示-基于若干典型样本的考察.”『哈尔滨市委党校学报』第5期.
习近平. “在庆祝中国人民政治协商会议成立65周年大会上的讲话.”『人民日报』2014年9月21日.
肖光荣. 2017. “习近平协商民主思想的理论基础,主要内容和现实价值.”『湖湘论坛』第6期.
俞可平. 2003. “当代西方政治理论的热点问题.”『理论参考』第1期.
張等文 · 陳佳. 2015. “中國基層協商民主的實踐困境與化解策略.”『理論與現代化』第4期.
張隆康. 2014. “推進協商民主實現貧困地區農村村民有序政治參與的思考: 以廣西河池市爲例.”『廣西社會主義學院學報』第4期.
鄭普建. 2018. “鄉賢參與基層協商民主的實踐與探索: 以浙江臨海‘鄉賢＋治理’模式爲例.”『廣西社會主義學院學報』第4期.
中共中央宣傳部. 2018.『習近平新時代中國特色社會主義思想三十講』北京: 學習出版社.
周少來. 2014. “發展導向參與民主: 中國民主建設的路徑分析.”『政治學研究』第2期.

6장

중국 국가감찰위원회 신설과 특징 : 권위주의적 통제 강화와 법 · 제도화의 딜레마 [48]

| 황태연 |

Ⅰ. 서론

중국은 2018년 3월 제13기 전국인민대표대회(이하 전인대) 제1차 회의를 개최하고 「중화인민공화국헌법 수정안」을 심의 통과시켰다. 헌법 수정안을 통해 가장 주목받은 부분은 '시진핑 신시대 중국 특색 사회주의 사상(이하 시진핑 사상)'의 삽입과 기존의 국가주석 및 부주석의 연임제한을 폐지한 제79조 제3항의 내용이었다. 이와 함께 중요하게 평가된 것은 '국가감찰위원회(國家監察委員會)'의 신설 및 「중화인민공화국 감찰법(이하 감찰법)」의 제정이었다.

2018년 3월 제13기 전인대 제1차 회의에서 리젠궈(李建國) 전인대 상무위원회 부위원장은 「중화인민공화국 감찰법(초안)(中華人民共和國監察法(草案))」에 대한 제정 의의를 밝혔다. "감찰법 제정은 당 중앙의 국가감찰체제개혁을 관철시키는 중대 조치로, 반부패 사업에 대한 당의 영도

48 이 글은 "중국 국가감찰위원회 신설과 특징: 권위주의적 통제강화와 법 · 제도화의 딜레마" (『현대중국연구』 제22권 제3호(2020년))를 수정 보완한 것이다.

를 견지 강화하고 집중 통일적이고 권위가 높은 국가감찰체계를 구축하는 필연적 요구이며, 반부패 투쟁을 위한 법치의 보장을 굳건히 하는 현실적 필요이다. 또한 당내 감독과 국가감찰을 유기적으로 통일시키고, 헌법 실시 및 인민대표대회제도를 발전시키고 국가 통치 체계와 관리능력 현대화를 추진하는 전략적 조치"라고 밝히고 있다(李建國 2018).

다시 말해 국가감찰위원회는 중국의 당국가체제가 갖고 있는 특징 중 당 지도부의 국가(정부)기구에 대한 겸직과 하나의 동일 업무 기구가 두 개의 명칭(一套工作機構, 兩個機關名稱)을 갖도록 하는 당정합일의 관리 체계를 보여주는 것으로,[49] 헌법에 명시된 것처럼 최고 감찰 기관이지만 중국공산당 중앙위원회의 지도를 받는 중앙기율검사위원회와 조직 편제가 동일한 하나의 기구인 것이다.[50] 앞서 감찰법 제정의 의의에서 알 수 있듯이 국가감찰위원회의 설립은 반부패 사업에 대한 법치의 보장을 통해 국가감찰체계를 제도화하여 국가 통치 체계와 관리능력이 법·제도화되는 것이지만, 이것은 기존 중앙기율검사위원회의 당내 감독과 국가 감찰을 통일시킴으로써 당의 관리와 통제 범위가 확대 강화되는 결과가 나타난다. 이는 법에 의한 지배(rule by law) 및 제도화라는 측면에서 감찰 대상을 전방위적으로 확대해 그들의 권리를 제한하는 원리로 이해할 수 있으며 반면에 법의 지배(rule of law)를 통해 정부 권한을 규정하고 법적 한계를 명확히 설정하는데 기여한다는 측면에서 진정한 의미의 법치주의로 이해할 수 있는 상호 모순적 결과가 나타난다.[51]

---

49 시진핑 집권 2기 2018년 3월 「당·국가기구개혁심화방안(深化黨和國家機構改革方案)」을 통해 나타난 당정 기구개혁의 특징은 당정 일원화이다; 황태연(2019) 참조.

50 두 기구의 명칭을 합쳐 중앙기위국가감위 홈페이지(中央紀委國家監委網站)(http://www.ccdi.gov.cn/)를 사용하며 동일한 사무실에서 동일한 구성원이 두 기구의 직책을 모두 맡고 있다.

51 이인석(2016)은 법치주의를 '정부의 권한 행사에 법적 한계를 설정하는데 기여하는 것'으로 보는지 아니면 이와 반대로 '법에 의하여 국민의 권리를 제한하는 원리'로 보는지가 민주사회와

따라서 이 글의 구체적인 연구 질문은 다음과 같다. 시진핑 정권은 국가감찰위원회 신설 및 감찰법 제정을 통해 감독감찰 범위를 당내에서 국가기관 전 범위로 확대한 이유는 무엇인가? 예를 들어 국가감찰개혁 시범 지역[52]이었던 베이징시의 경우 베이징시 감찰위원회가 설립되고 확인된 감찰 대상은 78.7만 명에서 99.7만 명으로 대폭 증가하였다. 국가감찰위원회 신설에 따른 당의 반부패 업무에 대한 통일적 영도 강화 및 당내 감독뿐만 아니라 국가기관을 모두 감독할 수 있는 당의 기율 검사와 국가감찰의 유기적 통일 실현은 어떤 의미를 갖는가, 이것은 제도화를 통한 안정적 관리의 문제로 볼 수 있는가 아니면 통제강화를 위한 것인가? 이와 함께 당 기구인 중앙기율검사위원회와 국가기관인 국가감찰위원회가 당정합일의 형태를 보여주는 동일한 기구이면서 두 개의 명칭을 갖는 부서통합근무(合署辦公)[53] 방식은 권력의 확대인가 아니면 책임의 확대인가?

이 글에서는 국가감찰위원회(및 감찰법)의 설립 배경 및 목적을 살펴보고 구조적인 면에서 중앙기율검사위원회 및 다른 감찰 관련 국가기관과의 통합 과정 및 내용, 운영 메커니즘에 대한 분석을 통하여 시진핑 시대의 국가감찰위원회를 통해 나타나는 감독감찰기제의 특징을 법·제도화 및 통제 강화라는 측면에서 모두 살펴보고자 한다. 따라서 II절에서는 중국공산당의 감독감찰 개념 및 중국의 감독감찰기구와 관련된

그렇지 않은 사회를 구별하는 중요한 척도가 된다고 밝히고 있다.

52 2016년 12월 25일 제2기 전인대 상무위원회 제5차 회의에서 「베이징시, 산시성, 저장성에서의 국가감찰체제 개혁 시범 전개 방안(關於在北京市,山西省,浙江省開展國家監察體制改革試點方案)」을 결정하고, 이에 따라 2017년 3개 성시에서 실시한다; (新華社 2016.12.25) 참조.

53 부서통합근무(合署办公)의 개념은 두 기관이 업무상 상호 직능이 유사하고 내부 기구가 중첩되어 업무의 필요에 따라 두 개의 명칭을 대외적으로 사용하면서 동일한 장소에서 근무하는 것을 의미한다. 여기에서 하나의 동일한 기구이면서 두 개의 명칭(一個機構,兩塊牌子)을 사용하는 것은 하나의 통일적 지도부 아래에서 두 개 기구가 움직이는 것이다.

논의들을 살펴보고, III절에서는 2018년 국가감찰위원회 설립 및 감찰법의 제정 배경, 국가감찰위원회와 중앙기율검사위원회 및 다른 국가기관과의 관계 등을 통하여 그 특징을 분석하고 마지막으로 IV절 결론을 통하여 국가감찰위원회 설립에 대해 평가하고 전망한다.

II. 중국공산당의 감독감찰기제 및 분권 개념

중국공산당의 감독감찰기제는 먼저 중국공산당과 당원 및 조직, 국가기구와의 관계를 통해 살펴볼 필요가 있다. 이를 당의 기율이라는 측면에서 살펴보면 중국공산당 장정(中國共産黨章程)에서 "당의 기율은 당의 각급 조직과 전체 당원이 반드시 준수해야 하는 행위 규칙으로 당의 단합된 통일을 지키고 당의 임무를 완수하겠다는 다짐이다. 당 조직은 반드시 당의 규율을 엄격히 집행하고 지켜야 하며, 공산당원들은 당 기율의 구속을 자각적으로 받아들여야 한다."라고 명시하고, "기율검사위원회는 당내 감독을 전적으로 책임지는 기관으로서 당 중앙위원회의 영도에 따라 이러한 업무를 진행"하며, 기율검사위원회의 주요 업무는 "당의 장정과 기타 당내 법규를 수호하고 당의 노선, 방침, 정책과 결의의 집행 상황을 점검하여 당의 위원회가 전면적으로 종엄치당(從嚴治黨, 엄격한 당 통치)의 추진 및 당풍 건설과 조직 조화, 반부패 업무 강화 등을 추진하도록 협력하는 것"을 주요 임무로 한다. 또한 중국공산당 장정 총강에서 "중국공산당의 영도는 중국 특색 사회주의 최고의 본질적인 특징이며, 중국 특색 사회주의 제도의 최대 강점이다. 당·정·군·민·학, 동·서·남·북·중 등 당이 일체를 영도한다."[54]라고 명시하고 있다. 따라서 중앙기율검사위원회는 당의 영도에 따라 당내의 감독 감찰을 수행할 뿐만 아니라 국가감찰위원회의 신설로 결국 당의 영도에 따라 감독 감찰이 전방위적인 부문으로 확대 추진되는 것이다.

현재 국가부주석인 왕치산(王岐山)은 과거 중앙기율검사위원회 서기 시절 감찰위원회 시범 실시 지역 시찰 중에 "감찰위원회는 실제로 반부패 기구이며, 법 집행 감독기관이다"라고 밝혔다. 실제로 국가감찰위원회는 19차 당대회에서 시진핑 총서기가 제시하였듯이 "공권력을 행사하는 모든 공직자를 포함할 수 있는 감찰을 실현"하기 위해 설립되었다.[55] 또한 감찰 대상의 전면적 확대뿐만 아니라 권한에 있어서도 국가감찰위원회가 행사하는 감찰권은 전통적인 입법권, 행정권, 사법권 외에 일종의 새로운 형태의 권력으로 법 집행 감독권(監督執法權)을 말하는 것으로 이것은 감독, 조사, 처분(處置) 3개 기본 직권을 모두 포함한다(吳建雄 2017).

이와 같이 국가감찰위원회가 행사하는 감찰권은 감독, 조사, 처분이라는 직권을 모두 갖고 있어 기존의 국무원 감찰부와는 비교할 수 없는 권력을 갖고 있다고 할 수 있다. 또한 기존의 중앙기율검사위원회와 동일한 체계에서 함께 작동하는 당내 감독 권한뿐만 아니라 국가기관, 조직 전반을 감독 감찰하게 되는 권한을 갖게 된다. 이러한 권한 및 대상 확대 외에도 국가감찰위원회의 지위는 2016년 제18기 중앙위원회 제6차 전체회의에서 나타난 국가감찰체제 개혁 방향이 보여주듯이 감찰 기관이 과거 정부의 직능 부처에 속한 종속적 지위에서 정부와 법원 검찰원과 같은 급의 독립적 지위로 격상될 것임을 의미하였으며(京華時報

---

54 총강 원문 내용은 다음과 같다; "中國共產黨的領導是中國特色社會主義最本質的特征, 是中國特色社會主義制度的最大優勢. 黨政軍民學, 東西南北中, 黨是領導一切的."

55 "爲什麼中央紀委與國家監察委員會要合署辦公?" 『中央紀委國家監委網站』 (2018.02.05). http://www.ccdi.gov.cn/special/zmsjd/zm19da_zm19da/201802/t20180202_163176.html (검색일: 2019.6.20).

2016.11.09), 국가감찰체제 개혁 시범 지역 방안을 통해서 향후 개혁 방안을 밝히고 있다.

한편 국가감찰위원회의 설립 목표에서 밝히고 있듯이 반부패 사업의 법적 보장을 통한 활동 강화는 그 이면에 부패 예방과 척결의 목표를 달성하기 위해서 과도한 조치들이 허용됨으로써 발생할 수 있는 인권침해 등이 우려된다(Nicholas Bequelin 2018)는 주장이 나타나기도 한다. 따라서 국가감찰위원회 신설과 관련하여 부패 척결이라는 미명 아래 시진핑 주석의 권력을 강화하기 위한 또 하나의 수단이 될 수 있다(Simon Denyer 2018; 김준영 2018)는 의구심이 나타난다. 국가감찰위원회 주임을 맡은 양샤오두(楊曉渡)는 2007년 시진핑 주석이 상하이시 서기 재직 당시 통일전선공작부장을 맡고 있었으며, 국가부주석인 왕치산이 중앙기율검사위원회 서기 재직 당시 그 아래에서 부서기를 역임하였다. 또한 2017년 19차 당대회에서 중앙정치국 위원으로 승진하였고, '시진핑 사상'을 선전 교육(해설)하는 중앙선강단(中央宣講團)에서 활동하였다. 이와 같이 양샤오두 국가감찰위원회 주임은 시진핑과 정치적 인연이 깊다고 할 수 있으며 권력 강화라는 논란의 중심에 있다.

또한 분권의 측면에서 국가감찰위원회에 대한 견제와 감독에 있어서 국가기관의 권력 과대에 대해서 누가 감찰위원회를 감독할 것인가의 문제가 있다. 장밍안(姜明安) 교수는 이 문제에 대해서 인민대표대회와 감찰위원회 자체, 검찰원, 공안 모두 감찰위원회에 대해 감독할 수 있다며 비교적 낙관적으로 보았다(BBC NEWS 2018.03.19). 그러나 현실적으로 인민대표대회가 중국공산당 중앙위원회의 지휘를 받는 감찰위원회를 심의 조사하는 것은 불가능하며 결국 감찰위원회 자체 감독에 의존할 수밖에 없다. 따라서 국가감찰위원회는 그 특성상 중국공산당 상부의 지시에 따라 막강한 감찰 권력을 행사할 수 있다.

이와 같이 중국은 시진핑 집권 하에 감찰법의 제정과 국가감찰위원회의 설립을 통해 표면적으로 전면적인 반부패 투쟁을 강화하고,[56] 반부패를 위한 감찰법 제정과 국가감찰위원회의 설립을 통해 국가감찰체계를 제도화하여 국가 통치 체계와 관리능력이 법·제도화되도록 하는 것이지만, 이것은 기존 중앙기율검사위원회의 당내 감독과 국가기관의 감찰 역할을 통일시킴으로써 통제 강화를 통한 권력 강화, 통제 권력의 제도화라는 우려를 낳고 있다. 또한 국가감찰위원회에 대해 감독하고 견제할 수 있는 수단이 없어 자체 감독에 의존할 수밖에 없는 상황이다. 따라서 다음 절에서는 국가감찰위원회의 특징을 구체적으로 분석하여 중국공산당의 관리감독기제의 성격을 살펴보도록 하겠다.

III. 중국 국가감찰위원회 설립과 특징

1. 설립 배경

시진핑 총서기는 2016년 18기 중앙기율검사위원회 제6차 전체 회의에서 "우리나라 공무원 대오 중 당원 비율이 80%를 초과했으며, 현 처장급(縣處級) 이상 영도 간부 중 당원 비율은 95%를 초과했다."라고 밝히고 "국가공무원의 정확한 권력 사용과 청렴결백한 권력 사용에 대한 감독이 반드시 필요하다."라고 보고 당이 당 스스로의 감독과 국가기구 감

56 시진핑 시기 반부패 운동의 특징은 전가림(2020) 참조. 전가림(2020)은 개혁개방 이후 시진핑의 반부패 사정 운동이 강도와 범위, 내용 면에서 그 사례가 전무하며, 반부패 거버넌스에서 파생된 반작용으로 집중된 국가권력으로 인해 사회적 균형과 견제의 기제가 통제와 제한을 받아 부패를 자율적으로 감시하고 견제하는 자율적 반부패 거버넌스를 형성할 기회를 봉쇄당했다고 본다.

독을 통합 운영하는 제도가 반드시 필요함을 강조하였다. 이후 2018년 3월 제13기 전인대에서 심의 통과된 「중화인민공화국헌법 수정안」에 따르면 "제3장 국가기구"에서 "제7절 감찰위원회"를 추가하여 제123조부터 제127조에 걸쳐 감찰위원회의 설치 및 구성, 역할과 권한 등의 내용을 규정하였다. 헌법 제125조에 따르면 "국가감찰위원회는 최고감찰기관이며, 국가감찰위원회는 지방 각급 감찰위원회의 업무를 영도하고 상급 감찰위원회는 하급 감찰위원회의 업무를 영도한다."라고 명시하였다.

이와 함께 제13기 전인대 제7차 회의에서는 국가감찰위원회의 구체적 활동 근거가 되는 「중화인민공화국 감찰법」을 통과시켜 법률로 확정하였다. 이에 앞서 2018년 3월 제13기 전인대 제1차 회의에서 리젠궈(李建國) 전인대 상무위원회 부위원장은 「중화인민공화국감찰법(초안)(中華人民共和國監察法(草案))」에 대한 제정 의의를 밝혔다. 간단히 정리하면 첫째, 감찰법 제정은 당 중앙의 국가감찰체제개혁을 관철시키는 중대조치이고, 둘째, 반부패 사업에 대한 당의 영도를 견지 강화하고 집중통일적이고 권위가 높은 국가감찰체계를 구축하는 필연적 요구이며, 셋째, 반부패 투쟁을 위한 법치의 보장을 굳건히 하는 현실적 필요이며, 넷째, 당내 감독과 국가 감찰을 유기적으로 통일시키고 중국 특색 감찰의 길을 이루는 것이며, 다섯째, 헌법 실시 및 인민대표대회 제도를 발전시키고 국가 통치 체계와 관리능력 현대화를 추진하는 전략적 조치라고 밝히고 있다(李建國 2018).

또한 2018년 3월 발표한 「당 · 국가기구개혁심화방안(深化黨和國家機構改革方案)」[57]에 따르면, 가장 먼저 국가감찰위원회를 설립하여 당의 반

57 "中華人民共和國監察部主要職責."『中國政府網』(2018.03.21). http://www.gov.cn/xinwen/2018-03/21/content_5276191.htm#1(검색일: 2019.05.20).

부패 업무에 대한 집중 · 통일적 영도를 강화하고 당내 감독뿐만 아니라 국가기관을 모두 감독하여 당의 기율 검사와 국가감찰 업무의 유기적 통일을 실현하려 한다는 것이다. 국가감찰위원회가 신설되기 전에는 중국은 반부패 관련 대응 메커니즘을 크게 사전 예방과 사후 처리로 나누고 사후 처리는 다시 기율 위반에 대한 경우와 형사 범죄에 대한 경우로 구분하여 'Two Track(雙軌制)' 방식으로 운용하였다(배덕현 2018). 사전 예방과 관련해서는 국무원 산하의 국가부패예방국(國家豫防腐敗局)에서 전담하고, 사후 처리는 중국공산당 중앙위원회의 영도를 받는 중앙기율검사위원회, 국가기관으로는 국무원 산하 감찰부와 최고인민검찰원 산하 반부패뇌물총국(反貪污賄賂總局) 등이 관련 업무를 분장하여 처리하였다. 그러나 국가감찰위원회를 신설하면서 기존에 설치되었던 관련 부서 및 관련 업무를 통합하였는데 중앙기율검사위원회와 국무원 산하 감찰부 및 국가부패예방국의 직책 그리고 최고인민검찰원 산하 반부패뇌물총국의 뇌물 횡령, 배임 직무 유기 및 범죄 예방 등 반부패 관련 직책을 모두 통합하여 당의 감찰 업무를 전방위적으로 실현하도록 하였다. 이것은 양샤오두 중앙기율검사위원회 부서기가 국가감찰위원회 주임을 겸임하고 중앙기율검사위원회와 국가감찰위원회가 일원화된 부서로 통합업무를 실시함으로써 가능해졌다.

2. 국가감찰위원회와 감독감찰기구 통합

국가감찰위원회가 설립되기까지 중국의 감독감찰기구는 아래 〈표 1〉과 같이 중국공산당 중앙 기구와 국가기구로 각각 설립과 폐지, 통합의 과정을 거쳤다. 먼저 당 중앙의 중앙감찰위원회가 최초로 설립되었으며 이후 중앙심사위원회로의 명칭 변경과 문화대혁명 기간 폐지되었다가 재설립되는 과정을 거쳤다. 국가기구, 즉 국무원 산하기관으로 설치된 감찰부는 중화인민공화국 건국과 함께 인민감찰위원회로 출발하여 지금의 감찰부로 명칭이 변경되었다. 지금의 중앙기율검사위원회와 국가감찰위원회의 통합과 마찬가지로 이미 1993년 중앙기율검사위원회는 국무원 감찰부와 부서통합근무를 실시하여 당의 기율 검사와 정부 · 행정감찰 직능 두 가지 모두를 수행했다. 당시 중앙기율검사위원회 부서기 차오칭저(曹庆泽)는 국무원 감찰부 부장을 겸하게 된다. 이후 1995년 최고인민검찰원 산하 반부패뇌물총국이 신설되었으며, 2007년에는 감찰부에 국가부패예방국이 새롭게 간판을 걸고 감찰부 부장이 국장을 겸임하게 된다. 따라서 기존에 중앙기율검사위원회와 감찰부의 부서통합근무에 이어 국가부패예방국도 함께 통합근무하게 되며, 결국 2018년 최고감찰기관의 탄생, 즉 중앙기율검사위원회와의 부서통합근무와 함께 국무원 감찰부 및 국가부패예방국, 최고인민검찰원의 반부패뇌물총국이 모두 국가감찰위원회로 병합되었다.[58]

〈표 1〉 감독 · 감찰기구 설립 및 통합 과정

중국공산당 중앙기구	국가기구
• 1927.04. 중앙감찰위원회 설립	
• 1928.07. 중앙심사위원회 개명	
• 1949.11. 중앙기율검사위원회 설립	• 1949.10. (구)정무원 인민감찰위원회 설립
• 1955.03. 중앙감찰위원회 재설립 (중앙기율검사위원회 대체)	• 1954.09. 국무원 감찰부 개명
	• 1959.04. 국무원 감찰부 폐지
• 1969.04. 중앙감찰위원회 폐지	
• 1978.12. 중앙기율검사위원회 부활	• 1986.12. 국무원 감찰부 재설립
	• 1987.07. 국무원 감찰부 정식 업무
• 1993.01. 중앙기율검사위원회-감찰부 부서통합근무(合署辦公) - 1개의 동일한 업무 기구, 2개의 기관 명칭 시행 - 당의 기율 검사와 정부 · 행정감찰 직능 수행	
	• 2007.09. 감찰부 국가부패예방국 신설 (감찰부장이 국장 겸임)
• 2007.09. 중앙기율검사위원회-감찰부, 국가부패예방국 합동근무	

58 '부서통합근무'와 '병합'과의 차이는 겸직 가능한 행정 지도부를 배치하고 각각 인장과 현판을 만들 수 있다는 것이다.

	• 2014.10. 반부패뇌물총국 개혁구성 - 반부패 직무범죄 직접수사 예방기구로 강화
• 2018.03. 국가감찰위원회 신설 - 국무원 감찰부 및 국가부패예방국, 국가감찰위원회로 병합 - 최고인민검찰원 반부패뇌물총국, 국가감찰위원회로 병합	

출처: "历史沿革,"『中央纪委国家监委网站』(2013.08.28.) 참조. 저자 정리.

1) 중앙기율검사위원회

중국공산당 최고기율검사기관인 중앙기율검사위원회는 1955년 3월 중앙감찰위원회를 설립하고 문화대혁명 당시 취소되었다가 1978년 12월 중국공산당 제11기 3중전회의 결정에 따라 중앙기율검사위원회로 다시 설립되었다. 1949년 중화인민공화국 성립 이후 지금의 국가감찰위원회의 시초인 중앙인민정부 정무원 인민감찰위원회가 먼저 설립되었고, 1954년 9월에 헌법과 국무원 조직법에 따라 정무원은 국무원으로 개명되면서 인민감찰위원회 또한 국무원 감찰부로 바뀌었다. 이후 1955년에 현 중앙기율검사위원회의 시초인 중공중앙감찰위원회가 성립되고 1959년에 국무원 감찰부가 없어졌다가 1986년 감찰부가 다시 설립된다. 1993년 1월에는 중앙기율검사위원회와 감찰부가 부서통합근무를 실시하게 되었고 2018년 3월 제13기 전인대 1차 회의에서 감찰법이 통과되면서 기존 감찰부는 신설된 국가감찰위원회로 완전히 병합된다. 이로써 그동안 분리되어있던 부문별 감찰업무가 국가감찰위원회로 일원화되었으며 중앙기율검사위원회와 국가감찰위원회는 동일한 기구이면서 두 개의 기구 명칭을 사용하는 통합 근무 방식을 통해 국가 감찰의 전면적 실현을 이루게 되었다. 중앙기율검사위원회는 본래 "당 중앙위원회의 영도 아래 업무를 진행"하는 것으로 국가감찰위원회와의 통합근무를 통해 동일한 지휘를 받는, 결국 국가감찰위원회 또한 당 중앙위원회의 지도를 받는 것을 의미하게 된다.

당정일치의 특징을 보여주는 중앙기율검사위원회와 국가감찰위원회의 통합근무 방식은 각 위원회의 간부 명단을 통해 확인할 수 있다(〈표

2> 참조). 또한 중앙기율검사위원회의 부서기 겸 국가감찰위원회의 주임을 맡은 양샤오두의 경력을 통해 국가감찰위원회까지의 변천 과정을 보면 겸직과 통합 근무 방식을 통한 당정일치로의 변화 과정을 엿볼 수 있다. 양샤오두 부서기는 2007년 시진핑 주석이 상하이시 서기 재직 당시 통일전선부 부장(2006~2012)을 역임하였고, 중앙기율검사위원회 왕치산 서기 밑에서 2014년부터 중앙기율검사위원회 부서기를 맡았으며, 2016년에는 국무원 감찰부 부장과 국가부패예방국 국장을 겸직하게 된다. 이후 중앙정치국 위원과 중앙서기처 서기까지 승진한 그는 2018년 국가감찰위원회가 신설되면서 주임을 맡게 된다. 결국 감찰부와 국가부패예방국이 국가감찰위원회로 통합, 폐지되면서 2019년부터는 중앙정치국 위원, 중앙서기처 서기, 중앙기율검사위원회 부서기, 국가감찰위원회 주임 겸 중국기검감찰학원(中國紀檢監察學院) 원장의 직책을 맡고 있다.

〈표 2〉 중앙기율검사위원회 및 국가감찰위원회 간부 명단(2021년 9월 기준)

성명	직책 및 직위		
	중앙기율 검사위원회	국가감찰 위원회	당 중앙 및 국가기관
자오러지(趙樂際)	상무위원/서기		중앙정치국 상무위원
양샤오두 (楊曉渡)	상무위원/부서기	주임	중앙정치국 위원, 중앙서기처 서기 중앙기검감찰학원(中國紀檢監察學院) 원장
장성민(張升民)	상무위원/부서기		중국공산당중앙군사위원회 위원 중화인민공화국중앙군사위원회 위원 중앙군사위원회기율검사위원회 서기 /당위원회 서기, 육군 상장(上將)계급
류진궈(劉金國)	상무위원/부서기	부주임	중앙위원회 위원
양샤오차오 (楊曉超)	상무위원/부서기 비서장	부주임	중앙순시공작영도소조 (中央巡視工作領導小組) 구성원
쉬링이(徐令義)	상무위원/부서기	부주임	
샤오페이(肖培)	상무위원/부서기	부주임	
위훙추(喻紅秋)	상무위원/부서기	부주임	
푸쿠이(傅奎)	상무위원/부서기	부주임	
왕훙진(王鴻津)	상무위원	위원	중앙순시공작영도소조(中央巡視工作領導小組) 구성원/판공실 주임
루시(盧希)	상무위원	위원	
바이샤오캉 (白少康)	상무위원	위원	중앙정법위원회 부비서장/ 기관당위원회 서기

장춘성(張春生)	상무위원/부비서장	위원	중앙기율검사위원회 · 국가감찰위원회 판공청(中央紀委國家監委辦公廳) 주임
천차오잉(陳超英)	상무위원	위원	주 국무원 국유자산감독관리위원회 기검감찰조(駐國資委紀檢監察組) 조장 국무원 국유자산감독관리위원회 당위원회 위원
허우카이(侯凱)	상무위원	위원	심계서(审计署) 당조 서기, 심계장
장신즈(姜信治)	상무위원	위원	중앙조직부 일상공작 분장(分管) 부부장(정부장급)
뤄위안(駱源)	상무위원		중앙군사위원회기율검사위원회 전임 부서기/당위원회 부서기, 해군 중장계급
링지(淩激)	상무위원	위원	중앙기율검사위원회 · 국가감찰위원회 조직부 부장
추이펑(崔鵬)	상무위원	위원	

출처: 중공중앙기율검사위원회 · 중화인민공화국국가감찰위원회 홈페이지 및 신문기사 저자 정리.

구체적으로 살펴보면 1993년 1월 중공중앙 및 국무원의 결정에 따라 감찰부와 중앙기율검사위원회는 부서통합근무를 실시하는데, 여기에서 감찰부 기구는 국무원 계통에 속하여 국무원 지도에 따르며, 편제는 중국공산당 중앙 직속 기구에 포함된다. 또한 국가부패예방국은 국무원 직속 기구에 포함하여 국무원 감찰부에 속하도록 하였다. 2013년 7월 직능 전환 요구에 따라 중앙기율검사위원회 감찰부가 과거 참여하던 영도소조, 협조소조, 연석회의 등 의사협조기구 조정을 통해 125개에서 39개로 대폭 축소하였다.

이후 2018년 3월 개정된 헌법과 「당 · 국가기구개혁심화방안」에 따라 국가감찰위원회를 설립하고 국무원 소속 감찰부 및 국무원 직속 기구였던 국가부패예방국(과거 감찰부에 현판을 걸고, 감찰부 부장이 국장을 겸임)은 국가감찰위원회로 완전히 병합된 것이다.

2) 기존 국무원 감찰부

감찰부는 「중화인민공화국 행정감찰법(中華人民共和國行政監察法)」에 근거하여 전국 감찰업무를 주관하였다. 행정감찰법에 따라 감찰부의 감찰 대상은 제3장 제15조 "국무원 및 각 부문 공무원, 국무원 및 국무원 각 부문에서 임명한 기타 인원과 각 성, 자치구, 직할시 인민정부 및 그

영도 인원"이다.[59]

감찰부의 업무는 감찰 대상의 법 집행(執法), 청렴 정치(廉政) 및 효능(效能) 상황에 대한 감찰을 실시하고 다음과 같은 직책을 수행하였다. 첫째, 법규와 인민정부의 결정 · 명령에 따른 국가행정기관의 준수와 집행에 관한 문제점을 점검하고, 둘째, 국가행정기관 및 그 공무원과 국가행정기관이 임명한 기타 인원의 행정 기율행위 위반에 대한 고소 고발의 수리, 셋째, 국가행정기관 및 그 공무원과 국가행정기관이 임명한 기타 인원의 행정 기율을 위반한 행위에 대한 조사 처리, 넷째, 국가행정기관 공무원과 국가행정기관이 임명한 기타 인원이 주관행정기관이 부여한 처분 결정에 대한 불복 청구는 물론, 법률 · 행정 법규에 규정된 기타 감찰 기관에 의해 접수된 청구 수리, 끝으로 법률 및 행정 법규는 기타 감찰 기관이 수행하는 기타 직책을 규정한다.[60]

이와 같은 기존 감찰부의 업무 및 감찰 대상은 모두 국가감찰위원회가 담당하게 되었다. 결국 감찰부는 새롭게 조직된 국가감찰위원회에 합병되면서 국가감찰위원회는 법적 절차를 마치고 제도적으로 기존 감찰부가 갖고 있던 검사권(檢查權), 조사권(調查權), 건의권(建議權) 및 행정처분권(行政處分權)을 모두 수행하게 되었다.

3) 기존 국무원 국가부패예방국

2007년 설립된 국가부패예방국은 국무원 직속 기구로 감찰부에 현판을 걸고 감찰부 부장이 국가부패예방국 국장을 겸임하였다.

이러한 국가부패예방국의 주요 직책은 다음과 같다. 첫째, 전국의 부

59 "中华人民共和国行政监察法."『中国人大网』. http://www.npc.gov.cn/wxzl/gongbao/2000-12/05/content_5004684.htm(검색일: 2020.10.25).

60 "中华人民共和国监察部主要职责."『中国政府网』(2014.02.22). http://www.gov.cn/fuwu/2014-02/22/content_2618667.htm(검색일: 2020.10.20).

패 예방 업무를 담당하는 조직의 조화 및 종합적인 비전, 정책 수립, 검사 지도를 담당하고, 둘째, 기업, 사업 단위, 사회단체, 중개 기관과 기타 사회조직의 부패 방지 업무를 지도한다. 셋째, 부패 예방을 위한 국제 협력과 국제 원조를 담당하며, 이 직책은 부패방지기구 협약 체결국에 대한 요구다. 이와 같은 직책은 몇 가지 측면에서 중요하게 이뤄진다. 당 간부에 대한 교육 및 청렴에 대한 자각성을 강화하고, 부패 척결 업무의 제도화 수준을 강화하며, 국가정책 시행, 권력 운영에 대한 제약과 감독을 강화하고, 반부패에 대한 국제 협력을 강화하는 등 부패 예방을 위한 활동을 한다.[61]

국가감찰위원회의 직책은 국가기관인 국무원 감찰부, 국가부패예방국의 기능과 직책이 통합되면서 기능적인 면에서뿐만 아니라 더욱 중요한 것은 중앙기율검사위원회가 담당하던 대상 범위가 전방위적으로 국가기관의 모든 공무원으로 확대되었다는 것이다.

4) 기존 최고인민검찰원 반부패뇌물총국

반부패뇌물총국은 1995년 11월 최고인민검찰원 산하에 신설되었고 2014년에는 개혁을 통해 반부패 및 직무범죄에 대하여 직접 수사가 가능한 예방기구로 강화되었다. 주요 업무는 횡령과 뇌물 관련 문제, 공금을 유용하거나, 거액 재산의 출처가 불분명하고, 국유자산을 사적으로 유용하고 역외 예금 은닉이나 직무를 유기하는 등의 범죄 사건에 대하여 수사하고 취조하는 업무를 처리한다.[62] 2018년 국가감찰체제 개혁에

---

61 "'国家预防腐败局'成立过程."『人民政協網』(2010.08.16). http://www.rmzxb.com.cn/jrmzxbwsj/qwjd/ffjsl/t20070913_157276.htm (검색일: 2020.10.25).

62 "反贪污贿赂局的职责."『中华人民共和国最高人民检察院』(2013.03.12). https://www.spp.gov.cn/ztk/2013zt/2013jcz/Jczs/201303/t20130312_56918.shtml(검색일: 2020.10.25).

따라 이와 같은 직무범죄 수사권은 반부패뇌물총국 전체 검찰관이 국가감찰위원회로 전속되면서 국가감찰위원회가 갖게 되었다.

3. 국가감찰위원회의 특징과 중국공산당의 감독감찰기제 변화

먼저 국가감찰위원회의 감찰 대상은 이전에는 행정감찰법에서 단지 행정기관 및 그 근무자로 제한되어 있었고 중앙기율검사위원회는 공산당원에 대해서만 감찰을 실시하였으나 공무원의 80%, 영도 간부의 95% 이상이 모두 공산당원인 상황에서 공권력을 행사하는 공직 인원으로 확대되었다. 즉 감찰법 초안에 따르면 기관 공무원, 국유기업 관리종사자, 공공 기관(교육, 과학연구, 문화, 의료위생, 체육 등)의 관리 종사자, 기층 대중적 자치 조직 내 관리 종사자 및 기타 법에 따라 공직을 수행하는 자 등이 감찰 대상이 된다(BBC NEWS 2018.03.19).

중국 당국가체제의 특징 중 당 지도부의 국가기구 책임자 겸직과 동일 업무 기구가 두 개의 명칭을 갖는 당정합일의 관리체계 특징은 국가감찰위원회에서도 명확히 나타난다. 즉 국가감찰위원회는 헌법에 명시된 최고감찰기관이지만 중국공산당 중앙위원회의 지도를 받는 중앙기율검사위원회와 조직 편제가 동일한 하나의 기구다.

이러한 중앙기율검사위원회는 이미 국무원의 감찰부와 부서통합근무를 실시하고 있었다. 1993년 1월 4일 「인민일보(人民日報)」는 "올해부터 중앙기율검사위원회와 감찰부는 부서통합근무를 시작한다."라는 소식을 전하고 부서통합근무로 변경된 후에도 감찰부는 국무원에 소속되어 국무원의 지도를 받았던 것이다. 1993년 2월 중앙기율검사위원회와 감찰부는 「중앙기율감사위원회 감찰부 기관 부서통합근무와 기구 설치 관련 문제에 대한 지시 요청(關於中央紀委監察部機關合署辦公和機構設置有

關問題的請示)」에 따라 선전(深圳)을 제외하고 지방 각급 기율 검사 및 감찰 기관은 통합 근무를 실시하게 된다. 이후 2007년 9월에는 국가부패예방국이 설립되어 국무원 감찰부에 간판을 달았고 감찰부 부장이 국가부패예방국 국장을 겸직하였다(中國紀檢監察雜志 2018.04.10).

중앙기율검사위원회와 국무원 감찰부는 부서통합근무 방식을 통해 비록 행정적으로 유사 업무에 대해 동일한 장소에서 근무해 왔으며, 나아가 국가감찰위원회의 설립과 함께 두 개의 기관 명칭을 사용하는 하나의 동일한 업무 기관으로 기율 검사 및 감찰 두 가지 직책을 수행하게 되었다. 그밖에 감찰과 관련해 회계감사를 담당하는 심계서(審計署)는 국가감찰위원회와 통합이 이뤄지지 않았지만 관련 논의가 제기되고 있다. 허우카이는 과거 2012년 중앙기율검사위원회 상무위원이면서 심계서 부심계장 및 당조 성원을 겸하여 이를 통해 중앙기율검사위원회와 심계서가 상호 밀접하게 소통하고 있음을 알 수 있다. 이후 2018년 중앙기율검사위원회 상무위원, 국가감찰위원회 위원, 중앙 및 국가기관공작위원회(中央和国家机关工委) 부서기 겸 기율검사·감찰공작위원회(纪检监察工委) 서기를 맡았다. 최근 2020년 6월에는 중앙기율검사위원회 상무위원이면서 심계서 당조 서기 및 심계장에 임명되어 두 기관의 관계가 더욱 밀접해졌음을 시사한다.[63]

한편 중앙기율검사위원회와 국가감찰위원회는 동일한 지도부의 지휘를 받는 중앙조직에서뿐만 아니라 지방조직까지도 완전하게 통합되어있다. 〈표 3〉에서처럼 각 성급 기율검사위원회의 서기는 성급 감찰위

---

63 심계서와 중앙기율검사위원회는 상무위원의 심계장 겸직으로 더욱 밀접해졌지만, 아직 합동 근무에 이르지 않았다. 다만 인터넷 사이트 군중 게시판에 게재된 "심계서와 중앙기율검사위원회의 합동 근무에 대한 건의"에 대한 심계서의 회신에 따르면 심계서는 "합동 근무의 경우 법률, 행정체계 개혁 등 다방면의 요소를 고려해 심도 있는 연구 및 장기적 계획이 필요"함을 밝히고 있어 실시 가능성이 충분하다(北京青年报 2013.10.25).

원회의 주임을 겸하고 있고 부서기도 부주임을 함께 맡고 있다. 다시 말해 앞서 살펴본 〈표 2〉에서 중앙기율검사위원회의 서기인 자오러지(趙樂際)는 중앙정치국 상무위원회 상무위원으로 국가감찰위원회의 주임을 맡고 있지 않지만 중앙정치국 위원인 양샤오두가 중앙기율검사위원회 부서기 겸 국가감찰위원회 주임을 맡고 있어 중앙에서 지방조직까지 거의 완전하게 겸직의 형태를 하고 있다고 할 수 있다.

〈표 3〉 각 성급 기율검사위원회(서기) 및 감찰위원회(주임) 명단(2021년 9월 기준)

	성급 지역	성명	기율검사위원회 감찰위원회 직책	중앙 직책	감찰위원회 성립 시기
1	베이징(北京市)	천융(陳雍)	서기/주임	19기 기율위 위원 중공 19대 대표 13기 전인대 대표	시범 지역 2017.01.21
2	톈진(天津市)	덩슈밍(鄧修明)	서기/주임	19기 기율위 위원 중공 19대 대표 13기 전인대 대표	2018.01.31
3	허베이(河北省)	류솽(劉爽)	서기/주임		2018.02.02
4	산시(山西省)	왕융쥔(王擁軍)	서기/주임	19기 기율위 위원 중공 18, 19대 대표 13기 전인대 대표	시범 지역 2017.01.18
5	네이멍구 (內蒙古自治區)	류치판(劉奇凡)	서기/주임	19기 기율위 위원	2018.02.03
6	랴오닝(遼寧省)	랴오젠위(廖建宇)	서기/주임	19기 기율위 위원	2018.02.01
7	지린(吉林省)	장중(张忠)	서기/주임		2018.02.10
8	헤이룽장 (黑龍江省)	장웨이(张巍)	서기/주임대리		2018.01.31
9	상하이(上海市)	류쉐신(刘学新)	서기/주임	19기 기율위 위원 중공 19대 대표 13기 전인대 대표	2018.01.29
10	장쑤(江蘇省)	왕창쑹(王常松)	서기/주임대리	19기 기율위 위원 중공 18, 19대 대표 12, 13기 전인대 대표	2018.02.01
11	저장(浙江省)	쉬러더(许罗德)	서기/주임	중공 19대 대표 12기 전인대 대표	시범 지역 2017.01.22
12	안후이(安徽省)	류후이(劉惠)	서기/주임	19기 기율위 위원 중공 19대 대표	2018.01.31
13	푸젠(福建省)	리양저(李仰哲)	서기/주임	19기 기율위 위원	2018.02.02
14	장시(江西省)	마썬슈(马森述)	서기/주임대리	19기 기율위 위원 중공 19대 대표	2018.01.31
15	산둥(山東省)	천푸관(陳輻寬)	서기/주임	19기 기율위 위원	2018.02.03
16	허난(河南省)	취샤오리(曲孝麗)	서기/주임	중공 19대 대표	2018.02.01
17	후베이(湖北省)	허우시민(侯淅珉)	서기/주임		2018.01.31
18	후난(湖南省)	왕쐉취안(王雙全)	서기/부주임 /주임대리	19기 기율위 위원	2018.01.31
19	광둥(廣東省)	쑹푸룽(宋福龍)	서기/주임	19기 기율위 위원	2018.02.01

20	광시 (廣西壯族自治區)	팡링민(房靈敏)	서기/주임	19기 기율위 위원 13기 전인대 대표	2018.02.02
21	하이난(海南省)	천궈멍(陳國猛)	서기/주임대리	19기 기율위 위원	2018.02.01
22	충칭(重慶市)	무훙위(穆紅玉)	서기/주임	19기 기율위 위원	2018.02.01
23	쓰촨(四川省)	왕옌페이(王雁飛)	서기/주임	19기 기율위 위원	2018.02.02
24	구이저우(貴州省)	샤훙민(夏紅民)	서기/주임	19기 기율위 위원 13기 전인대 대표	2018.02.02
25	윈난(雲南省)	펑즈리(馮志禮)	서기/주임	19기 기율위 위원	2018.01.30
26	시짱(西藏自治區)	왕웨이둥(王衛東)	서기/주임		2018.02.01
27	산시(陝西省)	왕싱닝(王興寧)	서기/주임	19기 기율위 위원	2018.02.01
28	간쑤(甘肅省)	류창린(劉昌林)	서기/주임	19기 기율위 위원 중공 19대 대표 13기 전인대 대표	2018.01.30
29	닝샤 (寧夏回族自治區)	아이쥔타오(艾俊濤)	서기/주임	19기 기율위 위원	2018.01.31
30	칭하이(青海省)	텅자차이(滕佳材)	서기/주임	19기 기율위 위원 중공 19대 대표	2018.02.08
31	신장(新疆維吾爾自治區)	톈상리(田湘利)	서기/부주임 /주임대리		2018.01.27

출처: 각급 중앙기율검사위원회 · 국가감찰위원회 홈페이지 및 신문기사 저자 정리.

국가감찰위원회의 지방조직은 성급 31개, 부성급 도시 15개(하얼빈, 창춘, 선양, 다롄, 난징, 항저우, 닝보, 지난, 칭다오, 샤먼, 우한, 광저우, 선전, 청두, 시안)에 설치되어 있으며, 관련 인원이 국가기관 및 각급 정부부문과 정부 산하기관 등에 걸쳐 전방위적으로 파견되어있다.

〈표 3〉에서처럼 각급 기율검사위원회와 감찰위원회의 서기/주임 임명과 관련하여 2019년에 부임한 허베이성의 류상, 시짱의 왕웨이둥, 신장의 양신, 2020년에 부임한 헤이룽장성의 장웨이 등은 다른 지역의 서기/주임과는 달리 중앙기율검사위원회 위원은 아니지만, 과거 중앙기율검사위원회 출신의 경력자들로 중앙기율검사위원회와 국가감찰위원회의 위상 및 관계를 알 수 있다.

실제로 허베이의 류상은 중앙기위국가검위 조직부(中央紀委國家監委組織部) 부장(부부장급)을 역임하였고, 시짱의 왕웨이둥은 중앙기율검사위원회 부비서장과 중앙기율검사위원회 기관사무관리국(中央紀委機關事務管理局) 국장을 역임하고 2018년부터 2019년 중앙 제3차 순시 중앙 제

5순시조(中央第三輪巡視中央第五巡視組) 조장 경력을 갖고 있다. 2020년 1월 발령받은 지린성의 장중 역시 중공중앙 직속의사협조기구인 중앙순시공작영도소조의 중앙순시조 부부급 전문 요원이었다. 그 밖에 장시성의 마썬슈(2018.11~2020.3), 산시성의 왕싱닝(2016.12~2017.9) 등이 중앙순시조 부부급 전문 요원 경력이 있다. 이는 최근 시진핑 집권 2기 이후 '시진핑 사상' 교육 및 당풍 활동 강화를 보여주는 중앙기율검사위원회 내 '순시조'의 위상을 보여주기도 한다.

제12기 전인대 상무위원회 제25차 회의 결정에 따라 베이징시, 산시성(山西省) 및 저장성을 국가감찰체제개혁 시범 지역(國家監察體制改革試點)으로 삼고[64] 2016년 12월 26일 시행하게 된다. 시범 지역으로 선정된 저장성은 동남해 연안의 발달 지역을 대표하고 산시성은 중부 지역, 베이징은 대도시를 대표하며, 특히 과거 중대 개혁 시범 지역의 임무를 맡지 않았던 베이징시도 시범 지역에 선정되어 이번 국가감찰체제 개혁을 심화시키는 것은 반드시 성공만을 허락할 것임을 암시한다(顥鈞 2016). 다시 말해 중국공산당이 국가감찰체제 개혁을 얼마나 중요하게 생각하고 추진하였는지를 짐작할 수 있다.

국가감찰위원회로의 업무 및 기능 통합 내용은 다음과 같다.

국무원의 감찰부, 국가부패예방국 및 인민검찰청의 횡령, 배임 및 직무 유기, 직무범죄 예방 등의 관련 업무 기능은 국가감찰위원회로 통합되고 이들 부서는 폐지되었다. 구체적으로 국무원의 국가부패예방국, 최고인민검찰원의 반부패뇌물총국, 배임침해범죄 수사 부서 등이 통합되고 직무범죄 수사권 및 수사 검찰관은 국가감찰위원회로 전속되었다.

---

64 2016년 12월 25일 제12기 전인대 상무위원회 제25차 회의에서 「베이징시, 산시성, 저장성에서 국가감찰체제개혁 시범 지역 전개 방안에 대하여(關於在北京市,山西省,浙江省開展國家監察體制改革試點方案)」를 결정했다(新華社 2016.12.25).

사법기관, 행정기관과 입법기관에 독립적으로 동시에 상급 감찰 기관과 동급 국가권력 기관에 책임을 지며, 결국 당 중앙의 지도 아래 중앙기율검사위원회와 통합 근무하게 된다([그림 1] 참조). 결국 감찰 기관에서 밝히고 있듯이 "당 중앙의 통일적 지도 아래 중앙기율검사위원회와 국가감찰위원회는 부서통합근무를 통해 기율 검사, 감찰 기능 등 두 가지 직능을 수행하며 하나의 동일한 업무 기구로 두 개의 기관 명칭을 사용한다. 이것은 '두 개의 간판, 한 팀의 인력(两块牌子, 一套人马)'의 형태로 당내 감독과 국가기관 감독, 당의 기율 검사와 국가 감찰을 유기적으로 통일하고 공권력을 행사하는 모든 공직자에 대한 감찰을 일원화한다."[65]

[그림 1] 국가감찰위원회 설립과 구성

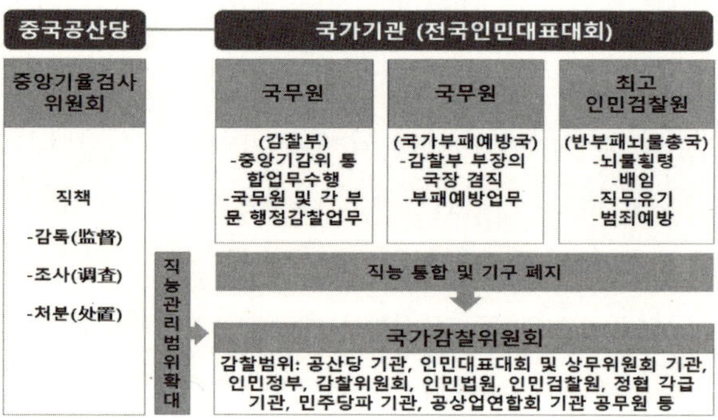

감찰위원회로의 직능 통합에 따라 부패 예방을 위한 조사권(調査權), 감사권(審計權), 경고권(警示權), 건의권(建議權)과 부패의 위법적이고 규정에 어긋나는 것에 대한 조사권, 처분권(處分權) 및 부패 범죄에 대한

65 "[带你了解监察法]第二集:国家监委到底是个什么机构？."『中央纪委国家监委网站』(2018.03.25). http://v.ccdi.gov.cn/2018/03/23/VIDE3quLp25xfz4QjPjhA867180323.shtml (검색일: 2020.10.20).

수사권(偵査權)과 예심권(預審權)을 갖는다. 이것은 비형사(非刑事)적 수단과 형사적 수단이 병용된 부패 관리 모델을 창조했다.[66] 그러나 이와 같은 모델은 결과적으로 국가감찰위원회를 통해 중앙기율검사위원회의 감독감찰 직능 및 감독감찰 대상의 확대를 가져오고 당 기구에 대한 견제는 더욱 약화되어 중앙기율검사위원회를 영도하는 중국공산당 중앙위원회의 권한과 중앙위원회의 총서기인 시진핑의 권한이 강화될 수 있다는 우려를 낳을 수 있다.

실제적으로 2018년 헌법 개정을 통해 국가감찰위원회를 최고인민법원이나 최고인민검찰원과 병렬적으로 조문을 배치하지 않고 앞서 규정한 것은 향후 사법기능에 대한 감찰 기능의 통제 및 간섭 가능성을 염두에 둔 조치는 아닌지 의구심이 든다(배덕현 2018),[67] 헌법 제1장 총강 제3조에서 "국가행정기관 · 재판기관 · 검찰기관은 모두 인민대표대회에 의하여 구성되며, 인민대표대회에 대한 책임을 지고, 인민대표대회의 감독을 받는다."라고 명시하고 있듯이 전인대는 국가감찰위원회 주임 선출 및 해임 권한을 갖는다. 또한 전인대 상무위원회는 감찰위원회 위원 임명 및 해임에 대한 직권을 행사할 수 있으며, 반대로 국가감찰위원회는 전인대와 전인대 상무위원회에 대하여 책임이 있다. 즉 헌법과 감찰법에서 명시하였듯이 국가감찰위원회에 대한 외부 통제 수단으로 전인대를 규정하고 있는 것은 중앙기율검사위원회와의 관계를 차치하고라

66 "京晉浙開展國家監察體制改革試點工作." 『新華網』.
http://www.zj.xinhuanet.com/2016zt/hcz/index.htm(검색일: 2019.06.20).

67 감찰위원회와 관련된 헌법적, 행정법적, 형사 소송법적 측면의 문제점에 대해서는 배덕현(2018)의 글 참조. 논문에서 필자는 부패 청산이라는 목표 달성에 지나치게 집착한 나머지 본질이 '수사권'인 감찰 기관의 권한을 '조사권'으로 왜곡시킨 것에서 모든 문제가 출발하는 것으로 판단하고 있다. 즉 효율적 부패 조사를 위해 형사소송법상의 제약을 벗어날 수 있도록 감찰권의 성격을 수사권이 아닌 조사권으로 규정해 그 근거를 마련하고 정당화하기 위해 헌법 개정까지 필요했던 것으로 본다(배덕현 2018, 57).

도 현실적으로 과연 막강한 권한을 가진 국가감찰위원회를 누가 견제할 수 있는지에 대한 부정적 견해를 낳을 수밖에 없다.

IV. 결론

국가감찰위원회는 국무원 산하 감찰부, 국가부패예방국의 직책 및 최고인민검찰원의 뇌물 횡령, 배임, 직무 유기 및 범죄 예방 등 반부패 관련 업무를 모두 통합하여 신설되었다. 또한 제13기 전인대는 국가감찰위원회의 초대 주임으로 중앙기율검사위원회 부서기인 양샤오두가 겸직하도록 하였고, 국가감찰위원회는 당정일치의 특징을 보여주는 '하나의 동일한 업무 기구, 두 개의 명칭'으로 "당 중앙위원회의 지도 아래 업무를 진행"하도록 중앙기율검사위원회와 한 지붕 아래에서 부서통합 근무 방식을 통해 중국공산당의 지도 아래에서 움직인다. 이처럼 국가감찰위원회 및 감찰법의 신설과 「당 · 국가기구개혁 심화 방안」을 통해 나타난 중국 관리감독기제 변화의 특징은 효과적 정책집행을 위한 관련 부처들의 통합 및 이를 통한 당의 중앙집권적 강화, 즉 당정 전반에 걸쳐 당의 영향력 및 영도력을 강화하고 통합하는 측면이 강하게 나타났다.

시진핑 집권 이후 국가감찰위원회 신설 및 감찰법 제정을 통해 감독감찰 범위를 당내에서 국가기관 전 범위로 확대하였을 뿐만 아니라 특히 당의 반부패 업무에 대한 통일적 영도 강화 및 당내 감독뿐만 아니라 국가기관을 모두 감독할 수 있는 당의 기율검사와 국가 감찰의 유기적 통일을 실현함으로써 효율적 관리와 함께 통제 강화라는 측면이 강하게 나타났다. 즉 기존에 중앙기율검사위원회를 통해 당내 관리와 통제가 이뤄졌다면 국가감찰위원회와의 당정합일의 형태를 통하여 감찰 범위가 중국공산당에서부터 전인대 및 각급 인대, 인민정부 및 각급 인민정부, 감찰위원회 및 인민법원, 인민검찰원, 인민정치협상회의와 민주당파 등의 구성원, 그리고 '「중화인민공화국 공무원법」의 적용을 받는 자'로 확대 규정됨으로써 주민자치조직, 공립학교, 공립병원 및 국유기업의 말단 실무자까지 전 방위적으로 확대된 것이다.

또한 국가감찰위원회는 그 설립 목표에서 부패 근절을 중요하게 내세우고 있다. 과거 시진핑 집권 초기 부패 문제로 많은 고위 공직자들이 처벌되었는데 특히 저우융캉(周永康) 전 중앙정치국 상무위원회 위원, 보시라이(薄熙來) 전 충칭시위원회 서기, 쉬차이허우(徐才厚) 전 중앙군사위원회 부주석 겸 중앙정치국 위원, 링지화(令計劃) 전 인민정치협상회의 부주석 겸 중앙통일전선공작부 부장, 궈보슝(郭伯雄) 전 중앙정치국 위원 겸 중앙군사위원회 부주석 등의 사례가 있다. 이는 시진핑 주석과 정치적 대립 관계에 있던 고위층을 처벌 대상에 포함하여 정적을 제거하는 수단으로 이용했다는 비판이 있을 수 있으며, 이와 함께 지위고하를 막론하고 부패 관료를 처벌하겠다는 '호랑이와 파리 잡기(打虎拍蠅)'와 같이 당내 기득권층의 반발에도 불구하고 정풍운동을 통해 인민의 지지를 받아야 한다는 위기감이 크게 작용했다는 반증일 수 있다. 국가감찰체제 개혁에서 반부패 운동을 강조하는 것은 이와 같은 측면을 모두 포함한다.

결과적으로 국가감찰위원회의 신설 및 감찰법 제정을 통한 국가감찰체계 구축은 그 목표에서 밝히고 있듯이 법치의 보장과 국가통치체제 및 관리능력 현대화 전략의 추진이라는 긍정적 측면이 있다. 그러나 그 이면에 감독감찰기제의 법·제도화가 갖고 있는 상반된 특징으로 권위주의적 통제 강화, 즉 중앙의 관리와 감독, 통제의 대상 확대 및 심화 속에서 정치적으로 남용될 수 있는 딜레마가 존재한다. 중국에는 두 개의

'법치(法治)'가 있는데 하나는 Rule of law, 즉 법치(法治), 하나는 Rule by law, 즉 법제(法制)이다. 후자는 바로 법률을 통해 통치하는 '칼(刀)'제도라는 것으로 법제를 칼자루로 삼아 독재의 도구로 이용한 것이다. 법을 집권 통치의 도구로 여겨온 개념으로 법제를 계급 투쟁과 국토를 수호하고 백성을 편안하게(保境安民) 하는 도구로서의 성격을 띠고 있다(李曙光 2008).

국가감찰위원회 신설 및 감찰법을 통한 중국의 국가감찰체제 개혁은 비록 부패 척결을 강조하고 있지만, 과거 중앙기율검사위원회를 통해 나타난 부패 척결이 정치적으로 남용되었다는 평가가 존재하는 상황에서 국가감찰위원회의 성격 및 활동에 주목할 수밖에 없다. 따라서 향후 국가감찰위원회의 활동이 어떤 방향으로 전개되는가가 최종적으로 딜레마의 향방을 보여줄 수 있다. 특히 집권 연장 시기와 세대 교체기 및 교체 이후 초기를 주목해야 하며, 체제 안정이라는 측면에서 표면적으로 부패 근절을 내세워 정치적으로 남용되는 결과가 나타나는지에 대하여 예의주시할 필요가 있다.

[참고문헌]

강효백. 2018. “중국 2018년 개정 헌법의 특징.” 『한국동북아논총』 제23권 제3호, 47-67.

김준영 · 유현정. 2016. “중국 반부패 관련 제도의 현황과 과제 - 중앙기율검사위원회의 위상과 역할을 중심으로.” 『중국연구』 제68권, 313-342.

김태식. 2014. “중국의 부패 문제와 그 해결에 관한 고찰-홍콩의 반부패 제도와의 비교를 중심으로.” 『윤리연구』 제97호, 307-330.

배덕현. 2018. “「중화인민공화국 감찰법」의 주요 내용과 평가 및 전망.” 『한중사회과학연구』 제16권 제3호, 23-62.

이민자. 2016. “시진핑 집권 1기 반부패운동의 정치적 목적.” 『신아세아』 24권 1호, 136-163.

이인석. 2016. “법치주의를 생각한다.” 『법률신문』 (11월 24일).
https://m.lawtimes.co.kr/Content/Opinion?serial=105977(검색일: 2019.10.13).

전가림. 2020. “시진핑 집권기 중국 반부패운동 특징 분석.” 『중국과 중국학』 제41호, 75-102.

정연부. 2018. “중국 2018년 헌법개정에 대한 小考 - 연혁주체 및 주요 내용에 대한 분석을 중심으로.” 『중국법연구』 제36집, 1-33.

정이근. 2018. “2018년 중국 헌법의 주요 개정내용과 평가.” 『법학연구』 제59권 제4호, 1-26.

최영춘. 2016. “중국 반부패법제에 관한 연구 – 중국 형법상 수뢰죄를 중심으로 -.” 『중국법연구』 제28집, 85-114.

황태연. 2019. “중국의 당정(黨政)관계 변화, 마오쩌둥 시대로의 회귀인가?: 시진핑 시대 당정 기구개혁을 중심으로.” 『현대중국연구』 제21권 제2호, 1-35.

Bequelin, Nicholas. 2018. “China: New Supervision Law a systemic threat to human rights.” *Amnesty International*. 20 March [Online]. https://www.amnesty.org/en/latest/news/2018/03/china-new-supervision-law-threat to-human-rights/(검색일: 2019.06.15).

Denyer, Simon. 2018 “China's leader tightens grip with new anti-corruption agency.” *The Washington Post*, 19 March [Online]. https://www.washingtonpost.com/world/asia_pacific/chinas-leader-tightens-grip-with-new-anti-corruption-agency/2018/03/19/41f027fe–2b6a-11e8-8dc9-3b51e028b845_story.html?noredirect=on&utm_term=.3540e7c6a29d(검색일: 2019.06.15).

“‘国家预防腐败局’成立过程.” 『人民政協網』 (2010.08.16). http://www.rmzxb.com.cn/jrmzxbwsj/qwjd/ffjsl/t20070913_157276.htm(검색일: 2020.10.25)

“‘三轉’-紀檢監察機關合署辦公以來的職能之變.” 『中國紀檢監察雜志』 (2018.04.10). http://zgjjjc.ccdi.gov.cn/bqml/bqxx/201803/t20180327_167363.html(검색일: 2019.05.20)

“历史沿革.” 『中央纪委国家监委网站』 (2013.08.28). http://www.ccdi.gov.cn/xxgk/lsyg/201712/ t20171230_159887.html(검색일: 2020.10.20)

"反贪污贿赂局的职责."『中华人民共和国最高人民检察院』(2013.03.12).
https://www.spp.gov.cn/ztk/2013zt/2013jcz/Jczs/201303/t20130312_56918.shtml (검색일: 2020.10.25)

"爲什麼中央紀委與國家監察委員會要合署辦公？."『中央紀委國家監委網站』(2018.02.05) http://www.ccdi.gov.cn/special/zmsjd/zm19da_zm19da/201802/t20180202_163176.html(검색일: 2019.06.20).

"全國人民代表大會常務委員會關於在北京市,山西省,浙江省開展國家監察體制改革試點工作的決定."『新華社』(2016.12.25). http://www.xinhuanet.com//politics/2016-12/25/c_1120184274.htm(검색일: 2019.06.23)

"組織機構."『中央紀委國家監委網站』(2019.01.24). http://www.ccdi.gov.cn/xxgk/ zzjg/201901/t20190124_187625.html(검색일: 2019.06.20)

"中共中央印發《深化黨和國家機構改革方案》."『新華社』(2018.03.21.).
http://www.gov.cn/xinwen/2018-03/21/content_5276191.htm#1 (검색일: 2019.05.20)

"中國通過國家監察法「雙規」辦案走向合法."『BBC NEWS』(2018.03.19.)
https://www.bbc.com/ zhongwen/trad/chinese-news-43451802(검색일: 2020.10.20)

"中華人民共和國監察部主要職責."『中國政府網』(2014.02.22.).
http://www.gov.cn/fuwu/ 2014 -02 / 22/content_2618667.htm(검색일: 2020.10.20)

"中華人民共和國行政監察法."『中國人大網』. http://www.npc.gov.cn/wxzl/gongbao/2000-12/05/content_5004684.htm(검색일: 2020.10.25)

"肖培：紀委和監委合署辦公意味責任大了."『新華網』(2017.10.26)
http://www.xinhuanet.com/politics/19cpcnc/2017-10/26/c_129727200.htm (검색일: 2019.06.20)

蕫明安. 2017. "國家監察法立法的若幹問題探討."『法學雜志』第3期, 1-10.

郭文濤. 2018. "監察委員會監察人大代表的理解與論證."『西南政法大學學報』第20卷 第4期, 80-88.

冀睿. 2018. "審計權與監察權之關系."『法學』第7期, 143-153.

譚世貴. 2017. "論對國家監察權的制約與監督."『政法論叢』第5期, 3-12.

李建國. 2017. "關於《全國人民代表大會常務委員會關於在北京市,山西省,浙江省開展國家監察體制改革試點工作的決定(草案)》的說明——2016年12月19日在第十二屆全國人民代表大會常務委員會第二十五次會議上."『中華人民共和國全國人民代表大會常務委員會公報』第1期, 51-53.

李建國. 2018. "關於《中華人民共和國監察法(草案)》的說明."『中國人大網』(2018.03.14) http://www.npc.gov.cn/npc/xinwen/2018-03/14/content_2048551.htm (검색일: 2019.06.20)

李森. 2017. "國家監察委員會職權的立法配置與邏輯思考."『首都師範大學學報(社會科學版)』第5期, 66-74.

李曙光. 2008. "中國改革三十年:從人治到法治的轉型."『中國改革』第3期, 20-25.

李輝山. 2018. "國家監察體制改革的邏輯意蘊."『廉政文化研究』第5期, 31-37.

馬懷德. 2016. "國家監察體制改革的重要意義和主要任務."『國家行政學院學報』第6期, 15-21, 125.
馬懷德. 2018. "再論國家監察立法的主要問題."『行政法學研究』第1期, 3-15.
白皓 · 楊強強. 2017. "國家監察體制改革進路研究."『河北法學』第5期, 143-153.
席志剛. 2016. "國家監察委:點燃政治改革的引擎."『黨的生活(黑龍江)』第12期, 14-16.
吳建雄. 2017. "監察委員會的職能定位與實現路徑."『中國黨政幹部論壇』第2期, 7-11.
吳建雄 · 李春陽. 2017. "健全國家監察組織架構研究."『湘潭大學學報(哲學社會科學版)』第1期, 37-45.
王希鵬. 2018. "國家監察權的屬性."『求索』第4期, 128-135.
魏文松 · 覃晚萍. 2018. "國家監察制度構建之探討."『行政與法』第2期, 93-99.
中央纪委国家监委. 2018. "國家監察委員會特約監察員工作辦法."『中國紀檢監察』第17期, 59.
焦洪昌 · 葉遠濤. 2017. "從人民代表大會制看國家監察體制改革."『中國黨政幹部論壇』第2期, 17-20.
胡佳. 2018. "監察委員會體現的是黨和人民的監督."『中國紀檢監察』第5期, 50-51.
顥鈞. 2016. "國家監察體制改革開啟進行時."『京華時報』(2016.11.09).『人民網』, http://cpc.people.com.cn/pinglun/n1/2016/1109/c78779-28846262.html (검색일: 2020.10.21)
姬亞平 · 吉亮亮. 2018. "國家監察委員會的設立與運行制度研究."『財經法學』第01期, 47-61.
『中央紀委國家監委網站』http://www.ccdi.gov.cn/

7장

시진핑 정부의 사이버 강국 전략과 '디지털 권위주의'[68]

| 모준영 |

Ⅰ. 서론

코로나19 발생 초기에 중국 정부는 세계적 비난에 대한 외교적 대응과 더불어 국내 여론에 대한 단속에 나섰다. 코로나19로 인한 팬데믹 상황에서 초기에 문제를 제기했던 안과의사의 사망에 관한 중국인들의 게시물들이 검열되지 않은 채 위챗과 웨이보(微博)에 공개되는 일이 발생했기 때문이다. 하지만 그것은 일시적인 현상에 그쳤다. 중국 당국은 인터넷 게시물을 삭제하고 '언론의 자유를 원한다(我要言论自由)'와 같은 해시태그가 붙은 게시글들을 차단하였으며, 이후 중국공산당의 감염병 대처에 비판적인 게시물은 찾아보기 어렵게 되었다(Reuters 2020.02.11). 이는 중국 정부가 인민들의 사이버 공간에서의 활동을 적극적으로 통제하고 있음을 잘 보여주는 사건이었다.

물론 중국도 처음부터 사이버 공간에서의 활동을 검열하고 통제했던 것은 아니다. 1987년 "우리는 만리장성을 넘어 전 세계 어디든 갈 수 있다.(越过长城 走向世界)"라는 문구를 담은 전자메일을 보내며 사이버 공간

68 이 글은 『아세아연구』 64권 1호에 게재된 논문을 토대로, 새로운 자료들을 추가해 재작성한 것이다.

에 첫발을 내딛었을(Han 2018) 때만 해도 중국 정부는 사이버 공간에 대한 통제에 적극적으로 나서지 않았었다. 하지만 사이버 공간에서 인민들이 검열되지 않은 뉴스를 접하게 되고, 정부 정책에 대한 인민들의 반대와 시위를 조직하는 정치 활동이 증가하자 중국정부도 통제에 적극적으로 나서기 시작하였던 것이다. 즉 디지털 기술이 갖고 있는 경제발전의 핵심 동력을 유지하면서 정치적 통제를 하는, 소위 '중국 특색'의 통제가 강화되었다(Taubman 1988). 중국 정부는 1994년 중국 내 유입 콘텐츠 가운데 국가 이익에 해가 된다고 판단되는 경우 사용할 수 없도록 하는 인터넷 규정(中华人民共和国计划信息系统安全保护条例)을 발표한 것을 시작으로, 사이버 공간을 통제하는 법과 기술을 개발해 왔다. 이후 중국 정부는 1998년 '방화장성(Great Firewall)'으로 알려져 있는 인터넷 검열 체계 '금순공정(金盾工程 Golden Shield Project)'을 도입했고, 인터넷 사용률 증가에 상응해 통제 시스템을 구축해 왔으며, 제도적으로 각종 규제 조치를 발표했으며, 기술적으로 보다 확고한 인터넷 검열 체제 및 통제 체제를 확립해 나갔다(Kraemer & Dedrick 2001; Lee & Liu 2012). 현재의 중국에서는 필터링, 온라인 웹사이트 등록, 정부 감시 등 이전보다 더 발달된 통제 수단을 강구해 활용하고 있는 추세다.

아이러니한 것은 이처럼 사이버 공간에 대한 통제를 강화하고 있는 시진핑(习近平) 정부가 사이버 강국 구현을 강조하고 있는 것이다. 시진핑 주석은 20세기의 치욕을 떨쳐버리고 과거의 위상을 되찾고자 했던 이전의 지도자들(Kluver 2005, 306, 모준영 2017)과 마찬가지로 중화민족의 위대한 부흥이라는 국가 목표를 제시했는데, 사이버 역량 강화는 그 목표를 실현할 수단의 하나였던 것이다. 이는 중국 내 디지털 경제의 비중 확대와도 관련이 있다고 할 수 있다. 중국 정보통신연구원이 발간한 '중국 디지털 경제발전 백서(中国数字经济发展白皮书, 2020年)'에 따르면 2019년 중국의 디지털 경제 성장 규모는 35조 8,000억 위안으로 GDP 대비

비중은 36.2%에 이른다(中国信息通信研究院 2020, 7-8). 경제성장률이 7%대로 급락한 이후 소위 '신창타이(新常态: new normal)'라는 개념을 제시하며, 질적 성장을 강조했던 시진핑 정부로서는 경제적 측면에서 사이버 분야의 발전을 포기할 수 없는 것이다.

물론 중국이 과학기술을 국가경쟁력 향상과 경제성장의 동력으로 생각한 것은 새로운 일은 아니다. 이미 '과학기술이 제1의 생산력'이라고 했던 덩샤오핑(邓小平) 정부로부터 기술혁신 체계를 형성하기 시작했다(Fu 2014; Gu and Lundvall 2006; Levin et al. 2016). 1985년 '과학기술체제 개혁에 관한 중국공산당의 결정'에 따라 중앙 집권적이고 생산 부문과 분리되어 있었던 연구개발 조직의 대대적인 개편이 진행되었다. 이후 장쩌민(江泽民)의 '과교흥국(科教兴国, 과학과 교육으로 국가를 발전시킴)', '과학기술 산업화', 후진타오(胡锦涛)의 '혁신형 국가 건설' 등이 제시되어 왔다(연원호 외 2020, 27).

문제는 사이버 강국 실현을 위해서는 사이버 공간 활동의 확장이 불가피하고 그러한 활동의 확장만큼 서구 풍조 및 사상의 유입·확산, 중국공산당에 대한 비판 증가, 미국을 위시한 국가들의 사이버 공격에 대한 취약성 증대 등의 가능성도 커진다는 것이다. 이는 사이버 강국 실현이라는 국가전략이 국가 목표, 즉 중국 특색의 사회주의 강대국이 되고자 하는 국가 목표를 위협하게 되는 상황이 벌어질 수도 있다는 것이다. 이에 시진핑 정부는 사이버 강국 실현을 위해 사이버 공간에서의 활동을 보장하면서도 동시에 통제를 강화해야 하는 입장에 있다고 할 수 있다. 이에 시진핑 정부는 사이버 관련 법을 정비·제정했고, 제도를 보완·강화했으며, 인공지능(AI)과 5세대(5G) 이동통신 등 정보통신 기술을 활용한 검열이나 통제 수단을 고도화하고 있다. 소위 '디지털 권위주의'(Wright 2018)를 강화하고 있는 것이다.

이에 시진핑 정부가 앞으로도 정보통신 기술을 적절히 활용해 체제를 유지해 갈 것인지, 아니면 정보통신 기술의 확산에 따른 정보의 자유로운 유통으로 체제 변화를 경험하게 될 것인지를 가늠해 보는 것은 비교권위주의 측면에서 하나의 주제가 될 수 있을 것이라고 본다. 이 장은 중국이 민주화가 아닌 권위주의체제를 더욱 강화해 가고 있는 현황을 살펴보고 체제 지속 혹은 변화 가능 요인을 제시하고자 한다. 이에 이 장은 II절에서 사이버 공간에서의 활동 확대와 권위주의체제의 변화 가능성을 다룬 기존 문헌들을 검토하고, III절에서 사이버 강국 전략으로서 전개되는 법적, 제도적 정비와 신설을, IV절에서는 사이버 통제 강화의 수단과 기술 수출을, V절에서는 잠정적인 결론으로 시진핑 정부에서 강화된 '디지털 권위주의'의 유지 가능성을 제시할 것이다.

II. 문헌 검토 : 사이버 공간에서의 활동 확대와 권위주의체제의 변화 가능성

정보화는 인터넷과 권위주의체제 변화의 상관성에 대한 논의를 촉발시켰는데, 크게 두 가지 시각이 경쟁해 왔다(고경민 2008; 김진용 2013). 하나는 인터넷 확산이 민주화를 가져올 것이라는 '독재자의 딜레마(dictator's dilemma)'의 시각이고, 다른 하나는 적절한 통제를 전제로 인터넷을 체제 유지 또는 강화의 수단으로 활용할 것이라는 '사이버 정체(cyberocracy)'의 시각이다.

'독재자의 딜레마' 시각은 정보기술이 대중의 정보에 대한 접근 증가를 가져와 민주주의에 대한 요구를 낳고 권위주의체제의 민주화로 귀결된다는 낙관론이자 기술결정론과 연결된다. 가령 정보 접근이 민주주의 발전과 상관관계가 있음을 보여주며, 민주화를 '동시 혁명(coincident revolutions)'이라고 명명하며 낙관적인 견해(Kedzie 1997)를 제시하는 것이다. 그 외에도 거시적 수준의 정량적 연구들은 정보기술이 민주화에 기여한다는 입장(Best and Wade 2009)과 인터넷을 하나의 공론장으로 간주하며 사회자본 형성을 전망하는 분석(Yang 2003)도 있다. 그리고 '아랍의 봄'의 사례를 토대로 인터넷에 기반한 소셜 미디어가 정치적 동원을 통해 민주적 혁명의 핵심 동력으로 작동한다는 주장도 있었다(Bellin 2012).

반면 '사이버 정체' 시각은 정보기술과 관계없이 권위주의 체제와 민주주의 체제가 각각 상호 독립적인 또는 대립적인 형태로 발전한다는 회의론이자 사회구성론과 관련이 있다. 이들은 정보기술만으로 민주화의 압력을 만들어낼 수 없고(Castells, 2000, 2001), 권위주의 국가에서는 시민사회의 형성과 발전이 어렵기 때문에 인터넷의 영향력이 제한적이며(Rodan 2003; Shie 2004), 개발도상국들은 정보기술 발전의 궤적이 저마다 다르기 때문에 국가적 특수성을 고려해야 한다(Madon 2000)는 주장을 한다. 이들은 인터넷이 민주주의를 증진시킬 수도 있지만 반대로 약화시킬 수도 있고(Rosenau 2000), 정보기술이 기존 권위주의체제를 유지·강화시키는 수단이 될 수도 있다(Kalathil & Boas, 2003)고 주장한다. 실제로 권위주의 국가들은 인터넷 확산과 민주주의 사이의 연결고리를 철저하게 차단하고, 엄격하게 정보를 통제하면서 인터넷을 확신시키고 있다.

한편 이들 두 시각을 보완하려는 연구들도 존재한다. 낙관론과 회의론, 즉 기술결정론과 사회구성론이 기술-사회 관계의 단면만을 본 것이라면서, 사회가 기술 형성에 영향을 줄 뿐만 아니라 기술로부터 영향을 받기도 한다는 '기술·사회구성론'이 이에 해당한다. 이에 휴즈(Hughes 1987)는 기술과 사회의 상호작용을 '기술 시스템(technological system)'이란 개념으로 설명하는데, 변화란 기술적 요소와 사회적 요소가 유기적으로 상호작용한 결과로서, 특정의 사회에서 탄생한 새로운 기술은 그 사회의 변화를 촉진시키고, 변화된 사회구조는 다시 기술 발전의 새로운 조건을 생성시킨다는 것이다. 아울러 디지털 정보통신 기술에 기초한 네트워크를 권력관계에 기초한 기존의 사회조직(social organizations) 네트워크와 구분하면서, '흐름의 권력(power of flows)'이 중시되는 개방적이고 수평적이며 역동적인 네트워크라고 한다(Castells 2001).

중국 내 인터넷 확산과 체제 간의 관계에 관한 연구도 마찬가지다. 인터넷이 사회 세력의 힘을 강화시킨다는 낙관론과 정부의 힘을 강화시킨다는 회의론이 공존하고 있다(Yang 2009). 실제로 1990년대 초 인터넷을 처음 도입했을 때보다는 중국 내 사회 세력이 성장하였다. 정부의 정책에 반대하고 시위를 조직하는 정치 활동이 발생하고 있는 것이다. 이에 중국 정부 역시 관리 · 감독을 강화하면서 경제적 동력을 확보하면서도 안정을 도모하는 소위 '중국 특색'의 통제를 하고 있다. 그렇기에 권력자에게 실질적 위협이 되지 않는 경우라면 비판을 허용하면서(King et al. 2013), 인민들의 반감을 효과적으로 관리하고 있다고 할 수 있다. 그리고 오늘날 중국의 이러한 관리 방식, 즉 인터넷을 선택적으로 허용하면서 체제를 유지 · 강화하는 방식은 소위 '디지털 권위주의'로서 다른 권위주의 국가들에게 하나의 모델이 되고 있다. 이에 중국이 통제 강화와 체제 유지에 성공하면 할수록 '디지털 권위주의'는 아시아와 아프리카 등의 독재국가들에 확산될 가능성이 크다. 실제로 코로나 감염병에 대한 대응으로 통제를 정당화하려는 국가들에게 중국의 모델이 수출되고 있는 상황은 그 가능성을 잘 보여준다(Khalil 2020).

III. 중국의 국가 목표와 사이버 강국 전략

1. 시진핑 정부의 국가 목표와 국가전략

2020년 10월 열린 중국공산당 제19기 중앙위원회 제5차 전체회의(19기 5중전회) 회의에서 통과된 내용을 골자로 한 〈중화인민공화국 국민경제 및 사회발전의 14차 5개년 계획과 장기목표 요강〉이 올해 3월 전국인민대표대회에서 의결되었다. 중국은 장기목표로 2035년에 사회주의 현대화를 실현할 것이고, 핵심기술을 마련해 혁신형 국가의 선두 집단에 들어갈 것이라고 제시하였다. 그리고 국가의 과학기술 역량을 강화하고, 과학기술 강국의 행동 요강을 제정하며, 핵심기술 영역의 공방전을 성공으로 이끌어야 한다고 강조하였다.

또한 2021년 샤오캉(小康) 사회 건설, 2035년 사회주의 현대화 기본 실현, 2049년 부강하고 민주 문명화된 사회주의 현대화 강국 건설을 목표로 제시했다. 이는 2012년 11월 당대회에서 선출된 시진핑이 중단기 목표로서의 '2개의 백 년'과 더불어 장기적 목표인 '중국의 꿈'을 제시하고(习近平 2014), 중국의 꿈을 '중화민족의 위대한 부흥(中华民族伟大復兴)'이라고 언급했던 것의 연장인 것이다.

시진핑이 강조하고 있는 '중화민족의 부흥', 즉 세계 강국으로의 발전이라는 국가 목표는 새로운 것이 아니다. 마오쩌둥으로부터 시진핑에 이르기까지 신중국의 지도자들은 공히 이를 국가 목표로 지향해 왔다(모준영 2017, 89-90). 하지만 중국의 지도자들이 취했던 국가전략은 시기마다 주어진 국제적, 사회적, 역사적 조건에 따라 달라졌다.

전략이란 대체로 '주어진 목표를 달성하는 데 있어서 가용한 유무형의 수단을 활용하는 방법'이라 정의할 수 있다(Drew and Snow 2006; Lykke 1998). 이에 전략 수립과 집행은 목표를 분명히 하는 것으로부터 출발한다. 그리고 그 목표를 달성하는 데 필요한 수단들을 마련해서 그 수단을 활용할 적절한 방안을 마련해야 한다. 요컨대 국가전략은 최고 수준에서의 정부 관료들이 국가 이익과 국가 목표를 달성하기 위해 가용한 국가 자산을 어떻게 운용할 것인가에 대한 계획을 발전시키는 것으로 이해될 수 있다(Lykke 1998; Jablonsky 2012).

우선 30년 가깝게 장기 집권했던 마오쩌둥은 국가 상황에 따라 전략을 변경하였다. 그는 정권 초기에는 막 수립되었던 신생 중국을 유지 · 발전시키는 것에 중점을 두고, 소련 일변도 전략을 취했고, 어느 정도 국가로서 토대를 마련하고 안정을 확보하였다. 그리고 1950년대 중반 이후부터는 "중국이 세계 대국이 되려면 미국과 영국을 추월해야 한다." 라고 판단하고 자급자족 능력 확보를 강조하며, 반미 · 반소 전략을 취했고 제3세계 국가들과의 국제 통일전선을 구축하였다. 또한 마오쩌뚱은 소련과의 국경 충돌과 안보 위협이 가시화된 1960년대 말부터 친미 · 반소 전략을 취하였다.

그 뒤를 이어 집권한 덩샤오핑은 경제발전과 현대화를 이루기 위해 3단계 발전 전략(三步走战略)을 선택하였다. 그는 현재의 시진핑이 2개의 백 년의 하나로 언급하고 있는 샤오캉(小康) 사회의 실현을 제기하며 2050년까지 중국을 중진국에 진입시키겠다는 장기 계획을 밝혔다. 1979년 처음 언급된 '샤오캉 사회'는 중국의 현실에 근거해 1987년 원바오(温饱)-샤오캉(小康)-다통(大同)의 3단계 발전론으로 구체화 되었다. 이와 더불어 1989년 천안문 사태 이후 국내외의 체제 위기 상황에 처한 덩샤오핑은 서구의 압력과 위협에 정면으로 대응하지 않으면서도 사회주의 노선과 경제발전을 추구할 수 있는 '도광양회(韬光养晦)' 전략을 취하였다. 이와 같은 전략 기조는 장쩌민, 후진타오(胡锦涛)에게 이어졌고, 그러한 전략 하에서 두 자릿수의 경제성장률을 유지할 수 있었다. 아울러 후진타오는 중국의 부상에 대한 경계심을 갖고 있는 다른 국가들에 대해서는 '화평발전(和平发展)'이란 슬로건을 제시해 발전의 모멘텀을 유지하고자 하였다.

시진핑은 국력에 대한 중국의 자신감을 바탕으로 도광양회 전략에서 벗어나 분발유위(奋发有为) 전략을 취하는 모습을 보였다. 2개의 백 년과 중국의 꿈을 강조했던 시진핑 정부는 그 목표를 실현하는 데 있어 해양강국, 사이버강국, 강군몽 등을 국가전략의 하부전략으로 제시하였다. 특히 시진핑 정부는 사이버 강국 실현을 위해 내부의 안정과 외부 위협의 차단이 필요하다고 보고, 사이버 공간에서의 불안정 요소 내지 위협요소를 제거하기 위해 사이버 통제, 사이버 안보 강화, 사이버 기술력 향상 등에 매진하고 있다.

2. 사이버 강국 전략과 정책

사이버 강국은 시진핑 정부가 국가 목표를 실현하는 데 있어 필요한 수단의 하나로 제시한 것이다. 물론 중국에서 사이버 역량 강화의 필요성이 이 시기에 처음 제기된 것은 아니다. 이미 1990년대 초반 미국의 정보화 인프라 구축에 대응해서 제기되었던 바가 있다. 클린턴 행정부가 고속 인터넷 정보유통 시설을 구축하는 '국가정보기반구조 행동계획'(Information Highway)'을 수립하자, 중국도 1993년 12월 부총리를 위원장으로 하는 '국가경제정보화연석회의'를 설립하고 국가 전산망과 정보 안보에 관한 업무를 담당하게 했던 것이다. 또한 1994년 6월, 중국 정부는 '3금 공정(叁金工程)에 관한 통지'를 발표했고, 이때부터 1998년까지 사이버 기술력 강화와 이를 통한 안정적인 발전 시스템을 구축해 나갔다. 그리고 1998년 9월, 공안부는 '과기강경(科技强警)' 마스터플랜 체제를 채택하였다. 소위 '금순공정'을 시작한 것으로, 1999년 1월, 전국

공안청(국)장 회의에서 공안정보화사업인 금순공정을 전국적으로 본격 가동하겠다고 공식 선언했다(채재병 외 2019).

2000년대 초반부터 인터넷 보급이 확산되면서 중국 내 각 분야에 걸쳐 정보화의 영향력이 급속하게 증대되었고, 2000년 10월, 중국공산당 15기 5중 전회에서 '정보 네트워크 안전보장 강화' 부분을 포함하여 정보화에 따른 정보 안전에 대한 정책이 재차 강조되기 시작했다. 그리고 2012년 당권과 군권을 동시에 장악하고 집권한 시진핑 주석은 국가 목표를 실현할 수단의 하나로 사이버 강국 실현을 제시하였다.

2013년 시진핑은 국가 안보 영역을 광범위하게 확대한 '총체적 국가 안보관(总体国家安全观)'을 제시하면서, 사이버 공간을 국가 주권 영향 범위라고 인식하고 중국 내에서 생성, 유통되는 정보에 대한 통제력을 강화하는 한편 정치, 경제, 안보 수단으로 활용하여 서방 국가들에 대하여 전략적 이익을 취득하고자 하였다. 이에 시진핑 정부는 2013년 11월, 국가안보위원회를 설립해 국가 안보 체제와 국가 안보 전략을 개선하고 국가 안보를 확보하고자 하였다.

특히 중국공산당은 사이버 공간에서의 주권을 확보하고 우위를 점하도록 노력할 것을 강조하였다. 2015년에 발표된 중국의 〈13차 5개년 정보화 발전 계획〉은 정보화 발전에 내재된 위험 요소를 방지하기 위한 사이버 안보 역량 강화를 핵심 과제로 제시하고 있고(新华社 2016), 정보화가 '중국 특색의 사이버 발전의 길(中國特色網絡發展道路)'을 벗어나지 않도록 하는 것을 최우선 과제로 제시하고 있다. 이는 중국이 인터넷 강국의 꿈을 실현해 가면서도 한편으로는 중국의 사회주의 체제가 무너지지 않도록 하는 중국 특색의 사이버 발전 기조를 견지하고 있음을 보여준다.

중국은 2016년 7월 중국 정보화의 발전 방향을 담은 〈국가정보화발전전략요강(国家信息化发展战略纲要)〉을 발표하였다. 이는 사이버 강국 건설의 이정표를 제시했다고 할 수 있는데, 2020년까지 핵심 과학기술을 발전시켜 해외 의존도를 낮추고, 2025년까지 국제적인 이동통신망 구축을 선도하며, 사이버 공간에서 영향력을 확대하는 것을 목표로 제시하고 있다(中共中央办公厅,国务院办公厅 2016.07.07).

또한 2016년 12월 〈국가사이버공간안보전략(国家网络空间安全战略)〉이 발표되었는데, 여기에서는 중국이 "사이버 공간의 주권, 보안, 발전 이익을 지키는 데 힘쓰고, 평화적 이용과 공동 관리를 추진한다."라고 밝혔다. 특히 사이버 통제(治理) 체계 완비를 강조하고 있는바, 합법적이고 투명한 인터넷 관리를 견지하며, 사이버 안보 관련 법률 법규 체계를 완비한다고 제시하였다(国家互联网信息办公室 2016.12.17). 이는 현대 법률의 수정과 해석을 가속화해 사이버 공간에 적용할 수 있도록 한 것이다. 그리고 2020년 12월 시진핑 정부가 발표했던 〈법치사회건설실시요강(法治社会建设实施纲要)〉 역시 사이버 공간을 법으로 관리하겠다는 내용을 포함하고 있다. 즉 "사이버 공간은 법외의 곳이 아니다."라면서 "사회통치를 현실 사회에서 사이버 공간으로 확장"하겠다고 밝히고, "개정, 폐기, 해석 등을 병행해 기존 법령의 온라인 공간 확대 적용을 추진한다."라고 하고 있다. 또한 "바람직한 인터넷 법치 의식을 배양한다."라면서, "시대의 주선율(主旋律)과 긍정적인 사회 에너지를 홍보"하고 "인터넷 콘텐츠 강화와 혁신, 사회주의 핵심 가치관, 중화(中華) 문화 뉴미디어 전파" 등을 통해 체제 선전을 강화하겠다고 하고 있다(新华社 2020.12.07). 아울러 '블랙리스트' 시스템과 처벌 메커니즘을 홍보하고 네트워크의 제도화를 추진한다고 하여 후술하게 되는 '사회신용체계(社会信用体系, social credit system)' 강화를 예고하고 있다.

이를 조직 정비와 법과 제도 부문으로 구분해 구체적으로 살펴보면, 다음과 같다.

1) 조직 정비 및 신설

인터넷의 확산과 더불어 국무원의 거의 모든 부처가 사이버 정책 결정에 중복으로 관여하게 되는 현상이 나타나자, 시진핑 정부는 2014년 2월 사이버 영역에 있어 컨트롤 타워 역할을 할 '중앙인터넷안전정보화영도소조(中央网络安全和信息化领导小组, 이하 영도소조)'를 신설했고 시진핑이 조장을 맡았다. 그리고 첫 회의에서 시진핑은 "사이버 안보가 없으면 국가 안보는 없다(没有网络安全就没有国家安全)."라면서 사이버 강국으로의 발전을 강조했다(杨婷 2014). 아울러 "국가 안보와 국가 발전 측면에서 네트워크 보안 및 정보기술을 혁신하고 개발하는 것이 중요하다."라고 했다. 사이버 안보를 바탕으로 한 안전한 네트워크 구축이 향후 중국 국가 이익의 핵심 역할을 할 것으로 전망한 것이다. 또한 '국가인터넷정보판공실(国家互联网信息办公室)'을 신설해, 온라인 콘텐츠를 통제하고, 사이버 안보를 보강하며, 디지털 경제를 발전시키도록 했다(王珊珊 2014).

2018년 3월 영도소조는 '중앙인터넷안전정보화위원회'로 격상되었는데, 시진핑 주석은 위원회 격상 이후 처음 열린 2018년 4월 회의에서도 "사이버 안보가 없으면 국가 안보도 없고 경제와 사회의 안정적 운용도 없으며, 수많은 인민 군중의 이익도 보장받기 어렵다."라면서 사이버 안보의 중요성을 재강조했다. 그러면서 중국이 추진하고 있는 '일대일로' 건설 등을 계기로 해당 지역 개발도상국들과 함께 인터넷 인프라 건설, 디지털 경제, 사이버 보안 방면에서 협력을 강화해 나갈 것을 제시해, 소위 21세기 '디지털 실크로드' 건설 구상을 내비치기도 하였다.

또한 기존의 국가 전산망과 정보 안전 관리센터 업무를 공업정보화부에서 떼어내 인터넷안보정보화위원회로 이관했다. 이 같은 일련의 조직 개편과 변화는 중국의 사이버 정책 결정은 물론 사이버 의사결정기구가 근본적인 문제 인식과 해결 방법을 찾기 위한 다양한 방법론을 고민하고 실질적으로 구현했다는 것을 보여준다.

2) 법과 제도 보완 및 신설

아울러 시진핑은 2014년 2월 '중앙인터넷안보정보화영도소조' 첫 회의에서 사이버 보안과 정보화는 한 몸의 두 날개이자 동체 하나의 두 바퀴이기에 반드시 계획과 추진에 있어 통일성을 갖춰야 한다고 강조하며, '사이버 강국' 실현에 대한 강한 의지를 표명하였다. 또한 그는 인터넷 여론 업무를 잘 관리하는 것이 장기적 임무라면서, 인터넷 선전 혁신, 인터넷 전파 운용, 주선율(主旋律) 홍보, 사회주의 핵심 가치관 육성에 이용 등을 강조하며 사이버 공간을 투명하게(清朗) 해야 한다고 하였다. 특히 그는 "사이버 안보가 보장되지 않을 경우 국가 안보는 물론 정보화, 현대화도 있을 수 없다."라고 강조하였다(杨婷2014).

이 발언은 중국 내 사이버 통제를 강화하는 전기가 된다. 사이버 공간에서의 활동을 안정적으로 관리할 수 있는 가장 기본적인 수단은 법적 장치라 할 수 있다. 법의 제정은 사이버 공간 활용에 대한 규범 틀을 만드는 것으로, 그 법을 통해 인터넷 검열, 감시 등을 정당화할 수 있고, 정보의 접근을 차단할 수 있다. 이에 시진핑 정부는 사이버 관련 법을 본격적으로 정비·신설하고 있다.

2015년 7월 〈국가안전법(中华人民共和国国家安全法)〉이 발표되었는데, 이 법은 중국에서 처음으로 제정된 국가안보에 관한 기본법으로 국가안보 업무와 목표, 국가안보 제도, 국민과 조직의 권리·의무 등을 규정하고 있고, '사이버 공간 주권'이라는 개념을 명문화하고 있다.

또한 2017년 6월 중국 정부는 형법 및 각종 방법이나 규정 등에 분산되어 있던 조항들을 하나의 법률로 통합한 국가주석령 제53호 〈사이버안전법(中华人民共和国网络安全法)〉을 공포했다. 이 법은 사이버 공간 주권과 국가 안전, 중요 정보 인프라 시설 및 데이터 보호, 사생활 정보보호, 네트워크 운영자의 협조 의무 등 사이버 안보 관련 영역 및 핵심 분야를 규범화하고 있다. 또한 이 법의 적용은 중국에 진출한 외국 기업에 대해서도 예외가 아니어서, 외국 기업도 중국 서버에 데이터를 저장하도록 했다(Wong & Martina 2016). 이는 법과 제도를 정비하는 과정 중에 온라인 익명성을 침해하는 일이 나타나고 있는데, 사이버공간국(中国网络空间局)이 그 중심에 있다(Sacks & Triolo 2017). 실제 2012년부터 중국 최대 마이크로 블로그 플랫폼인 시나 웨이보가 사용자들의 실명 등록을 요구하기 시작했고, 2015년에는 중국 내 모든 소셜 미디어 사이트들이 실명 등록을 요구했다(Chin 2015). 이에 개인들의 사이버 공간에서의 활동 내용이 공안부로 넘어가게 되었고, 중국 당국은 시민 행동에 대한 데이터를 축적할 수 있게 되었다. 이는 사회신용체계 제도를 뒷받침하면서 중국 인민에 대한 감시와 감독을 보다 강화하게 했다.

IV. 디지털 권위주의의 강화 수단

1. 사이버 통제 강화

권위주의체제 국가들이 인터넷의 정치적 영향으로부터 체제를 보호하기 위해 선택하는 방법은 대체로 두 가지, 즉 사이버 안보의 확보와 사이버 통제의 강화로 압축될 수 있다. 중국 역시 이들 두 가지에 역점을 두고 있는데, 시진핑 정부는 외부로부터의 위협에 대응하고 서구 사회와의 규범 경쟁 상황을 대비하는 정책과 내부로는 국내 정치의 안정성 유지를 위한 정책을 동시에 설정하고 있다.

특히 중국은 세계에서 가장 많은 네티즌을 보유하고 있다. 2020년 6월 기준 9억 4천만 명 이상의 중국인들이 사이버 공간에서 활동하고 있고, 그중 99.2% 정도가 휴대폰을 이용해 이동 중에도 사이버 공간에 접속하고 있다(中国互联网络信息中心 2020). 이에 대외적으로 크고 작은 정보 유출 가능성이 큰 상황이다. 또한 인터넷의 개방성이라는 특성 때문에 정치적 · 사회적 불안정 요소로 작용할 가능성도 존재한다. 이에 시진핑 정부는 정보 콘텐츠 검열 제도 및 안전 기술 방범 조치 시행, 급진적인 콘텐츠를 포함한 정보 유포 방지 등의 사이버 통제를 강화해 나가고 있다.

1) 접근 제한: 포섭과 억압

2012년 시진핑이 집권한 이후 사이버 영역은 점점 더 중요한 위치를 차지하게 되었다. 중국공산당은 "인터넷과 정보의 흐름이 국내의 안정과 체제 정통성에 미칠 수 있는 위협을 제한하고, 중국의 정치적, 군사적, 경제적 영향력을 확대하기 위한 사이버 공간을 형성해, 그 사이버 공간에서 중국의 활동 영역을 확장하면서 미국의 이익에 맞서"고자 하였다(Segal 2017). 2017년 10월 19차 당대회 개막사에서 시진핑은 중국이 인터넷상의 이데올로기 관련 정보를 추가하는 한편 인터넷종합처리 시스템을 구축해 투명(清朗)한 사이버 공간을 형성하도록 노력할 것이며, 이데올로기 업무의 책임 제도를 실시해 잘못된 관점에 대해서는 엄격히 제한할 것이라고 발언해 사이버 통제 강화를 재강조 했다.

권위주의체제는 이따금 인민들이 인터넷의 정치적 영향이란 것을 경험하지 못하게 하기도 하는데(Morozov 2012; Boas 2006, Harwit & Clark 2001), 중국의 경우 기술적 구조를 통제하고, 민영 인터넷 회사를 흡수하며, 인터넷 '실명제'를 도입하고, 정교한 감시 체제를 개발함으로써 사이버 공간에 대한 통제에 어느 정도 성공했다(Hachigan, 2001). 중국은 보상과 협박, 바꿔 말해 포섭(co-optation)과 억압(repression)을 적절히 조합해 사이버 공간 활용을 통제하고 있다(Gerschewski 2013).

우선 포섭은 물질적 유인, 보상, 정책 승인 등을 통해 전략적으로 필요한 엘리트들이나 엘리트 집단을 체제 내로 묶어내는 능력을 가리킨다. 이는 대체로 제도를 활용하게 되는데(Art 2012), 일례로 중국 정부는 소위 '위에탄(约谈)'이라는 것을 활용하고 있다. 이는 2015년 6월에 사이버공간관리국이 제시한 규정에 포함된 것으로, 기관은 위에탄을 통해 관리가 필요한 대상에게 문제점을 지적하고, 경고하며, 행동의 수정 지침을 제공한다. 위엔탄 이후에도 만족스러운 변화가 보이지 않으면, 기관은 그 대상에게 강한 경고를 할 수 있고, 벌금을 물리거나 기업 허가를 유보하거나 취소할 수도 있다. 2020년 알리바바(阿里巴巴) 창업자이자 앤트그룹의 마윈(马云)도 인민은행, 증권감독위원회, 은행보험감독위원회, 외환관리국 등 4개 기관의 소환을 받아 위에탄을 했던 것으로 알려졌는데, 이후 주력사업인 소액 대출에 대한 규제가 강화되어 마윈에게 압박을 가했고, 상하이 증권거래소는 "앤트그룹의 상장을 잠정 중단한다."라고 밝히기도 했다(중앙일보 2020.11.04).

또한 중국 정부는 민간 기업에 비공식적인 요청을 하기도 하는데, 인터넷 서비스 공급업체(ISPs)와 온라인 호스팅 서비스 업체에 국가안보 내지 이념적, 문화적 민감성을 위협하는 게시물이나 정보를 제거하도록 압력을 가하는 것이다. 그러한 비공식적 요청과 압력은 특히 권위주의 국가들에서 효과적인데, 실제로 야후, 마이크로소프트, 구글 같은 미국의 소프트웨어 및 인터넷 서비스 사업자들도 중국의 검열 요구를 수용했다고 알려져 비난을 받은 바 있다. 예컨대, 야후는 자기검열 서약에 서명하고 검색 결과를 필터링하는 데 동의했으며 야후 이용자들의 개인 정보를 중국 정부에 제공했다. 또한 구글의 경우는 2018년 중국에서 사용할 검색 서비스 '잠자리 계획(project dragonfly)'을 준비하고 있었는데, 이는 '자유 언론', '시위', '민주주의', '인권', '종교' 등과 같은 용어들의 검색 결과를 보지 못하도록 설계된 것이었다(Gallagher 2018; Wade 2018). 2019년 구글은 이 계획을 중단했다고 발표했지만, 이러한 사례들은 미국의 대규모 기업들조차 중국 시장에 진입하는 데 있어 중국이 원하는 바를 따라야 함을 보여준다고 할 수 있다.

다음으로 억압은 잠재적 상대로부터 오는 위협을 사전에 협박 등을 통해 억누르는 것으로, 국가에 위협이 되는 대상을 처벌하거나 억제하는 능력을 의미한다. 이는 인터넷 통신 기술이 권위주의체제에 반대하는 잠재적 운동의 협력을 촉진할 수 있기 때문에 사전에 차단하려는 목적에서 시행되는 것이다. 이에 중국 정부는 사이버 공간을 광범위하게 단속하고 있는데, 2016년 11월 발표된 〈사이버안전법〉은 웹사이트와 소셜 미디어에 대한 통제를 강화하는 데 활용되었다. 가령 2017년 3월에 중국 정부는 중국에서 두 번째로 큰 디지털 회사인 텅쉰(腾讯)과 다른 중국 기술회사들에게 그 업체들이 운영하는 웹사이트들 중 역사, 국제관계, 군대에 관해 토론이 이뤄지는 콘텐츠들을 폐쇄하도록 요구했다. 또한 몇 개월 후 19차 당대회를 앞두고 중국 정부는 금지된 콘텐츠를 게시했다는 이유로 텅쉰, 검색 회사 바이두(百度), 그리고 마이크로 블로그 사이트인 웨이보(微博)에 벌금을 부과했다(Cadell 2017).

중국 정부는 또한 사이버 공간을 보다 광범위하게 단속하기 위한 새로운 도구를 개발해 오고 있다. 2017년 5월 2일에는 중국 사이버 공간 관리국은 규정을 업데이트해서 기존의 웹사이트뿐만 아니라 문자를 발송하는 응용프로그램(App)들, 블로그, 마이크로 블로그, 인터넷 포럼 등 뉴스를 배포하는 모든 웹사이트도 정부의 허가를 받도록 했다. 2017년 초, 산업정보기술부는 허가되지 않은 인터넷 연결을 폐쇄하기 시작했다. 이는 특히 외부의 서버를 활용해 중국의 방화벽을 우회하는 가상사설망(VPN, 이하 VPN)에 영향을 미쳤다(Jiang 2017). VPN 사용의 제한 강화는 2016년 〈사이버안전법〉이 통과된 이후 더욱 공고해졌다. 중국은 VPN 및 프록시 서비스들을 중국 내에서 단속하겠다고 발표했으며, 모든 VPN 제공 업체 및 전용선 운영 업체들에 이 서비스를 이용하기 위해서는 정부의 허가를 받도록 의무화했다. 이러한 활동은 외국회사에게도 강제된 것으로, 2017년 7월, 애플은 중국의 검열법을 준수하기 위해 중국 사용자들이 이용하는 앱스토어를 통해 금지된 VPN 앱 판매를 중단토록 했고, VPN 앱들을 제거했다(Cadell 2017).

중국은 이처럼 전면적인 통제 방식보다는 선별적인 규제 방식을 취함으로써 내적으로는 체제를 유지하고, 외적으로는 외국 기업들의 협조를 이끌어내고 있다. 그리고 그들의 통치를 위협할 것 같은 온라인 활동에 대한 통제를 강화하고 기술적 수단을 정교하게 만들어 가고 있다. 국경을 넘나드는 인터넷 연결을 통제하고 중국 인민들이 정부에 위협을 가할 수 있다고 생각되는 사이트에 접속하지 못하도록 방화벽을 정기적으로 업데이트하고 있다. 또한 중국 인터넷 사용자들의 수만 개의 웹사이트 출입을 제한하고 있고, 감시 도구를 제공하고 있다. 버클리 대학의 한 연구 결과에 따르면 유튜브, 구글, 페이스북, 플리커, 트위터, 워드프레스 등을 비롯 1,382개의 폐쇄된 사이트의 이름이 확인되었다고 한다(Denyer 2016).

2) 감시 체제의 강화: '사회신용체계'와 '전방위 비디오 감시체계'

디지털 권위주의를 유지·강화하기 위해서는 기술의 진보에 따라 감시 수단 개발도 이뤄져야 한다. 디지털 감시 수단으로는 다음의 다섯 가지 정도가 있다. 우선 대량의 데이터를 가로채는 것(Bulk Data Interception)이 있다. 대량 데이터 가로채기는 디지털로 연결된 모든 통신 및 트랜스액션의 기본 블록인 '패킷'을 통해 작동하는데, 패킷에는 날짜/기간, 송/수신자 및 전송 위치와 관련된 내용 및 메타데이터가 포함된다. 둘째, 인터넷 통신 기술 감시가 있다. 이는 트위터, 페이스북, 인스타그램과 같은 소셜 미디어 플랫폼뿐만 아니라 간단한 SMS 도구와 같은 P2P 커뮤니케이션 도구에 초점을 맞추고 있는데, 개인 또는 그룹의 콘텐츠

(관련 텍스트 메시지), 메타데이터(팔로워/프렌즈 리트윗, '좋아요' 패턴) 등이 활용된다. 셋째, 위치 및 원격감시도 있다. 모바일 장치 신호와 GPS 데이터를 중심으로, 개인이나 집단의 활동 경로나 좌표를 추적하는 것이다. 넷째, 생체인식정보(Biometrics)를 활용한 감시가 있다. 가령 안면/망막 인식, 음성 인식, 피부 반사 및 열 등으로 감시가 가능하다. 끝으로 사물인터넷(Internet of Things)을 활용한 감시가 있다. 전용 앱을 사용하여 가전제품을 원거리에서 운용할 수 있는 사물인터넷을 통한 감시는 정부가 개인들이 가정과 직장 밖에서 보낸 시간, 온라인 구매 유형, 소셜 네트워크 등 일상의 데이터를 수집하는 데 활용될 수 있다. 이를 통해 정부는 시민의 일상생활을 광범위하게 관리 · 감독할 수 있다(Ünver 2018).

중국 정부 역시 이와 같은 유형의 감시 수단들을 조합해서 권위주의적 통치를 유지하고 있고, 사이버 공간을 억압적이고 통제된 공간으로 만들고 있다. 우선 중국 정부는 세계에서 가장 큰 '데이터 감시(dataveillance)' 기반 시설인 사회신용체계(社会信用体系, social credit system)를 구축 · 운용하고 있다(Jiang 2017). 2018년 11월, 중국 정부는 중국 기업의 전산망에 대한 공안부의 권한을 강화하는 새로운 규정인 〈공공보안기관에 의한 인터넷 보안 감시 및 검사에 관한 규정〉을 시행하였는데(Insikt Group 2019), 이는 공안부에게 회사 컴퓨터에 대한 현장 및 원격 현장 검사를 수행하고, 사용자 정보를 복사하며, 회사의 규정 준수를 보장하기 위해 검사 중에 경찰 지원을 받고, 회사의 검열법 준수 여부를 감시할 수 있는 새로운 기회를 제공하였다(Insikt Group 2019). 중국 정부가 시행한 다양한 법률과 규정들은 검열관, 법 집행관, 정보기관, 그리고 다른 단체들에게 사생활 권리를 침해하고 사이버 공간에 포함되거나 전달된 정보의 부당한 검색을 하기 위한 법적 수단으로 작동한다.

다음으로 전방위 비디오 감시체계는 위치 및 원격감시와 생체인식정보 등을 활용한 감시로, 정확도를 높이기 위해 온라인 통신, 여행 기록,

교육 및 보건 기록, 얼굴 스캔 및 생체 정보 등의 데이터를 활용한다. 이 데이터는 인공지능(AI) 알고리즘에 의해 집계되고 합성되어 시민들을 감시할 뿐만 아니라, 문제 행동을 경고하거나 예측하기 위해 시민들을 예의 주시한다. 중국 당국은 비디오 감시와 빅데이터 분석 도구를 결합해 14억 명의 자국민을 감시할 수 있도록 하고 있는데, 이는 세계 비디오 감시 시장의 3분의 1을 점유하고 있는 하이크비전 디지털 테크놀로지 컴퍼니(Hikvision)와 다화 테크놀로지 컴퍼니(Dahua) 등이 중국의 광범위한 폐쇄회로 텔레비전 인프라 구축을 돕고 있기 때문에 가능한 것이다(Cave et al. 2019). 중국은 현재 전국에 2억 대 이상의 카메라를 배치하고 있는데, 인공지능(AI) 프로그램은 이 시스템을 훨씬 더 효과적이고 억압적인 수단으로 만들었다(Feng 2019).

'스카이넷(SkyNet)'과 같은 프로그램이 대표적이다. 2005년에 공안부와 정보기술산업부가 시작했던 비디오 감시 프로그램인 스카이넷은 '무인 경찰'로도 불리는데, 인공지능 기반 안면 인식을 핵심으로 하고 있다. 교차로, 장소 수집, 체크 포인트 등에서 이미지를 수집하고 지리정보시스템(GIS)을 활용해 실시간 모니터링을 개선한다. 그러나 스카이넷은 자금과 인구밀도 측면에서 지방까지 확대하는 데 어려움이 있었다. 이에 현재는 훨씬 더 광범위한 보안 감시 구상인 '샤프아이즈(Sharp Eyes)'를 활용하고 있다. 샤프아이즈는 농촌과 지방을 아우르는 감시 시스템으로, 2013년 핑이현(平邑县)에 감시카메라를 설치한 것이 그 시작이다. 샤프아이즈가 기존의 시스템과 다른 점은 스마트폰, 차량, 텔레비전 및 어플라이언스의 사물 인터넷(IoT)에 있는 카메라를 공공 보안 감시 카메라와 연결해 운용한다는 것이다. 네트워크의 인공지능 장착 카메라들이 성별, 의상, 신장 등을 추산하고 스크린에 담긴 정보를 데이터베이스로 전송한다. 정부는 안면 인식 기술을 활용해 2020년까지 특정 지역을 감시하고자 할 때, 연계된 데이터베이스를 이용해 중국 전역의 카메라 자료를 교차검증할 수 있게 하겠다는 것이다.

중국에서 첨단 기술을 적용한 감시 체제의 첫 번째 사례인 신장 웨이우얼(新疆 維吾爾, 이하 위구르) 자치구에서는 2017년 중반 이후 디지털을 이용한 감시가 전면적으로 강화되었다(Greve 2019). 중국 정부는 다양한 디지털 경로를 통해 위구르인의 이름, 성별, 직업뿐만 아니라 친인척 관계, 지문, 혈액형, DNA 정보까지 데이터베이스화하고 있다. 위구르인은 휴대전화에 중국 정부가 배포한 소프트웨어를 반드시 깔아야만 한다. 인구수보다 훨씬 많은 CCTV를 위구르의 가정과 거리, 시장 등 사람들이 머물고 통행하는 거의 모든 곳에 설치하였다. 또한 신장에 있는 모든 차량은 중국판 위치추적 시스템인 '베이도우(北斗)'를 탑재해야 한다. 아울러 신장에 소재한 보안기관은 CCTV가 추적할 수 없는 지역을 감시하기 위해 작은 새 모형의 감시 드론을 배치하였다(Chen 2018). 중국 정부는 이러한 정보 수집을 토대로 재교육할 위구르인을 파악하고 있고, 공공장소에 모여 자신의 지인들을 비판하고 자신의 정치적 잘못을 시인하도록 강요받고 있다(Greer 2018).

사회신용체계는 중국 정부가 위구르 자치구의 사람들이 직면하고 있는 것과 유사한 방식으로 모든 인민을 억압할 수 있는 기회를 열어주고 있고, 중국 정부는 이러한 새로운 권위주의적인 모델들을 실행하는 데 있어서 속도를 내고 있다. 가령 여행객에게 다운받도록 요구하는 펑차이(Fengcai)라는 앱은 다운로드 시 "모든 텍스트 메시지, 연락처, 통화 기록, 캘린더 항목 및 설치된 앱 등 중요한 데이터를 암호화하지 않은 상태로 로컬 서버로 전송한다."(Samuel 2019). 또한 세금을 잘 내지 않고 채무가 있으며 교통 위반을 한 인민들은 항공권 구매를 하기 어렵다거나 은행 대출이나 신용카드 발급 신청 시 거부될 수 있다. 이러한 기준은 이미 적용되고 있다. 2018년 중반 1,100만 명 이상의 사람들이 낮은 사회신용평가 때문에 항공권 구매를 하지 못했고, 425만 명 정도의 사람들이 고속철도 표를 구매하는 데 어려움을 겪었다(Cockburn 2018).

3) 사이버 기술 수출

중국은 5세대(5G) 통신인프라 개발과 구현에 있어 화웨이, ZTE 등 기술업체들을 중심으로 선두에 나서고 있다. 인공지능(AI), 기계학습(machine learning), 딥러닝 등 신흥 기술 분야에서 중국의 특허 출원이 급증했는데, 2019년 기준으로 140만 건이 넘었다. 이는 세계에서 두 번째로 많이 출원한 미국(62만 1,453건)의 두 배가 넘는 수치였다. 뒤를 잇는 국가로는 일본(30만 7,969건), 한국특허청(21만 8,975건), 유럽특허청(18만 1,479건)이 있었다. 이 다섯 개 국가의 특허 출원량은 모두 합쳐서 전 세계의 84.7%를 차지했다(WIPO 2020).

이처럼 기술 발전을 이룬 중국이 기술 판매 비용을 낮추면, 중국의 디지털 권위주의 모델에 대한 글로벌 수요가 증가할 가능성이 있다. 특히, 아시아, 중동, 아프리카와 라틴 아메리카에 걸쳐 비민주적이거나 하이브리드 속성을 갖고 있는 체제에서 이에 관심을 갖고 있다. 이들 국가는 모두 자신들의 차세대 국내 텔레컴과 미래 감시 시스템을 구축하는 데 중국의 기술을 차용하고자 하는 것이다. 가령 말레이시아는 중국의 안면 인식 기술을 수입하여 군대에 도입했고, 싱가포르는 중국 정부가 설치한 스카이넷(SkyNet)과 유사하게 거리의 카메라 네트워크를 포괄하는 기술을 도입했다(Feldstein 2019). 동아프리카에서는 에티오피아 보안기관이 반대파 행동가들과 언론인들을 감시하기 위하여 ZTE로부터 중국제 장비를 도입하고 있다. 남아프리카에서는 짐바브웨와 앙골라 두 국가가 그들의 지배체제를 유지하기 위해 중국 회사들과 협력 계약을 체결했다(Chutel 2018). 짐바브웨는 중국의 신생 기업 클라우드워크(CloudWalk)와 안면 인식 프로그램을 운영하고 있다(Jie 2018). 또한 베네수엘라에서는 마두로(Maduro) 정권이 ZTE와 계약을 맺고 개인 정보와 더불어 개인 행위를 추적할 수 있는 '조국 데이터베이스'(fatherland databases)를 구축하기로 했다(Berwick 2018). 에콰도르는 중국의 감시 체제의 기본 방식을 도입하여 정부가 설치한 4,300대의 카메라에 수합된 자료를 정보기관에 전달하고 있다. 에콰도르의 사례는 중국 정치체제 유지를 위해 개발한 기술이 다른 나라의 정부에 어떻게 적용되고, 때로는 남용되는지를 보여주고 있다(Mozur, Kessel and Chan 2019/2/24).

중국의 일대일로 구상(Belt and Road Initiative)에는 "세계 인터넷의 미래를 형성할 수 있는 '디지털 실크로드'를 만들고 향후 중국공산당의 국내 지도력을 강화하려는 노력"이 포함되어 있다(Patrick and Feng 2018). 이와 같은 디지털 실크로드의 천명은 해외 시장 진출을 위해 이미 진행 중인 중국의 노력을 공식화했을 뿐이다. 예를 들어 2015년 중국 3위의 통신회사인 중국통신그룹(CTG)은 아랍에미리트(UAE), 남아프리카공화국, 케냐, 이집트, 나이지리아 등에서 기존의 네트워크를 확장한 아프리카와 중동 본사의 설립을 발표했다(Bisawa 2015). 화웨이(Huawei)는 자사의 정보통신 기술(ICT) 마스터 플랜 및 비전 2030에 대해 케냐에 조언하고 있고, 모리셔스에는 4,000대의 카메라를 설치했다. 잠비아는 중국제 통신, 방송, 감시 기술에 10억 달러를 투자하고 있다(Prasso 2019). 이밖에 중동의 두바이를 비롯하여 적어도 18개국이 중국의 감시 및 모니터링 시스템을 사용하고 있으며, 약 36개국 정부가 중국이 진행하는 '뉴미디어'나 '정보관리'(information management)에 관한 훈련과 세미나에 참석하고 있다(Shahbaz 2018).

중국의 국영 및 반국영 통신회사들의 해외 시장 진출 역시 중국의 데이터 조작 등 통제 가능성을 높여준다. 중국형 사회신용체계는 사생활 침해라는 비판에도 불구하고 정부의 효율성을 높여주는 대안으로 개도국들에 영향을 미칠 가능성이 크다. 에콰도르, 세르비아, 짐바브웨, 우즈베키스탄, 키르기스스탄, 파키스탄 등 다른 외국에서도 중국 정보통신기술(ICT)을 획득해 국가 기반 시설에 통합해 악용할 가능성이 열려가고 있다. 국내외에서 자국의 ICT 하드웨어와 시스템을 발전시키고 확산시키려는 중국의 노력은 경제를 지속적으로 확장하려는 욕구일 뿐만 아니라 '디지털 권위주의'라고 명명되는 디지털 거버넌스의 모델을 수립, 확대, 국제화하고 제도화하려는 국가적 야심을 반영한 것이기도 하다.

V. 잠정적 결론

사이버 강국 실현을 천명했던 시진핑 정부는 사이버 공간의 확장으로 인한 체제 위협 요인을 줄이기 위해 정보의 자유로운 유통에 제한을 두고 검열과 통제를 강화하고 있다. 이에 프리덤하우스는 2018년 〈인터넷상의 자유〉 보고서를 통해 중국의 디지털 권위주의는 인터넷이 민주화를 추동할 것이라는 통념을 뒤집고 있다고 지적한 바 있다. 그렇다면 중국이 정보통신기술의 보급과 확산에도 불구하고 권위주의를 강화할 수 있는 동인은 무엇인가. 이 절에서는 그 동인으로 다음의 3가지를 제시한다.

1. 시진핑의 리더십

우선 시진핑 개인의 리더십을 꼽을 수 있다. 2012년 이미 당권과 군권을 모두 장악했던 시진핑은 제19차 중국공산당 전국인민대표대회에서 '시진핑 신시대 중국 특색 사회주의 사상'이란 표현을 당장에 포함시킴으로써 마오쩌둥(毛澤東)에 버금가는 상징적 지위를 확보했다. 그리고

2018년 3월 11일 중국 전국인민대표대회(전인대)에서는 1982년에 채택되었던 국가주석 임기 제한 철폐 개헌안이 통과되었다. 이는 해외에서 충격으로 받아들여졌다. 〈이코노미스트〉는 "지난 2월 25일 발표된 시진핑 중국 국가주석의 임기 제한 철폐 결정은 중국 정치의 베일을 벗겼다."라고 썼고, 〈타임〉은 마오쩌둥 독재주의로의 회귀라고 비유하며 "중국의 강성대국 정치 복귀는 수천만 명의 목숨을 앗아간 마오쩌둥(毛泽东) 치하에서의 고통스러웠던 어두운 기억을 떠오르게 한다."라고 분석했다.

반면 중국 내에서는 초기에 잠깐 저항의 목소리가 나오는 듯했다가 잠잠해지고 수용하는 입장을 보이고 있다. 이는 시진핑이 집권 초기부터 강조해온 '당의 역할 강조'와 관련이 있다. 시진핑은 당이 강력한 통제력을 갖도록 만들었고, 중국을 그 어느 때보다도 세계에서 영향력을 행사하도록 만들었다(Magnus 2019). 시진핑은 과거 소련 공산당이 구소련을 지배한 만큼 중국을 지배하고자 하고 있고, 중국공산당을 자유화와 개방의 위험으로부터 떨어뜨려 놓으려 하고 있다는 것이다. 이는 중국 사이버공간관리국의 관계자들이 "당의 생각이 항상 사이버 공간에서 가장 강력한 목소리가 되도록 통제력을 개발할 필요가 있다(Cook 2018)."라고 한 것과 연결되어 이해될 수 있다.

2. 중국의 정치 문화

다음으로는 중국의 통치자들이 스스로 후견자를 자임하면서, 자신들의 정책이나 명령이 공동체의 이익에 도움이 될 것이라고 선전하고, 그 정책이나 명령의 실현을 위해 자신들이 갖고 있는 권력자원을 효율적으로 활용하였던 정치 문화를 들 수 있다. 이는 시진핑이 '중화민족의 위대한 부흥'이라는 슬로건을 통해 민족주의를 고무하고 정치적 지지를 끌어낸 것과도 무관하지 않을 것이다. 이는 중국 내에서 권위주의가 복원력을 유지하는 동력의 하나로 전통문화와 민족주의가 거론되는 것과 관계가 있다(Nathan 2020). 또한 외부에서 보는 것과 달리, 중국 내에서는 권위주의체제에 대한 지지가 높게 나타나는데(Tianjian Shi 2015; Bruce J. Dickson, 2016: Wenfang Tang, 2016), 이는 중국인들의 정치적 태도, 정치 문화와 관련이 있다. 파이(Pye 1985)는 전통문화가 '최고 지도자'를 중심으로 한 중앙집권적 권위에 의존하는 중국인들의 정치적 태도를 형성했다고 지적하면서, 중국인들은 더욱 강력한 중앙집권적 권위를 필요로 할 수 있다고 한 바 있다. 이러한 정치 문화가 지속되는 이유는 중국 인민들이 그들의 상황을 다른 사회와 비교하지 않고, 그들이 과거에 경험했던 것과 비교하기 때문이다. 중국 인민들은 역사 속에서 외부 세력에 의해 중국이 분열되고 중앙의 정치적 통제가 무너지고, 무질서해졌을 때, 기아와 기근, 내전과 폭력에 시달렸다는 것을 기억한다는 것이다. 그렇기에 중국 인민에게 있어 가장 큰 두려움은 혼돈(亂)이라는 것이다. 중국인들에게 강력한 중앙 통제와 정치적 혼돈 사이에서 하나를 선택하라고 하면, 현재의 강력한 중앙 통제를 선택하는 경향이 있다는 것이다(Mahbubani 2020, 135-136). 그렇기에 위구르 자치구에서 마오쩌둥의 시대를 연상시키는 상황이 벌어지고 있더라도 자국 정부에 대한 중국 인민의 신뢰도는 압도적이다. 2018년 에델만 보고서에 따르면, 중국은 1위로 그 점수가 15위에 랭크된 미국의 두 배 이상이었다(McCarthy 2018).

2,000여 년의 긴 세월 동안 황제의 지배를 받아왔고, 그 연장에서 이해될 수 있는 마오쩌둥 시기를 경험하고, 이후 몇 차례의 민주화 시도가 좌절되는 것을 보았던 중국 인민들에게 정치참여는 쉬운 일이 아니었을 것이다. 이에 인민들의 정치적 무관심이 두드러진다. 라스웰(Harold Lasswell)은 정치적 무관심 혹은 비정치적 태도를 탈정치적 태도, 무정치

적 태도, 반정치적 태도 등 세 가지로 분류한 바 있는데, 현대 중국은 대체로 무정치적 태도와 탈정치적 태도의 중간쯤에 위치해 있는 상황이라고 볼 수 있다. 현대 중국에서 몇 차례의 민주화 운동이 좌절되는 것을 목도한 이후를 살아가는 인민들에게 정치는 자신의 뜻대로 실현되지 않는 것이고, 환멸을 느껴 관심을 갖지 않게 된 것으로 탈정치적 태도로 분류될 수 있을 것이다.

더욱이 중국에서 정치적 동원은 통제와 관련이 있다. 즉 정부의 통제와 검열, 그리고 국가가 통제하는 정치적 선전과 정치교육의 광범위한 영향을 의미한다. 마오쩌둥 시기에 가장 두드러지게 나타났던 정치적 동원이 시진핑 정부에서도 강화되고 있다. 즉 직장이나 학교 단위로 중앙정부나 당에서 발행한 최신 문건들을 함께 학습하는 정치 회의가 정기적으로 열리고 있다. 또한 권위주의 정부가 정보의 대안적인 채널에 대한 대중들의 접근을 제한하면서, 주류 매체를 통한 정치 관련 정보 획득은 오히려 그 정보에 내재된 주류의 정치적 입장의 수용을 촉진시키려는 것(Geddes & Zeller 1989)을 시진핑 정부도 하고 있다.

3. 세계적 수준에서의 민주주의의 슬럼프와 COVID-19

현재의 중국 권위주의 체제 유지·강화는 세계적 수준에서 민주주의가 주춤하고 있는 상황과도 관련이 있다. 2006년부터 자유를 비롯한 헌법주의, 법치주의, 견제와 균형 등 여러 민주주의 지표들이 퇴보하고 있으며, 특히 최근 몇 년 사이 이러한 추세가 가속화되어 왔다. 다이아몬드(Larry Diamond 2020, 37)의 표현처럼 민주주의는 슬럼프에 빠져 있다. 그는 1976년부터 11년 주기로 나누어보면, 첫 번째 시기(1976~86)에 14%, 두 번째와 세 번째 시기에 11%, 그리고 가장 최근인 네 번째

(2009~19)에 18%로 민주주의 실패율이 나타났다고 한다. 이런 추세가 몇 년 더 지속된다면 전 세계는 민주주의 퇴보 상태에 도달할지도 모른다는 것이다. 헌팅턴이 언급한 '민주주의 실패의 역파(reverse wave)'까지는 아니지만 그러한 추세가 모든 체제에 영향을 미치고 있다는 것이다. 이런 상황에서 중국의 권위주의체제를 대체할 정체로서 민주주의가 강조되기는 어려운 것이다.

오히려 권위주의체제인 중국은 디지털 기술을 이용해 보다 더 억압적인 정책을 선택하고 있다. 2021년 중국의 사회신용체계는 1단계를 마치고, 2단계를 시작했다. 시진핑 정부는 2020년 12월 발표한 〈법치사회건설실시요강〉에서 이 제도의 구축을 강조하고 있어 앞으로 더욱 확장·강화될 것으로 전망된다. 아울러 전방위 감시체계 역시 위구르 자치구의 사람들이 직면하고 있는 것과 유사한 방식으로 모든 인민에게 확산될 수 있다. 중국공산당은 이 기술을 국가 안보, 테러 방지, 범죄 활동 억제를 돕기 위해 물류 및 예측 치안 애플리케이션 강화에 사용할 계획이라고 했지만, 이미 2015년 중국 국가발전개혁위원회가 제시한 지침을 보면 국민 감시 체제가 될 가능성을 보여준다. 지침은 "어디에나 존재하고, 완전히 네트워크로 연결되어 있으며, 항상 작동하고, 완전히 제어할 수 있는" 비디오 감시 네트워크를 구축하는 것을 목표로 하고 있다고 밝히고 있는 것이다(Denyer 2018).

또한 중국은 디지털 거버넌스의 모델을 국제화·제도화하고자 노력해 왔는데(Polyakova & Meserole 2019), 2020년 시작된 COVID-19 감염병 확산은 중국공산당의 비상 관리 대응, 즉 과학기술을 사회적 통제에 활용하는 방안을 보다 많은 비민주국가에게 수출할 수 있는 계기가 되었다. 앞서 살펴보았듯이, 이미 수많은 나라가 중국의 안면 인식 기술을 수입해 군대에 활용하고 있고, 감시 체제를 도입해 수집된 정보를 정보기관이 활용하고 있다. 이에 당분간은 중국이 정보통신 기술에 의한 사회 변화와 체제 전환을 허용하기보다는 권위주의체제를 유지하려 할 것으로 보인다.

「 참고문헌 」

고경민. 2008. "'독재자의 딜레마'인가 권위주의적 '사이버 체제'인가? 비민주주의 체제에서 인터넷의 정치적 영향과 통제 메커니즘." 『국제지역연구』 제12권 3호, pp.31-56.

김진용. 2013. "중국의 인터넷 통제 메커니즘," 『정보화 정책』 제20권 제1호, (봄). pp.61-84.

모준영, 2017, "중국이 해양을 통해 추구하는 강대국 상(像): 지역 강대국인가, 세계적 강대국인가," 『중국지식네트워크』 vol.10, pp.82-115.

채재병, 김일기, 김상규, 이상현, 『주변국의 사이버 환경과 한반도 평화 체제 구축』 (서울: 통일연구원, 2019).

홍주희. 2020. "정부 비판한 마윈 소환하더니…중국, 앤트그룹 상장 전격 중단," 『중앙일보』 (11월 4일)

Art, David. 2012. "Review: What Do We Know about Authoritarianism after Ten Years?" *Comparative Politics.* 44 No.3. pp.351-373.

Arthur, Charles. 2012. "China Tightens 'Great Firewall' Internet Control with New Technology."Guardian(December14). https://www.theguardian.com/technology/2012/dec/14/ china-tightens-great -firewall-internet-control (검색일: 2020.12.10)

Bellin, Eva. 2012. "Reconsidering the Robustness of Authoritarianism in the Middle East: Lessons from the Arab Spring." *Comparative Politics.* 44, No. 2. pp.127-149.

Best, Michale L. and Keegan W. Wade. 2009. "The Internet and Democracy:Global Catalyst or Democratic Dud." Bulletin of Science, *Technology & Society.* 29, No. 4. pp.255-271.

Boas, Taylor C. 2006. "Weaving the authoritarian web: The control of Internet use in non-democratic regimes," John Zysman and Abraham Newman (eds) *How Revolutionary Was the Digital Revolution? National Responses, Market Transitions, and Global Technology*, pp. 361-378. Stanford, CA: Stanford.

Cadell, Cate. 2017. "Apple says it is removing VPN services from China App Store," Reuters. (July 29). https://www.reuters.com/article/us-china-apple-vpn/apple-says-it-is-removing-vpn-services-from-china-app-store-idUSKBN1AE0BQ (검색일: 2020.12.10)

Castells, Manuel. 2000. *The Rise of the Network Society*, Oxford: Blackwell.

Castells, Manuel. 2001. *The Internet Galaxy: Reflections on the Internet, Business, and Society.* New York: Oxford University Press.

Chutel, Lynsey Chutel. 2018. "China is exporting facial recognition software to Africa, expanding its vast database." *Quartz.* (May 25) https://qz.com/africa/1287675 (검색일: 2020.12.22).

Cockburn, Harry. 2018. "China Blacklists Millions of People from Booking Flights as 'Social Credit' System Introduced." *Independent.* (November 22). https://www.independent.co.uk/news/world/asia/china-social-credit-sys-

tem-flight-booking- blacklistedbeijing-points-a8646316 .html.(검색일: 2020.12.10)
Cook, Sarah. 2018. "The News China Didn't Want Reported in 2017," *The Diplomat.* (January 27). http://thediplomat.com/2018/01/the-news-china-didnt-want-reported-in-2017/ (검색일: 2020.12.10)
Denyer, Simon. 2016. "China's Scary Lesson to the World: Censoring the Internet Works." *The Washington Post.* (May 23).
Denyer, Simon. 2018. "China's Watchful Eye." *The Washington Post.* (January 7).
Diamond, Larry, 2020. "Breaking Out of the Democratic Slump." *Journal of Democracy.* 31, No. 1, pp.36-50.
Dockrill, Peter, "China's Chilling 'Social Credit System' is Straight out of Dystopian Sci-Fi, And it's Already Switched On." https://www.sciencealert.com/china-s-dystopian-social-credit-system-science-fiction-black-mirror-mass-surveillance-digital-dictatorship(검색일: 2020.12.22).
Drew Drew M. and Donald M. Snow. 2006. *Making Twenty-First-Century Strategy: An Introduction to Modern National Strategy Processes and Problems* (Maxwell AFB: Air University Press, 2006)
Feldstein, Steven. 2019. "The Road to Digital Unfreedom: How Artificial Intelligence is Reshaping Repression." *Journal of Democracy.* 30, No. 1, pp.40-52.
Feng, Emily. 2019. "How China Is Using Facial Recognition Technology." NPR. (December 16) https://www.npr.org/2019/12/16/788597818/how-china-is-using-facial-recognition-technology(검색일: 2020.12.10)
Gallagher, Ryan. 2018. "Google China Prototype Links Searches to Phone Numbers." *Intercept.* (September14). https://theintercept.com/2018/09/14/google-china-prototypelinks-searches- to-phone-numbers (검색일: 2020.12.10)
Gerschewski, Johnnes. 2013. "The Three Pillars of Stability: Legitimation, Repression, and Co-optation in Autocratic Regimes." *Democratization.* 20. No.1, pp.13-38.
Hachigan, Nina. 2001. "China's Cyber-Strategy," *Foreign Affairs* 8, No. 20, pp.118-133.
Harwit, Eric and Duncan Clark. 2001. "Shaping the Internet in China: Evolution of political control over net work infrastructure and content." *Asian Survey.* 41, No.3, pp.377-408.
Hughes, Thomas P. "The Evolution of Large Technological Systems" W.E. Bijker, T. Hughes, and T. Pinch, eds. *The Social Construction of Technological Systems*, pp.51-82. Cambridge, Mass.: MIT Press, 1987.
Jablonsky, David. 2012. "Why Is Strategy Difficult?", in J. Boone Bartholomees Jr. (ed), *U.S. Army War College Guide to National Security Issues, Volume Ⅰ: Theory of War and Strategy* (Carlisle: Strategic Studies Institute Books, 2012)
Jiang, Sijia. 2017. "China Cracks Down on Unauthorized Internet Connections." *Reuters.* (January 23). www.reuters.com/article/us-china-internet/china-cracks-down-on-unauthorized-internet-connections-idUSKBN15715U.(검색일: 2020.05.15)

Kalathil, Shanthi & Taylor C. Boas. 2003. *Open Networks, Closed Regimes: The Impact of the Internet on Authoritarian Rule*. Washington: Carnegie Endowment for International Peace.

Kedzie, Christopher R. 1997. *Communication and Democracy: Coincident Revolutions and the Emergent Dictator's Dilemma*. Santa Monica. Calif.: RAND.

Khalil, Lydia. 2020. "Digital Authoritarianism, China and COVID." *Lowy Institute*. (November 2). https://www.lowyinstitute.org/publications/digital-authoritarianism-china- and-covid (검색일: 2020.12.28)

King, Gary, Jennifer Pan, and Margaret E. Roberts. 2013. "How Censorship in China Allows Government Criticism but Silences Collective Expression." *American Political Science Review*. 107, No. 2, pp.326-343.

Kraemer, Kenneth and Jason Dedrick. 2001. "Creating a Computer Industry Giant: China's Industrial Policies and Outcomes in the 1990s," UC: *Irvine: Center for Research on Information Technology and Organizations*.

Le, Trien Vinh. 2019. "Will Vietnam Follow China's Model for Digital Dictatorship." *The Diplomat*. (June 22) https://thediplomat.com/2019/06/will-vietnam-follow-chinas-model-for-digital-dictatorship/(검색일: 2020.12.10)

Lee, Jyh-An Lee & Ching-Yi Liu. 2012. "Forbidden City Enclosed by the Great Firewall: The Law and Power of Internet Filtering in China." *Minnesota Journal of Law, Science & Technology*. 13, No. 1, pp.125-151.

Lorentzen, Peter. 2014. "China's Strategic Censorship." *American Journal of Political Science*. 58, No. 2, pp.402-414.

Lykke, Arthur F. 1989. "Defining Military Strategy," *Military Review*. 69(5). (May 1989)

Lykke, Jr. Arthur F. 1989. "Toward an Understanding of Military Strategy," *in Military Strategy: Theory and Application* (Carlisle, PA: U.S. Army War College, 1989)

Madon, Shirin. 2000. "The Internet and Socio-economic Development: Exploring the Interaction." *Information Technology & People*. 13, No. 2, pp. 85-101.

Magnus, George. 2019. Red Flags: *Why Xi's China is in jeopardy*. New Haven, CT: Yale University Press.

Mahbubani, Kishore. 2020. Has China Won?: *The Chinese Challenge to American Primacy*. New York: Public Affairs.

Marczak, Bill, Nicholas Weaver (Lead), Jakub Dalek, Roya Ensafi, David Fiflield, Sarah McKune, Arn Rey, John Scott-Railton, Ronald Deibert, and Vern Paxson. 2015. "China's Great Cannon." *The Citizen Lab*, Munk School of Global Affairs and Public Policy, University of Toronto. (April 10).
https://citizenlab.ca/2015/04 /chinas-great-cannon/(검색일: 2020.05.15)

McCarthy, Niall. 2018. "The Countries That Trust Their Government Most and Least." *Forbes* (January 22), http://www.forbes.com/sites/niallmccarthy/2018/01/22/the-countries-that trust-their-government-most-and-least-inforgraphic/#6fe5fd1777a

(검색일: 2020.12.22).

Morozov, Evgeny. 2012. *The Net Delusion: The Dark Side of Internet Freedom*. New York: Public Affairs.

Mozur, Paul, Jonah M. Kessel, and Melisa Chan. 2019. "Made in China, Exported to the World: The Surveillance State." *The New York Times*. (April 24).

Polyakova, Alina & Chris Meserole. 2019. "Exporting Digital Authoritarianism: The Russian and Chinese Models." *The Brookings Institution Democracy & Disorder Series (September)*.

Pye, Lucian W. 1985. *Asian Power and Politics: The Cultural Dimensions of Authority*. *Cambridge*: Harvard University Press.

Rodan, Gary. 2003. "Embracing Electronic Media but Suppressing Civil Society: Authoritarian Consolidation in Singapore." *The Pacific Review*. 16, No. 4, pp.503-524.

Sacks, Samm & Paul Triolo. 2017. "Shrinking Anonymity in Chinese Cyberspace." *Lawfare*. (September 25). https://www.lawfareblog.com/shrinking-anonymity-chinese-cyberspace.

Samuel, Sigal. 2019. "China is Installing a Secret Surveillance App on Tourists' Phones." *Vox*. (July3).https://www.vox.com/future-perfect/2019/7/3/20681258/china-uighur-surveillance-app-tourist-phone (검색일: 2021.02.10)

Segal, Adam. 2017. "Chinese Cyber Diplomacy in a New Era of Uncertainty." *Aegis Paper Series*. No. 1703, Hoover Institution. (June).

Shahbaz, Adrian and Allie Funk. 2019. "Freedom on the Net 2019," *Freedom on the net*. Freedom House. https://freedomhouse.org/country/china/freedom-net/2019 (검색일: 2020.05.12)

Shie, Tamara Renee. 2004. "The Tangled Web: Does the Internet Offer Promise or Peril for the Chinese Communist Party?" *Journal of Contemporary China*. 13, No. 40, pp.523-540.

Shih, Gerry. 2019. "China adds Washington Post, Guardian to 'Great Firewall' blacklist." *The Washington Post*. (June 8).

Shirky, Clay. 2011. *Here Comes Everybody! The Power of Organizing Without Organization*. New York: Penguin.

Taubman, Geoffry. 1988. "A Not-So World Wide Web: The Internet, China, and the Challenges to Nondemocratic Rule," *Political Communication*. 15, No. 2, pp.255-272.

Ünver, H. Aki ı n. 2018. "Digital Open Source Intelligence and International Security: A Primer." *EDAM Research Reports*, Cyber Governance and Digital Democracy. Centre for Economics and Foreign Policy Studies.

Wade, Samuel. 2018. "New iPhones, Google Plans Could Track Chinese Users." *China Digital Times*. (September 14). https://chinadigitaltimes.net/2018/09/apple-google-could-help -track-chinese-users/(검색일: 2019.10.14)

Wong, Sue-Lin and Michael Martina. 2016. "China Adopts Cyber Security Law in Face of Overseas Opposition," *Reuters*. (November 6) https://www.reuters.com/article/us-china-parliament-cyber/china-adopts-cyber-security-law-in-face-of-overseas-opposition- idUSKBN132049(검색일: 2019.10.14)

Wright, Nicholas. 2019. "How Artificial Intelligence Will Reshape the Global Order." in Nicholas Wright ed. *Artificial Intelligence, China, Russia, and the Global Order: Technological, Political, Global, and Creative Perspectives*, pp. 21-34. Alabama: Air University Press.

Yang, Guobin. 2003. "The co-evolution of the Internet and Civil Society in China." *Asian Survey*. 43, No. 3, pp.405-422.

Yang, Yuan. 2019. "China Turns Up Heat on Individual Users of Foreign Websites." *Financial Times*. (Jan. 7).

习近平. 2014. "现实中华民族伟大復兴是中华民族近代以来最伟大的梦想"『习近平谈治国理政』(北京: 外文出版社).

杨婷. 2014. "习近平: 把我国从网络大国建设成为网络犟国," 新华网, 2014.2.27. http://www. xinhuanet.com//politics/2014-02/27/c_119538788.htm (검색일: 2020.10.14)

王珊珊. 2014. "中央网络安全和信息化领导小组成立," 新华网 2014.2.27. http://www.chinanews.com/gn/2014/02-27/5892579.shtml (검색일: 2020.10.14)

中国互联网网络信息中心. 2020.『第46次中国互联网网络发展状况统计报告』(9月)

中共中央办公厅,国务院办公厅. 2016.『国家信息化发展战略纲要』 http://www.gov.cn/xinwen/2016-07/27/content_5095297.htm

中共中央办公厅,国务院办公厅. 2016. http://www.gov.cn/xinwen/2016-07/27/content_5095297.htm (검색일: 2020.12.20.)

"全国人大常委会关于加犟网络信息保护的决定," 2012. 新华社 2012.12.28. http://www.gov.cn/jrzg/2012-12/28/content_2301231.htm (검색일: 2020.10.14)

"网络空间国际合作战略". 2017. 外交部网站 (03/01) http://www.cac.gov.cn/2017-03/01/c_1120552617.htm

8장

중국 당국가체제의 사회단체에 대한 통제와 국가와 사회관계 변화 전망 : 코로나 방역 과정을 사례로

| 정주영 |

Ⅰ. 서론

중국 권위주의 통치 체제하에서 사회조직은 사회 관리를 위한 도구로 인식되었으며, 따라서 그에 대한 관리와 통제 방식 또한 국가의 이익에 부합하는 것으로 조정되어 왔다. 사회 건설의 핵심이 공공재와 사회경제적 서비스의 확대 그리고 제공 주체와 내용 및 제공 방식의 다변화 및 다양화로 규정되면서 이를 위해 로컬 및 기층과 사구 거버넌스의 구축과 확충, 공민 사회 내 사회조직(즉, 사회단체, 기금회와 사회서비스조직) 및 사회기업(社会企业) 등에 대한 육성과 지원이 시도되었다. 이와 함께 사회조직의 발전이 초래할 수 있는 '사회적 힘'의 응집과 분출에 대한 적절한 제어가 긴장감 있게 병행되었다(Mei Huang, 2015). 본 연구는 '코로나 팬데믹'이라는 국가의 위기가 권위주의적 당국가체제에서 사회조직의 관리 방식에 어떠한 변화를 가져올 것인가에 대한 질문을 던지고, 중국 사회조직의 코로나 방역 참여에 대한 실증적 분석을 통해 이에 대한 답을 찾아보고자 한다.

중국은 이미 2003년 사스라는 전염병으로 전대미문의 위기를 겪은 바 있고, 2008년 쓰촨성(四川省)의 원촨(汶川) 지역에서 발생한 리히터 규모 8.0의 지진으로 8만 7천여 명이 사망했다. 그러나 이 두 위기의 극복 과정에서 중국 정부와 사회조직은 협력관계에 기반한 재난 거버넌스 수립과 관련된 중요한 내용들을 학습해 갔다. 특히 2008년 원촨 대지진의 구호 활동에서 사회조직의 활약은 해당년을 중국 사회조직 활동의 '원년(元年)으로 부를 정도로 긍정적인 평가를 받았다. 그리고 중국은 2020년 또다시 앞선 두 차례의 재난과 유사한 위기의 상황에 직면했다. 때문에 코로나가 과연 중국의 권위주의적 사회통제에 다시 한번 획기적 변화를 가져올 수 있을 것인가의 문제를, 앞선 두 차례 재난의 경험과 비교하여 분석해 볼 필요가 있다.

'코로나'라는 국가 위기 상황에서 중국의 국가-사회관계 변화를 전망하는 연구는 중국이 권위주의적 통치를 강화해 가고 있다는 측면에서도 중요성을 갖는다. 시진핑 정부는 집권 직후부터 시민사회에 엄격한 관리와 통제를 가하고 있다. '9호 문건'[69]을 통해 사상 통제를 강화하고, 2000년대 초반 등장하여 서서히 활동 역량을 강화시켜 가고 있던 공공 지식인과 사회조직을 탄압하고 통제했다. '해외 NGO관리법'을 제정해 해외 NGO의 활동뿐만 아니라 그 지원을 받던 국내 NGO들의 활동까지 제약했다. 그간 회색 영역과 경계(境界)에서 활동해왔던 공공 지식인과 비(非)인가 사회조직이 활동의 공간과 기회를 거의 거세당했다고 할 수 있다. 또한 비당원까지로 감찰권을 확대한 '국가감찰위원회'를 설립하여 국가에 대한 공산당의 통제권을 강화시켰다. 중국의 홍콩보안법(香港国

69 2013년 4월 중국공산당은 시진핑 총서기 명의로 서구식 헌정(憲政) 도입을 반대하는 내용의 비밀 문건을 공산당 지도부에 하달했다. 문건은 현 중국의 지도체제를 위협하는 7가지 요소를 제시하고 그것에 대해 논의하지 말 것을 지시했다. 7가지 요소는 서구식 헌정 민주주의 체제, 보편적 가치로서의 인권에 대한 주장, 서구식 언론과 시민 자유, 시장 유일주의, 신자유주의, 허무주의, 당의 과거에 대한 비판 등이다. 중국공산당은 "중국에 적대적인 서구 세력과 국내 반(反)정부 세력이 시민들의 사상 속에 이를 주입하고 있다"로 인식하고 있다.

安法) 통과와 홍콩 시위에 대한 진압은 중국의 강압적 권위주의의 국가 속성을 단적으로 드러내었다. 그렇다면 코로나가 중국 국가-사회관계, 구체적으로 시진핑 이후 강화된 억압과 통제 하에 처해 있던 사회조직의 자율성과 독립성이 강화될 수 있는 계기가 될 것인가?

일반적으로 국가의 위기 상황에 대한 대응은 정부의 역량만으로 역부족이며, 국가 전체의 역량이 총동원되어야 한다. 이러한 위기의 상황에서 시민사회의 구호 활동은 자원 봉사자 및 기부자의 기반을 확대하여 시민사회의 집단적 역량을 높이고, 사회조직의 사업 관리 경험을 향상시키며, 시민사회가 할 수 있는 잠재적으로 긍정적인 역할을 정부에 보여줄 수 있는 기회가 될 수 있다. 또한 국가 차원의 총괄 조직의 강력한 리더십이 필요하지만, 실제 구호 현장과 기층의 위기관리에서는 사회조직들이 가지고 있는 친화적이고 세심한 활동들이 필요하다. 따라서 재난 구호 활동에서 국가는 사회조직에 더 허용적이고 유연한 태도를 보일 수 있다. 중국은 이번 코로나 팬데믹을 신중국 수립 이후 "전파력이 가장 빠르고, 감염범위가 가장 넓고, 방역 난이도가 최대인 중대한 돌발적 공공위생 사건"으로서 "중국의 국가거버넌스와 사회거버넌스에 대한 중대한 시험" "중화민족의 위대한 부흥 과정에서 나타난 중국 인민과 중국 특색 사회주의에 대한 일대 고난"으로 인식하고 있다. 따라서 코로나를 극복하기 위해 구축한 재난 거버넌스는 시민사회에 대한 중국 정부의 강압적 태도의 전향을 기대해 볼 수 있는 의미 있는 계기이자 기회가 될 수 있다.

중국 정부와 사회조직의 관계 분석을 위해 본 연구는 두 가지 변수를 제시한다. 하나는 '자기 보존 의지'이며, 다른 하나는 '자원 의존성'이다. 모든 조직에게 자기 보존은 가장 기본적인 본능이지만, 권위주의 국가의 속성상 대립과 갈등이 첨예한 각을 이루는 중국에서 정부와 사회조직 모두에게 자기 보존은 특히나 절실한 행위 선택의 기준이 된다. 또한 정부와 사회조직은 전략적 행위장에서 서로가 보유한 자원과 필요한 자원에 대한 합리적 계산을 통해 행위 방식을 선택하며, 중국의 정부와 사회조직 또한 자원 의존적 행위 전략을 구사한다(정주영 2012). 특히나 대량의 자원이 동원되어야 하는 재난의 상황에서 자원에 대한 의존성은 더욱 높아진다. 본 연구는 '자기 보존 의지'와 '자원 의존성'을 통해 중국 재난 거버넌스의 구조를 분석하고, 향후 중국의 정부와 사회조직의 전략 변화와 관계를 전망해보고자 한다.

II. 중국 정부와 사회조직의 전략적 행위

1. 중국 정부와 사회조직의 전략적 행위에 대한 이론적 검토

1960년대 행태혁명 이후 정치 현상을 단지 법률적 및 제도적 측면에 의해서뿐만 아니라, 인간행태의 일반 법칙성을 탐구하려는 다양한 이론들이 개발되어 왔다. 신제도주의의 합리적 선택이론의 관점에서 행위 주체는 기호나 선호를 가지고 있으며, 자신이 추구하는 효용을 극대화(utility maximization)하기 위한 합리적인 방법을 강구하는 존재이며, 효용의 극대화가 주체 행동의 가장 기본적인 동인(motivation)이다(김종성 · 김연수 2003, 27; 하연섭 2005, 84). 이러한 행위 주체의 전략적 행위가 실질적으로 실천되고 변화되는 장(場)으로서의 전략적 행위장이 존재한다. 전략적 행위장 이론(strategic action field)에 따르면 '모든 집합적 행위자들(all collective actor)'은 서로 간에 공통적으로 가지고 있는 이해(理解)를 바탕으로 전략적 경쟁을 하는 '행위장(action field)'을 가지며, 개별적인 전략적 행위장들이 더 넓은 정치적, 경제적, 사회적 장과 상호작용을 통해 더 거시적 장들을 만들어 간다.[70](임동균 2019) 이 전략적 행위장에서 전략적인 기술적 행위자, 신제도주의의 합리적 선택이론의 행위 주체는 모두 자신의 이익을 추구하는 '전략적인 선택자'로서의 공통된 특징을 갖는다. 주지해야 할 것은 '전략적 선택자'는 외부의 영향을 받는다는 것이다. 상황적합이론(contingency Theory)에 따르면 조직 또한 외부환경의 영향에 수동적으로 개방된 것이 아니라, 환경적 맥락에서 효용의 극대화를 추구하는 합리적 주체이며, 자신이 처한 특정 상황에 따라 조건적으로(contingent) 변화한다(Donaldson · 김남현 역 2003). 주체의 변화는 장의 변화를 의미한다. 따라서 장의 경계뿐만 아니라, 그 장안에서 형성되는 관계는 모두 생성 · 쇠락 및 변화의 과정 속에 있는, 즉 고정적인 것이 아닌 늘 변화 가능한 역동적인 것을 의미하게 된다. 또한 이 행위장 안에서 행위자들의 힘과 영향력에 따라 행위장의 구조도 변화하며 행위장들은 어떤 행위자가 더 큰 힘을 가지고 있느냐에 따라 상이한 위계 구조를 가지게 된다(임동균 2019, 126).

그렇다면 전략적 행위자의 선택과 변심의 동인은 무엇인가? 전략적 행위장 이론에서는 '사회적 기술'[71]이라는 개념을 통해 그 역동성을 설명하고 있으나, 본 연구에서는 그 역동성의 동인으로서 '자기 보존 의지'와 '자원 의존성'이라는 보다 포괄적인 개념으로 설명하고자 한다. 조직이 가장 기본적이고 중요하게 추구하는 것은 생존이다. 조직의 생존에

---

70 전략적 행위장 이론(strategic action field theory)은 닐 플릭스틴(Neil Fligstein)과 더글러스 맥아담(Douglas McAdam)이 제시한 이론으로 부르디외 사회학의 장(field) 개념과 장 내에 배태되어 있으면서 서로 끊임없이 갈등 및 경쟁 관계를 가지고 있는 전략적 행위자에 대한 이론을 가져와서 신제도주의의 영향을 받은 조직사회학 이론을 사회운동론 이론에 적용시킨 것이다.

71 사회적 기술(social skill)은 감성 · 이성 · 창의성과 같은 다양한 능력이 뒤섞인 기술 혹은 스킬을 활용하여 타인과 전략적인 연합을 맺거나, 경쟁에 있어 우위를 점하거나, 새로운 운동을 일으키거나 장을 형성하는 장 내에 위치한 행위자들만의 독특한 능력을 말한다. 임동균(2019), 127 참조.

영향을 주는 주요 요인이 '적응'인지 '선택'인지에 대한 논쟁이 존재하지만, 현대 조직이 겪는 문제는 외부환경의 변화에서 영향을 받는다(Morgan 1997). 환경과 조화될 필요성에 따라 조직은 다양한 측면들을 개선하기 위한 장·단기적 노력을 하며, 이는 조직의 생존을 위해 중요한 변화로 볼 수 있다(French and Bell 1999). 그러나 조직이 변화된 환경에 조응하는 과정의 가장 기저(基底)에 있는 것은 생물학적인 생명 유지만을 의미하는 생존(生存)이라기보다는 조직이 달성하고자 하는 궁극적인 목적과 관련된 최소화된 자기 정체성을 지키는 것, 즉 '자기 보존(保存)'이다. 조직의 전략적 선택에서 가장 마지노선이 되는 요인이 자기 보존을 할 수 있는지의 여부라면, 그것과 함께 최대치의 효율과 생산성을 추구하는 것이 '자원'을 기준으로 하는 전략이다.[72] 조직은 목표 달성을 위해 경쟁적인 외부 환경과 상호작용을 어떻게 할 것인가에 관한 계획, 즉 전략을 세운다. 전략을 결정하는 데 있어 핵심은 경쟁자에 비해 차별화된 활동을 할 수 있는가' 혹은 '경쟁자가 수행하는 활동과 유사한 활동을 보다 효율적으로 할 수 있는가'를 선택하는 것으로(Porter 1980) 이것은 상대와 자신의 자원에 대한 우위 비교를 통해 구체적으로 수행될 수 있다.

따라서 조직 간의 협력은 각 주체가 자기 보존을 지키는 마지노선 안에서 다른 조직으로부터 받는 제약과 자신의 내부에서 발생하는 필요

---

72 자원은 주체의 필요 혹은 이익을 충족시켜줄 수 있는 물질적, 비물질적인 것을 모두 포괄하는 것이다. 李路路 李漢林(2000), 55 참조. 페퍼(Pfeffer 1982)와 살라닉(Salancik)은 일찍이 조직이 필요한 자원은 인원, 자금, 사회 합법성, 고객 또는 기술과 물적 자본 투입 등을 모두 포함하는 것이라고 정의한 바 있다. 馬迎賢(2005), 117 참조. 본 연구에서 사용하는 자원의 범위는 광의의 것으로서 주체의 필요를 만족시킬 수 있는 정치, 경제, 사회 또는 그것과 관련된 각종 필요한 것들을 모두 포함한다. 또한 자원의 개념에는 단순히 물질적인 것뿐만 아니라 "기회", 즉 인간이 자신의 요구를 만족시킬 수 있는 능력 가능성까지도 포함한다. 따라서기술적 자원(technical resource) 및 생존을 위해 필요한 합법성(legitimacy)과 관련된 전략적 자원(strategic resource)을 모두 그 안에 포함시킨다.

사이에서 상호 간의 자원에 대한 계산하에 행하는 절충과 선택의 결과물인 것이다. 조직은 결코 자기 충족적이지 못하기 때문에 필요한 자원을 다른 조직과의 협력을 통해 공급받아야 하며, 두 주체 간에 관계가 발생한다는 것은 조직간 상호 자원 의존적 거래가 형성되었다는 것을 의미한다(정주영 2012). 그러나 이러한 관계의 발생과 변화를 단순히 "주고-받는" 도식화된 방식으로 묘사하는 것은 관계 변화의 역동성을 설명하기에 상당히 부족하다. 행위 주체 간의 관계의 발생과 변화는 주체의 이성이 작동하여 산출해 낸 사회현상이며, 또한 주체 간의 의식적 설계(conscious design)의 결과이다(하연섭 2005, 88-89). 즉, 관계의 발생과 변화는 모두 효용에 대한 합리적 계산에 기반해 행위자가 '예상되는 결과'와 '상황의 적합성의 논리'에 따라 최선의 행위 방식을 모색한 결과물이다.

재난이라는 위기 상황에 직면하여 정부와 사회조직이 자원 교환을 통한 협력적 관계를 수립함으로써 추구하는 궁극적 목적은 바로 위기 상황의 극복과 복구이다. 이러한 가정하에서 협력적 관계 형성의 매개가 되는 것은 바로 위기 상황에서 발생하는 문제들을 해결하기 위한 "자원"이다. 따라서 위기에 대응할 수 있는 자원을 누가 어떻게 보유하고 있는가가 정부와 사회조직 관계 형성 및 변화의 큰 변수로 작용한다. 그 과정에는 실제로 "비교 우위"에 기반한 정부와 사회조직 간의 복잡한 계산과 자원 교환이 작용하고 있다. 그러나 자원에 대한 합리적 계산에 제약을 가하는 것이 '자기 보존'의 요인이다. 권위주의적 정치체제 하에서 시민사회의 성장은 정부의 '자기 보존'에 결정적인 위협 요인이 될 수 있으며, 사회조직 또한 정부의 억압과 통제로부터 '자기 보존'을 지켜내야 하므로 계산과 전략이 더욱 복잡해지는 것이다. 정부와 사회조직 관계는 "천부적 게임구조"를 가지고 있다.

2. 중국 정부의 사회조직 관리 전략

중국 정부가 사회조직에 대해서 취하는 태도와 정책은 합리적 선택으로 이루어진 의식적 설계의 결과이다. 중국 정부의 사회조직 관리 전략의 기본은 팡-쇼우(放-收)에 기반한 길들이기와 포섭을 핵심적 내용으로 하고 있다. 개혁개방을 시작한 중국 정부는 사회에 대한 팡(放) 전략을 취함으로써 국가와 사회가 일체화되었던 총체성 사회와 달리 사회를 국가로부터 일정 정도 분리시키고 제한적 자율성을 부여했다. 이후 1989년 천안문 사건으로 강력한 쇼우(收) 전략을 취하지만 1990년대 중반 다시 팡(放) 전략으로 선회하여 1995년 베이징에서 유엔이 주최하는 제4차 세계여성대회를 개최하며 중국 사회조직 영역의 비약적 성장을 허용하였다. 이는 중국 정부가 사회가 가진 자원을 필요로 함에 따라 추진된 것이었다. 1990년대 중·후반을 지나면서 비정부 기구의 개념과 실체가 중국 사회에 다양하게 파급되어 다양한 사회조직이 출현하였으며, 구체적인 현장에서 보다 더 다이나믹하고 다양한 국가와 시민사회 관계가 형성되었다. 그러나 중국에서 시민사회와 사회조직의 활동은 국가의 안전을 침해하지 않는 범위로 엄격히 제한되었다.

후진타오 집권기에 들어서 중국 정부는 비대했던 사회주의 관료 체제의 축소와 국가 계획 및 행정력의 후퇴로 인해 발생한 사회 정책적·행정적 공백을 메우기 위해 시민사회와 민간 사회조직의 자원과 역량이 필요했다. 이에 사회조직에 대해 분할 관리(分类管治)를 실시하였다(Wu and Chan 2012.03, 9-17). 즉, 사회조직을 공익적 서비스를 제공하는 조직, 민감하지 않는 영역에서 봉사나 권리 운동(서비스 영역보다 정부의 큰 감독을 받았으나 활동의 영역 확보) 활동을 하는 조직 그리고 정치·종교 등 민감한 영역에서 활동하는 조직 등 세 유형으로 구분하여 지원과 통제의 정도를 달리한 것이다. 후진타오 집권 2기가 시작된 17차 당대회에서 대중 참여의 확대와 대중 의견의 반영 그리고 사회 자치 기능의 강화를 위한 사회조직의 적극적인 역할 발휘가 독려되면서 정치적으로 민감한 활동을 하는 조직들을 제외한 온건한 사회조직들의 활동에서 정부 허용 범위가 확대되었다. 실제 17차 당대회 이후 중국 정부는 민간 조직에 대한 규제 완화와 지원 증대를 실시했으며, 일부 지방정부는 새로운 정부-사회조직 협력 모델을 실험했다(郑珠荣 2011; 김성민 2016). 이 시기에 선전시, 상하이 등지에서는 공공서비스 관련 사회단체일 경우 업무 주관 단위를 거치지 않고 인민 정부의 민정 부문에 바로 등기 신청이 가능해지기도 했다(戴宇清 2013, 226).

후진타오 집권기 동안 중국 정부의 팡쇼우 관리 방식 하에서 비정치적이고 온건한 "이슈에 기반한" 사회조직과 활동가들은 비록 국가의 지속적인 감시하에 있었지만 온전하게 유지되었다. 그러나 시진핑 정부는 성장 추세에 있던 권리 운동(维权)을 비롯한 공익적 봉사 활동, 환경 · 여성 등 정부의 관용적 허용범위에서 활동하던 조직들까지 탄압하고 규제했다.[73] 시진핑 집권 이후 시행된 시민사회에 대한 탄압과 새로운 규제들은 온건적 개혁가들과 사회조직들이 그들의 생존을 걸고 협상할 수 있는 공간을 축소시켰다. 그리고 시민사회 집단들과 활동가들에 대한 추가된 억압들은 해외와 국내 NGO 모두에 대한 보다 시스템적인 억제로 강화되어 갔다(Yuen 2015, 51).

시진핑 정부가 보여준 사회조직에 대한 태도는 중국이 기존의 '분할관리'를 폐기하고, 적아적 접근(敵我的, a friend-or-foe approach)을 취한

73 2013년부터 2015년까지의 시기 동안 각종 사회조직과 공공 지식인을 비롯한 활동가들이 탄압을 받았다. 일례로 교육의 평등권과 부패 척결을 주창하던 쉬즈용의 "신공민운동", 이주 노동자를 위한 활동을 하던 태양여공활동센터(向阳花女工活动中心), 그리고 중도적 입장의 인권단체들이 탄압을 받았다. 또한 환경 다큐멘터리 〈천장 아래(穹頂之下)〉가 상영금지 되었으며 인터넷에서 관련 검색어가 차단되었다. 불우한 지역의 어린이들에게 책을 무료로 접할 수 있도록 하기 위한 체인 도서관 프로젝트도 중단되었다. yuen(2015) 참조.

것으로 해석할 수 있다. 적아적 접근의 특징은 첫째, 지방 관료들의 '안전 유지' 수행 방식과 관련을 갖는다. 지방 정부들의 목적 지향적 속성(the goal-oriented nature), 즉 사회문제에 대한 실질적인 해결책을 찾는 대신 억압을 통한 '빠른 해결'을 추구하는 경향은 '안정성 유지'를 탈정치화된(depoliticized), 조작 가능한(operationalized), 일상화된(routinized), 상업화된(commercialized) 것으로 만들고 있다. 이러한 방식으로 운영되는 국가 안보 기구는 사회조직에 대한 '분할 관리'를 위해 수행해야 하는 전(前) 단계의 여러 가지 사무들을 하고자 하지 않는다. 즉, 사회조직과 활동가들이 종사하는 이슈와 개인적 특성, 그들이 정권에 가하는 위협 또는 국가와의 협력 정도를 구분하는데 진정한 관심도 없고, 사회조직과 활동가들에 대한 탄압과 구속이 정부의 업적과 대중에게 미치는 이미지를 따지고 싶어 하지도 않는다. 이 새로운 사회조직 관리 방식에서 사회조직과 활동가들은 편파 일률적으로 소란을 일으키고 안전을 위해하는 대상이 된다(Zeng 2015). 따라서 민감하지 않은 이슈를 법적 테두리에서 크게 벗어나지 않고 활동을 해오던 사회조직과 활동가들조차도 억압의 표적이 되었다.

시진핑 정부의 사회조직 관리 전략 변화의 핵심적 요인은 다음과 같이 정리될 수 있다.

첫째, 중국공산당이 잠재적 동원 능력을 가지고 있는 사회 활동가와 사회 조직에게 느끼는 위협감이다. 중국의 인터넷 통제에 대한 킹(Gary King)의 결론에 따르면, 검열이나 안정 유지의 논리는 행위나 내용 그 자체에 있는 것이 아니라, 영향력과 동원력의 잠재적 가능성(its reach and mobilisational potential)에 있다(King 2013). 시진핑 집권기 탄압의 대상이 되었던 사회 활동가와 사회조직들은 공통적으로 대중에 대한 큰 동원력과 영향력을 가지고 있거나 잠재적 가능성을 표출했었다. 2003년 사스와 쑨즈강 사건을 시발점으로 등장한 중국 공공 지식인은 대다수가 법률적 지식을 갖춘 전문가들이었으며 온라인과 오프라인 모두에서 막대한 영향력을 가지고 초기 발전 형태의 사회운동을 이끌고 있었다(이정남 2016). 중국의 스모그 문제를 다룬 환경 다큐멘터리 〈천장 아래(穹頂之下)〉는 이례적으로 중국 정치가를 취재한 내용이 담기고, 일부 정치인들의 호평을 받았다는 점에서 정치적으로 해석되었다. 또한 개봉 3일 만에 텅쉰(腾讯)과 요쿠(优酷) 같은 중국의 주요 비디오 포털에서 1억 5천만 건이 넘는 조회 수를 기록하고, 마이크로 블로그 사이트인 시나 웨이보(sina weibo)에 2억 8천만 개의 게시물이 올라와 그 사회적 영향력이 문제가 되었다.[74] 국제 여성의 날에 대중 교통수단에서의 성희롱과 관련된 캠페인을 벌였던 여성 운동가들에 대한 구속의 뒷배경에는 '자원봉사자를 조직하기 위해 소셜 미디어를 능숙하게 사용하고, 외국 단체와 연계하며, 종종 중국 언론의 호평을 받은 창의적인 시위와 플래시몹에 대한 위협감이 있었다.[75]

둘째, '안전'과 '서비스'의 동시 추구의 필요성이다. 시진핑 집권 이후 사회 관리 대신 사회 치리가 강조되었다. 사회 치리에서 참여 주제의 다변화와 기층화를 핵심적 내용을 제시하고 있으나 이와 함께 기층에 대한 당정 영향력 확대가 강조되고 있다(백승욱 2018). 사회조직(NGO포함)의 '자율성'을 확대한다고 하나, 이것은 기존의 '단위 체제'적 관리가 미치지 않았던 영역을 법적-제도적 틀 속으로 끌어들여 통치성을 좀 더 강화하려는 시도이다. 이의 단적인 예로 중국 정부는 정치적 지침에 어긋나거나 사회적 불안 요인을 안고 있다고 생각되는 제도 외부의 민간 조

---

74 Mark Tran. 2015.03.02. "Phenomenal success for new film that criticises China's environmental policy", 『The Guardian』, https://www.theguardian.com/world/2015/mar/02/china-environmental-policy-documentary-under-the-dome-chai-jing-video (검색일: 2015.05. 10)

75 Andrew Jacobs. 2015.04.05. "Taking Feminist Battle to China's Streets, and Landing in Jail", 『The New York Times』, https://www.nytimes.com/2015/04/06/world/asia/chinese-womens-rights-activists-fallafoul-of-officials.html. (검색일: 2015.05.10)

직들에 대해 법률적-제도적 제약을 통해 등록 자체를 더욱 어렵게 만들고, 검거와 폭력 수단을 동원하는 등 각종 억압이 오히려 증가하고 있다. 또한 사회 공작의 확대와 정부의 사회 공작 NGO들을 대상으로 하는 '서비스 입찰 구매'는 사회조직의 정부 의존성을 더욱 높이게 된다. 시진핑 정부가 진행한 사회 치리의 제도화는 '공안' 중심적 사고를 '서비스'와 결합한 관리 방식으로 전환한 것이며, 제도화를 통해 불확실성이 강한 시민사회에 대한 예측성을 향상시키려는 것이다. 이 과정에서 사회조직의 공익적 서비스를 제공하는 기구로서의 성격이 강화된다.

이상 중국 정부의 사회조직에 대한 관리 전략이 자기 보존의 의지와 자원 의존성에 의해 변화되어 왔음을 볼 수 있다. 후진타오 시기까지 사회자원을 획득하기 위한 '자원 의존성'이 크게 강조되어 사회조직에 대해 분할 관리 원칙 하에 제한된 범위의 자율성이 어느 정도 허용되었다. 그러나 시진핑 시기부터는 '자기 보존의 의지'가 보다 크게 작용하여 분할 관리를 폐기하고 사회조직에 대해 적아적으로 접근하면서 국가가 필요로 하는 자원을 보유한 사회조직을 국가 영역 안에 더욱 강력하게 포섭하여 활용하는 전략이 구사되었다.

3. 중국 시민사회의 발전 전략

중국 시민사회의 자기 보존(self-preservation) 전략은 몇 가지 부분에서 영향을 받고 있다. 첫째, 전통적 국가-사회관계의 영향이다. 중국은 전통적으로 국가에 협력적인 시민사회가 형성되었으며 근대화 이후에도 국가로부터 완전히 독립적인 자율적 시민사회의 경험이 부재하다(김도희 2001; 김재관 2011). 건국 직후 총체성 사회에서는 국가와 사회의 구분조차 모호했으며, 개혁개방 이후에는 시민사회의 공간이 형성 · 발전하였으나 그것은 정부의 의식적 설계에 의해 통제 관리되는 공간이었다. 특히나 건국 초기 백화쟁명(百花争鸣), 개혁개방 이후 시민사회의 민주적 개혁에 대한 요구와 정부 비판적 행동들은 폭력적으로 진압되었다. 개혁개방의 직접적 수혜자가 된 지식인과 사영 기업가의 보수화 또한 중국 시민사회 발전의 장애요인이 되고 있다. 둘째, 강한 국가-약한 사회의 구조적 제약으로 인한 중국 시민사회의 자원 부족과 정부에 대한 강한 의존성이 중요한 요소로 작용한다. 중국 사회조직은 활동의 합법성을 전적으로 정부의 허가에 의존해야 한다. 이에 중국 정부는 법적 · 제도적 · 정책적 통제와 관리 수단을 활용하여 사회조직을 '길들이기'하고 있다. 또한 공신력의 부족과 재정적 자원의 부족 또한 중국 시민사회의 자율성 확대의 큰 장애가 되고 있다.

이러한 조건 하에서 중국 사회조직은 자기 보존과 발전을 위한 전략적 포지셔닝(positioning)을 해야 한다(Marielle 2019). 첫째, 합법적 지위를 획득하고 활동할 것인가 비합법적 조직으로 활동할 것인가에 대한 선택이 필요하다. 등기관리기관의 심사를 거쳐 승인이 되면 비로소 공식적이고 적법한 사회단체로 등록이 된다. 그러나 중국 정부가 요구하고 있는 등록 규칙은 대다수 사회단체가 구비하기 어려운 것들이다. 특히 업무 주관 단위가 되어줄 기관/조직을 찾아내고 확보하는 것이 단체 입장에서는 쉽지 않은 일이다.[76] 따라서 사회조직들은 활동이 가능한 포지션의 유형을 만들어야 한다.[77] 중국의 중복적이고 중층적인 사회단체

---

76 〈사회단체등기관리조례(社会团体登记管理条例)〉는 단체설립의 보증인 개념이라 할 수 있는 -관련 업무 주관 단위(业务主管单位)와 등기관리기관(일반적으로 민정부)의 심사와 승인을 통과할 것을 요구하고 있다. 사회단체의 업무 주관 단위는 감독관리 등의 막대한 업무량과 사회단체의 일체의 위법행위에 대한 책임이 부여되기 자리이기 때문에 당정 산하의 관련 조직들은 사회단체의 업무 주관 단위 지위를 수용하려 하지 않는다.

77 따라서 많은 사회조직이 민정부에 사회단체(社会团体)로 등록하지 못하고 공상국(工商局)에 사업자 등록(工商注册)을 한 채로 활동을 하는 경우가 많다.

등록의 '이중 관리' 시스템은 민간 사회조직의 자율성과 독립성을 근본적으로 제약하는 핵심적 장애요인으로 기능한다(이장원 2010, 579).

둘째, 국가 행위자와의 관계 형성에 대한 전략을 선택해야 한다. 형식적인 등록 지위와 상관없이 사회조직들은 국가 행위자와 어느 정도의 거리에서 관계를 맺을지에 대한 전략을 세워야 한다. 이러한 선택은 정부 행위자들과의 공식적 또는 비공식적 유대 관계를 적극적으로 발전시키는 것에서부터, 정부와의 친밀한 관계 형성에 적극적인 것은 아니지만 그렇다고 반(反)정부적이지는 않은 태도 그리고 국가와 완전히 상관없는 상태 혹은 반대하는 입장에서 활동하는 것에 이르기까지 연속적으로 배치될 수 있다. 김성민(2016)은 중국 민간 사회조직들의 설문조사를 종합적으로 분석하여 중국 사회조직들이 정부와의 관계에서 자립보다는 의존적 태도가 강함을 보여주었다. 광저우시에서 활동하는 민간 사회조직의 실무자들을 대상으로 하는 설문에서 '단체의 발전과 미래를 위해 최우선적으로 개선해야 할 일'에 대한 응답으로 '단체의 자주성을 높이는 일'이라는 대답은 단지 6.8%에 불과했다. 반면에 거의 절반에 가까운 49.2%가 '정부의 재정지원을 많이 받는 것'이라 대답했으며, '(정부의)행정적 측면의 관심과 협력이 더 많이 필요하다'는 답변 역시 무려 16.4%에 달했다(김성민 2016). 또한 정부의 간섭을 조직이 당면한 가장 큰 문제점으로 지적한 비율이 1% 정도에 불과했는데, 이를 통해 중국 사회조직들이 정부의 간섭을 부정적으로 생각하지 않음을 확인할 수 있었다. 또한 광저우의 상당수 단체들이 조직의 발전을 위하여 이사 선임권을 포기하고 정부 인사들로 하여금 이사회를 구성한다는 사실에서도 중국 사회조직의 정부에 대한 태도를 볼 수 있다(陈建民 · 邱海雄 2001, 44; 김성민 2016).

세 번째로 활동과 관련된 구체적 전략들을 선택해야 한다. 즉, 종사할 이슈, 참여할 활동의 유형, 참의 시간과 규모 등에 대한 것들이다. 우선, 중국공산당의 사회조직에 대한 분할 관리로 인해 사회조직들에게 자신들이 핵심적으로 활동할 이슈를 선택하는 것은 조직의 생존과 관련된 가장 중요한 문제이다. 따라서 중국의 사회조직들은 정치화될 가능성이 적고, 공익적 서비스 제공 활동이 가능하고, 정부 시책에 위배되지 않는 이슈를 선택해야 한다. 민감한 정치적 문제는 아니지만 권리 운동(威权)의 성격을 갖는 이슈들은 분할 관리에서 허용과 불허의 중간 영역에 속하기 때문에 정부 시책 변화에 가장 영향을 많이 받는다. 때문에 동일 이슈라도 시기에 따라 허용의 대상이 되기도 하고 탄압의 대상이 되기도 한다.

다음으로 정치적인 성격의 활동을 할 것인지 사적인 성격의 활동을 할 것인지와 관련된 참여 활동 유형을 선택해야 한다. 노동자 조직이나 성소수자 조직처럼 사회조직의 구성원들과 활동가들이 공통된 정체성에 기반하여 특정 이익 혹은 권리를 추구하는 경우 이 조직의 활동은 정치성을 가지게 된다. 개인적인 취미 활동을 위해 구성된 사회조직은 사적이고 비정치적이다. 그러나 정치성과 비정치성은 쉽게 전환된다. 대다수 사회조직의 활동은 겉보기에는 정치적이 아닌 것처럼 보이더라도 어느 단계에 이르러 정치적일 수 있는 개연성이 존재한다. 이에 사회조직의 정치성에 대한 정부의 판단도 변화할 수 있다. 예를 들어 2015년 4월 중국 당국은 기후변화에 대한 경각심을 높이기 위해 마련한 베이징 환경 축제의 막판 취소를 지시했다. 경찰은 10일 전부터 신청서가 제출되지 않아 행사가 신청 요건을 갖추지 못했다고 주장했지만, 축제를 주관하는 환경 NGO는 이 요건을 모르고 있었다. 이 사건은 사회조직 활동의 합법성을 결정하는 경계선이 어떻게 정해지는가의 두 가지 특징을 잘 보여준다. 첫째로, 합법과 불법을 결정하는 경계선이 갑자기 이동되어서 겉으로 보기에 정치적이 아닌 사람들을 정치화할 수 있다. 둘째, 이러한 경계선의 이동은 종종 정치적 표현보다는 비정치적이고 자의적인 이유로 제시된다. 마지막으로 사회조직은 참여 시간과 규모와 관련해서도 고도의 전략적 선택을 해야 한다. 여기에서 핵심은 정부의 민감한 부분을 건드리지 않는 것이다. 따라서 활동가들은 상징적인 날짜-세계 에이즈의 날, 국제 여성의 날 또는 지구의 날 등-에 그들의 행사를 계획한다. 그러나 올림픽 경기, 당대회 또는 국제회의와 같이 민감한 정치적 시기에는 정부로부터 최대한 관심받지 않도록 노력한다.

중국 사회조직은 국가에 대한 협력적 정치의식을 경험적으로 습득하여 이를 내재화하였으며, 환경과 조건의 제약을 받고 있다. 때문에 완벽하게 국가로부터 독립과 자율성을 추구하기보다는 국가-사회, 합법-비합법의 경계 위에 서서 사회와 합법의 경계면을 확장해가는 전략을 구사하고 있다. 이러한 사회조직의 전략에는 국가가 제시하고 있는 법과 제도가 매우 모호하게 규정되어 있다는 것도 중요한 요인으로 작용한다.[78] 사회조직은 정부가 성문화시키지 않은 기대치(non-codified expectations)를 간파하기 위하여 자신들이 종사하는 이슈, 활동 방식, 활동 장소 및 시간에 대한 정부의 태도를 통해 정치적 민감성의 정도를 해석한다. 그러고 나서 자신을 그 합법의 경계선 안에 포지셔닝해야 한다. 그러나 시진핑 정부의 선과 악으로 양분하는 적아적 접근과 사회조직을

78 〈조례〉 제4조에는 "사회단체는 헌법 · 법률 · 법규 · 국가정책을 준수해야 하고 헌법에서 규정한 기본원칙을 반대할 수 없으며, 국가의 통일 · 안전 및 민족단결에 해를 끼칠 수 없고 국가 이익 · 사회공공이익 및 공민의 합법적인 권익에 해를 끼칠 수 없으며, 사회도덕과 관습을 위반해 서도 아니 된다."라고 규정되어 있다. 그리고 〈조례〉를 위반한 사회단체에 대한 행정처벌의 부과를 명시(제27조)하고 있는데 행정처벌의 종류와 방식(제33조에 명기)은 매우 광범하여, 경고 처분과 시정 명령 등의 가벼운 처분에서부터 활동 중지 명령 등의 비교적 강도 높은 처분을거쳐 -사안이 엄중하다 판단될 경우-등기 취소(말소) 처분까지 받을 수 있다. 여기서 문제는, '국가의 통일 · 안전 및 민족 단결에 해를 끼치는 행위' '국가 이익과 사회공공이익에 해를 끼치는 행위' '사회도덕과 관습을 위반하는 행위'등의 개념이 지극히 모호하고 추상적이며 포괄적이기에 당국의 자의적인 해석과 그에 따른 처분/처벌의 가능성이 상존하고 있다는 점이다. 또한, 사회단체의 헌법 · 법률 · 법규 · 국가정책의 준수/미준수 여부에 대한 판단과 그에 따른 행정처벌 역시 당국에 의해 자의적이고 주관적으로 이루어질 여지가 충분히 있다.

서비스 기구로 전락시키는 전략은 사회조직들이 구사하는 경계확장을 위한 조심스럽지만 도전적 시도들을 무력하게 만들고 있다. 따라서 시진핑 정권의 집권 시기에 사회조직들의 전략 또한 이전의 '경계확장 전략'에서 자기 보존적인 '정부로의 귀속 전략(歸屬戰略)'으로 변화되어 가고 있다.

III. 중국의 재난 거버넌스와 국가-사회관계

1. 중국의 재난 학습과 거버넌스 구축

현대사회의 재난은 그 양상과 성격이 변화하고 있다. 우리에게 재난은 인간이 속수무책인 상태에서 감당해야 할 일회적이고 자연에 한정된 비일상적인 것이 아닌, 지속적이고 일상적이며 체제와 긴밀하게 연관된 사회적인 것이 되었다. 설사 자연적인 재난일지라도 그것은 사회적 기제와 긴밀하게 연관되거나 이것에 덧씌워져 확대되고 있다.[79](박자영 2012, 101-102) '사회적 것'으로서의 재난이 만들어낸 위기 상황은 통합적 내지 총체적 대응을 요구하며, 그 속성상 정부의 몇 개 부서가 담당하여 극복할 수 있는 것이 아니다. 따라서 재난으로 인한 피해를 최소화하고 빠른 복구를 위해서는 사회 여러 주체가 참여하고 사회적 자원을 신속하고 충분히 동원할 수 있는 재난 거버넌스의 수립이 필수적이다. 중국

---

79 전염병의 경우 최근 20년간 빈도가 증가하였거나 가까운 장래에 증가할 위험성이 있는 질병으로 규정되는 신종 전염병(Emerging Infectious Diseases)이 출현에 영향을 주는 요인은 의료 행위 방식의 변화, 사회적 현상, 생태환경 파괴, 지구환경의 변화, 세계화에 따른 사람들의 잦은 이동, 의료 인플 미비 사회적인 것들과 밀접한 연관을 갖는다.(송재훈 2003, 58-60)

에서 사스와 원촨 대지진은 중국의 재난 대응 거버넌스 구축의 좋은 학습 기회가 되었다. 두 위기 상황의 극복 과정에서 중국 정부와 사회조직은 장단점을 명확히 드러내는 한편, 상호 협력의 기제들을 만들어 갈 수 있었다.

2002년 11월 중국 광둥성에서 발생하여 8개월만인 2003년 7월 5일에 세계보건기구가 방역 종료를 선언한 사스(Sars : Severe Acute Respiratory Syndrome)[80]는 당시 21세기에 등장한 신종 전염병 중에서 가장 심각한 질병으로 기록되었으며, 사스 이후 각종 신종 전염병의 유행이 21세기 공공보건의 가장 큰 위협이 될 것이라는 전망이 나오기도 하였다. 이 초유의 재난이 발생했을 당시 중국에는 위기를 통합적으로 관리할 수 있는 조직과 법률이 존재하지 않았으며, 위기 발생 대비에 대한 교육 및 인력양성 프로그램도 취약했다. 전염병과 관련된 법률로는 1989년 전국인대 상무위원회가 제정한 〈전염병방지법(传染病防止法)〉과 1991년 위생부가 제정 반포한 〈전염병방지실시방법(传染病防止实施办法)〉이 있었으며, 전염병의 보고, 통보, 반포에 관한 내용만 규정하고 있었다. 때문에 사스 발생 당시 피해자에 대한 지원을 〈전국 도시주민 최저생활보장제도 건립에 관한 통지(关于在全国建立城市居民最低生活保障制度的通知)〉, 〈도시주민최저생활보장조례(城市居民最低生活保障条列)〉 등의 사회 구제책에 의거해서 시행해야 했다(박동균 · 이재호 2003, 103-104). 또한 권위주의적 국가의 폐쇄적 정치 시스템과 권력 교체기와 맞물린 시기적 교묘성으로 인하여 중국 정부의 사스 발생 초기의 태도는 상황의 은폐 · 축소였다. 때문에 사스가 처음 발발한 지 4개월이 지나고 세계보건기구가

80 사스는 중증급성호흡기 증후군으로, 코로나바이러스 감염에 의해서 발열과 기침, 호흡곤란, 폐렴 등을 보인다. 당시 사스로 인해 30개국에서 8,099명 환자 발생하고 774명 사망하였으며 치사율은 9.6%였다.

전염병에 대한 경고를 한 지 25일이 지난 4월 1일에서야 중국 위생부가 이 문제에 대한 정식적인 업무를 시작하고, 4월 8일 중국 정부가 이 병을 전염병으로 인정했다.

사스 방역 시기의 중국 재난 거버넌스는 중국공산당의 적극적 개입 하에 강제와 동원이라는 강력한 수단을 통하여 이루어졌다. 국가주석, 국무원 총리를 비롯한 당정 주요 책임자들이 전면에 나서 사스 통제 업무 지휘 책임제를 실시하였으며, 당정군이 연합한 사스 방역 총괄 기구인 '사스 방지 지휘부'를 중앙과 지방에 설치하고 유기적으로 연계된 방역 활동을 할 수 있도록 했다. 이후 사스 방역을 위한 행정 법규 제정, 응급지휘시스템 구축, 의료 인력 확대 등의 구체적 대책을 마련하고 실행하였다. 중국 정부는 방역 활동의 강제성을 높이기 위해 방역에 대한 정부 방침을 위반하는 관료들에 대한 처벌도 강화하였는데, 5월 9일 국무원은 〈돌발공공위생사건긴급조례(突发公共卫生事件应急条列)〉를 반표하여 지위, 통제, 응급구조체계의 법률 원칙을 규정하고 이를 위반하는 책임자들을 처벌했다. 또한 중국 정부 각 부처는 방역 재정을 마련하였다. 위생부와 과학기술부는 사스 방역을 위해 1,000만 위안의 긴급예산을 투입하였으며, 재정부는 20억 위안 규모의 사스 방역 대책 기금을 만들었으며, 지방 재정 부처도 8억 위안을 긴급 편성하여 농촌 환자들에 대한 사스 진단과 치료 보조를 하였다. 국가발전개혁위원회는 사스 예방시설, 의료기구개선, 농촌확산 방지를 위한 특별예산 8억 위안을 추가 투입했다. 이러한 정부의 강력한 방역 조치로 5월 초부터 중국에는 사스 환자 수가 점차 감소하였다.

중국 정부는 본격적인 방역이 시작되자 각종 조직들에 대한 대대적인 동원을 실시했다. 4월 24일, 공청단, 전국청년연합회, 전국학생연합회 등이 "동심협력, 전승사스(同心協力, 戰勝非典)" 사스 방역 활동에 동원되었으며, 4월 28일에는 전(全)군에 대하여 긴급 통지를 시달하여 1,200

명의 군 의료인을 베이징 구호에 파견하였다(박동균 · 이재호 2003, 106). 그러나 국가의 총역량과 자원이 동원되어야 하는 사스 방역 과정에서 민간의 역량은 매우 미비했다. 시민사회는 자발적 참여를 할 수 있을 정도의 역량을 갖추고 있지 못했으며, 기존의 딴웨이 체제가 약화되고 당 조직의 관계도 예전보다 느슨해져 분산화된 대중들을 동원하기가 어려웠다(박동균 · 이재호 2003, 122). 그러나 사스 방역 과정에서 중국은 폐쇄적인 정치구조와 행정 시스템, 통제된 언론, 경직된 사회구조는 위기관리에 취약하다는 문제점을 인식하게 되었고, 현대 위기관리에서 대중의 자발적 참여의 중요성을 깨닫게 되었다. 그리고 위기 대응 과정에서 정부와 사회의 협력적 관계 형성의 중요성에 대한 인식은 이후 원촨 대지진 발생 시 시민사회에 대한 중국 정부의 태도 변화를 이끌어내는 중요한 동인이 되었다.

원촨 대지진이라는 재난에서 중국은 국가와 사회의 보다 협력적인 거버넌스를 보여주었다. 2007년 11월 발표된 〈돌발사건대응법(突发事件应对法)〉에는 전염병을 "영향을 미치는 사람의 수가 많고, 시간이 길고, 범위가 넓으며, 영향이 커서 전문성을 가진 의료 부분의 책임이 크지만, 각급 정부, 전 사회의 각 주체가 역할을 분담하여 참여해야 한다."라고 강조하고 있다(鲁全 2020, 14). 2008년 5월 12일, 중국 쓰촨성(泗川省)은 원촨(文川) 지역에 대지진의 비극이 발생했을 때, 대량의 민간 기부와 자원봉사자들이 바로 구호 활동에 투입되었다. 이것은 사스 발생 이후 달라진 환경과 주체의 역량을 보여준다. 사회조직들은 위기 극복 과정에서 큰 역할을 담당했다(조영남 2020, 113). 사회조직들은 구호를 위한 실무와 재정 및 물자 조달을 하고, 대규모 자원봉사 기지를 신속하게 동원할 수 있는 능력을 보여주었다. 원촨 재난 대응 과정에서 정부는 사회단체의 참여를 적극적으로 독려하였고 사회조직이 이루어낸 성과를 긍정적으로 평가했다. 구호 활동에서의 공헌으로 인해 사회조직들은 시민사회를 불신하거나 무지한 지방정부 및 시민들과 신뢰를 쌓기 시작했다. 게다가, 초기 정부의 불신과 불확실성에도 불구하고, 이 단체들은 그들이 정부를 대신하는 역할을 하고 싶지 않고, 보완적인 역할을 하고 싶어 한다는 것을 지방정부에 확인시켜 주었다. 이로써 쓰촨성에서의 지방정부와 사회조직의 협력 모델은 다른 지역에서도 활용할 수 있는 새로운 협력 모델로 평가받았다. 그러나 사회조직의 구호 과정 참여는 정부와 수평적 협력관계를 형성하거나 국가로부터 독립적이고 자율적이라기보다는 사회조직의 성장한 역량에 기반한 자율적 활동 노력과 자원의 부족으로 인한 정부에 대한 의지가 경쟁과 절충의 전략 구도 하에서 형성되어 갔다.

사회조직이 구호 활동에 참여하면서 가장 먼저 부딪힌 제약은 제대로 된 조직이 없었다는 것이다(Teets 2009, 338-339). 대다수의 현지 NGO와 INGO들은 구호 활동에 대한 정부 승인을 쉽게 받지 못했으며, 이는 구호 활동 수행에 장애가 되었다. 정부 승인을 받지 못한 사회조직들은 일관성 있는 구호 활동을 할 수 없었고, 재해 지역에 접근하는 데 어려움을 겪었으며, 다른 조직들의 작업과 중복이 되는 활동들을 했다. 많은 단체가 광범위한 자원봉사자 네트워크를 가지고 있었음에도 조직적인 동원 및 구호 노력을 할 수 없었다. 이러한 문제를 직접적으로 돌파한 것은 '청두도시하류연구원(成都城市河流研究会, 이하 '연구원')'이었다. 연구원이 주축이 되어 환경부터 빈곤 완화, 농촌 교육 단체에 이르는 약 30개 그룹은 정부를 설득하여 비정부 구호 '5.12 민간구조서비스센터(5.12"民间救助服务中心)'라는 지휘 구조를 조직함으로써 시민사회 공동체의 활동을 조율할 수 있었다. 이 우산 조직은 정보 제공, 중재, 협력을 조정하고 구성함으로써 시민사회와 정부 간의 교량 역할을 하였다.

두 번째 제약은 사회적 공신력의 부재였다. 아직까지 사회조직에 대한 신뢰도가 낮았고 구호 활동의 실무적 역량에 대한 믿음도 크지 않았다. 또한 많은 기부자와 자원봉사자들이 조직적 대응이 아니라, 비극에 대한 자발적 대응을 한 것이었기에 사회조직을 통한 활동보다는 직접 참여하거나 지방정부를 통해 구호 활동에 참여하는 것을 선택했다. 이러한 신뢰 부족 외에도 초기 구호 활동 과정에서 사회조직은 실제 프로젝트 관리 경험 부족, 적절한 감사 과정 미비, 전문가 또는 훈련받은 자원봉사자와 같은 집단의 역량과 관련한 부분에서 한계를 드러냈다. 그러나 구호 활동 과정은 사회조직의 강점과 약점을 명확하게 밝혀냄으로써, 사회조직과 정부 모두에게 학습의 과정으로 작용했다. 사회조직들은 정부의 가이드라인 내에서 상호 보완적인 방식으로 일하는 법을 배우고, 서로 다른 사회조직 간의 활동을 조율하며, 인터넷과 미디어를 광범위하게 이용하여 그들의 활동과 필요한 부분에 대한 정보를 더 많은 대중에게 전달하였다. 지방정부 관리들은 사회조직들이 얼마나 빨리 자원을 동원하고, 효율성을 높이고, 정부에게 보완적 역할을 할 수 있는지를 알 수 있게 되었다(Teets 2009, 341-343).

세 번째 제약은 재원 마련의 어려움이었다(Teets 2009, 339-341). 사실 사회적 재원을 자발성에 근거해서 동원한다는 것은 쉬운 일이 아니다. 민정부는 5월 16일까지 총 32억 위안의 현금과 구호물자를 기부받았으며, 국내 기부는 81.7%, 외국 정부와 국제기구를 포함한 해외 기부는 18.3%였다고 발표했다. 그러나 많은 국내 기부금이 완전히 자발적인 것은 아니었으며 강제적 측면이 존재한다. 텔레비전과 대부분 주요 신문들은 기업과 사회조직 그리고 유명 인사들이 기부한 금액을 공개했다. 예를 들어, 농구 스타 야오밍은 50만 위안을 기부했다고 보도되었는데, 이는 적다는 비판을 받았고 야오밍은 이에 다시 4배에 달하는 금액을 기부했다. 일부 기업에서 상사들은 기부한 직원들의 명단과 금액을 공개했다. 대규모 기부에 대한 대중의 요구와 압력이 높았으며, 많은 회사가 기부에 관대한 것으로 보이지 않아 보이콧 당할까 봐 두려워했다. 이러한 상황에서 중소규모의 사회조직이 대규모의 사회적 자원을 동원한다는 것은 거의 불가능한 일이었다. 더군다나 대부분의 기부자는 사회적 신뢰 기반이 약한 사회조직이 아닌 지방정부나 중국 적십자사와 같은 대규모 사회조직에 기부금은 전달했다. 그러나 구호 과정에서 드러난 신뢰 부족, 사회조직 운영 및 활동의 전문성과 역량 부족 등의 문제는 향후 중국 사회조직의 능력 건설의 중요한 방향과 목표가 되었다.

원촨 지진에서 보여진 재난 거버넌스는 정부와 사회조직 모두 한계를 인식하고 이에 대한 보완 대책을 세우면서 협력적 관계를 유기적으로 수립해 나가는 것이었다. 초기 쓰촨성 지방정부는 사회조직에 대해 신뢰하지 못했으며 사회조직을 자신의 보존을 위해하는 존재로 인식하였다. 많은 지방 관료들의 핵심적 두려움은 이 조직들이 반정부적이며, 정부를 대체하고자 한다는 것이었다. 지방정부 관료들은 시민사회와 사회조직의 강화가 지방정부의 권력을 축소시키고, 다른 형태의 사회를 만들지도 모른다는 위협감을 가지고 있었다. 때문에 지방정부는 사회조직들의 재난 현장 진입, 정보 공유, 구호 활동에 사회조직이 파트너로 참여하는 것을 불허했으며, '민간 구호서비스 센터'와 같은 "교량적" 단체가 설립될 때까지 많은 사회조직의 구호 활동 참여를 유보시켰다. 초기 지방정부와 사회조직 간의 협력은 당 중앙과 일반 인민들, 해외 사회의 요구와 압력 때문에 이루어진 것이었다(Teets 2009, 343-345). 그러나 지방정부는 사회단체의 자원 동원의 신속성과 더불어 구호 활동의 효율성을 보면서 사회조직의 활동이 정부의 구호 노력에 보완적일 수 있음을 깨닫게 되면서 협력을 통한 집단 역량 구축을 도모하게 되었다.

사회조직은 활동의 기반이 될 수 있는 합법적 조직의 부재, 공신력의 부족, 재원 조달의 어려움, 구호 활동의 전문성과 실무 역량의 미흡함 등의 한계를 인식하고, 보다 정부 친화적이고 의존적인 자세로 정부와의 협력 틀을 조성함으로써 구호 활동에서 직면한 문제들을 해결하고자 했다. 이것은 당시 상황과 조건 하에서 정부와 사회조직이 '자기 보존'과 '자원 의존'에 대한 합리적 계산을 통해 선택된 결과물이라고 할 수 있다.

2. 중국 코로나 거버넌스와 위계적 정부-사회조직 관계

두 번의 국가 재난을 겪으면서 중국은 정부와 사회조직 모두 재난 위기 상황에 대한 대응능력을 강화시켰다. 중국 정부는 빅데이터, 클라우드, 컴퓨터, 인공지능, 블록체인 등의 신기술을 적극적으로 활용하여 공공위생 건강정보 플랫폼, 전염병 보고정보시스템, 병원 정보화, 전자 병력, 진료데이터 공유 등 위기관리 시스템과 제도를 발전시켰다. 또한 사회 관리를 사회 치리로 전환하여 기층에 대한 당정 영향력 확대와 함께 참여 주체의 다변와와 기층화를 추진했다(백승욱 2018). 사회조직 또한 원촨 구호 활동 시 제기되었던 신뢰성과 조직의 역량을 강화하기 위하여 리더십, 이사회의 설립과 운영, 인력 · 재정 관리, 자금조달 방식, 감사제도 등 '능력 건설'을 추진하였다(Spires 2012). 그러나 중국 사회조직이 추구하는 '능력 건설'은 서구적 개념의 사회단체가 목표로 하는 능력 건설과 차이를 갖는다. 서구적 개념의 사회단체가 자율적이고 독립적인 시민사회 조직으로서의 역할과 기능의 향상이라는 측면에서 능력을 다룬다면, 중국의 사회단체가 집중하는 것은 공익 서비스 제공 기구로써의 기능과 관리 측면에서의 '능력' 건설이다. 이것은 조직이 보다 투명하고 효율적으로 운영되기를 바라는 기부자의 의도가 고려된 것인 동시에, 중국 정부의 사회조직에 대한 신뢰를 높이고 관리를 더 용이하게 하는 데에도 일조했다.

이처럼 사스와 원촨 대지진의 경험 이후 중국 정부와 사회조직 모두 위기 대응에 있어 보다 협력적 거버넌스 체제를 구축할 수 있는 역량과 조건을 구비하였다. 그러나 역설적이게도 코로나 방역 거버넌스에서 정부의 사회조직에 대한 태도는 더욱 통제적이었으며, 대다수 사회조직에게 배타적이기까지 했다. 여기에는 중국 정부와 사회조직은 여전히 '자기 보존'과 '자원'을 핵심적 요소로 상호관계에 대한 계산과 선택을 하였지만, 조건과 외부환경이 변화되었음을 의미한다.

코로나 발생 후 중국 정부의 초기 태도는 사스 때와 마찬가지로 은폐와 축소였다. 발생 초기 '코로나19'에 대한 대응은 지방 수준에서 이루어졌는데, 우한시 서기 마궈창(马国强), 우한시 시장 저우센왕(周先旺)을 중심으로 하여 '신종코로나바이러스방역지휘부(新型冠状病毒感染的肺炎疫情防控指挥部)'가 구성되었다. 그리고 1월 23일 우한시에 대한 봉쇄 결정이 이루어졌으나 초기 방역에 실패하여 통제 불능상태에 빠지게 되었다. 12월 27일 우한시 보건당국이 새로운 바이러스에 의한 27명의 감염이 발생한 사실을 확인 후 거의 한 달이 경과된 1월 25일에야 중국공산당 중앙은 리커창(李克强) 총리를 조장으로 하는 '중앙신종코로나바이러스감염증대응공작영도소조(中央应对新型冠状病毒感染肺炎疫情工作领导小组, 이하 中央应对疫情工作领导小组)'를 구성하였다. 그리고 1월 27일 시진핑은 전(全)당에 총동원령을 내려 전국의 공산당 조직과 당원은 코로나19 방역이라는 '인민 전쟁'에서 승리할수 있도록 최전선에 조직적으로 참여 독려하였다. 리커창 총리는 국무원에 〈신종코로나바이러스전염대응연합방역통제업무기제(应对新型冠状病毒感染的肺炎疫情联防联控工作机制)〉라는 32개 부처가 포함된 매머드급 대규모 대응 기구를 설립하였다.[81] 국무원 통합 기구는 2월 3일 각 지방에 30개의 공작조를 파견하여

81 국가위건위(国家卫健委)를 비롯하여 중공중앙선전부(中共中央宣传部), 외교부(外交部), 국가발전개혁위(国家发展改革委), 교육부(教育部), 과기부(科技部), 공안부(公安部), 재정부(财政

각 지역 상황을 점검하도 방역을 지도하였다(서상민 2020, 103).

중국 정부가 적극적 대응을 하기 시작하면서 민간 사회의 역량도 동시적으로 투입되었으며, 시민사회의 참여가 정치 · 사회적으로 독려받았다. 시민사회의 참여를 전제로 하는 재난 거버넌스 모델이 제시되었다(鲁全 2020, 15-16; 陶鹏等 2013). 공공위생응급관리에서 책임 주체는 정부, 사회조직, 관련 기업, 사구 등 기층 자치 조직으로 제시되었으며, 사회조직은 사회 분공(分工)의 기능과 자선사업의 조직적 기초로 규정되었다(金锦萍 2018). 이러한 사회조직이 사회자원의 동원 능력 및 대상에 대한 높은 조준율과 차별적인 서비스 제공을 통해 정부의 공공서비스 제공에 보완적 역할을 할 수 있음이 강조되었다.

그러나 실제 코로나 재난 거버넌스는 강력하게 당 중심적으로 전개되었다(김현주 2020, 37). 전염병 발생 이후, 당 중앙의 통일적 영도에 복종할 것, '4개 의식'을 자각하여 강화할 것, '4개 자신'을 확립할 것, '2개의 보호'(四个意识""四个自信""两个维护")를 성취할 것 등을 내세우며, 전염병 진압을 위해 국내 사회와 정치를 유기적으로 통일시키고자 했는데, 핵심으로 강조되는 것은 '당의 강력한 영도'였다.[82] 코로나에 대응하는 거버넌스의 핵심은 당의 영도하에서 정층설계, 과학적 계획, 체계적 운영을 통해 전국의 힘을 집중시키고, 당 중앙이 전국을 대국적 차원에서

部), 민정부(民政部), 인력자원보장부(人力资源和社会保障部), 교통운수부(交通运输部), 중국철도공사(中国铁路总公司), 공업정보화부(工业和信息化部), 농업농촌부(农业农村部), 상무부(商务部), 시장감독총국(市场监管总局), 생태환경부(生态环境部), 중국민항국(中国民航局), 국가임업초원국(国家林业和草塬局), 국가약품감독관리국(国家药品监督管理局), 문화관광부(文化和旅游部), 중국적십자회(中国红十字总会), 중앙군사위후근보장부 위생국 등이 여기에 포함되어 있다.

82 '4개 의식'은 '정치의식, 대세 의식, 핵심 의식, 일치 의식'이고, '4개 자신'은 '중국 특색 사회주의 길에 대한 자신, 이론 자신, 제도 자신, 문화 자신'을 말한다. '2개 보호'는 '시진핑 당 중앙의 핵심, 전당의 핵심지를 견고히 보호'와 '당 중앙의 권위와 집중통일영도를 지키는 것'을 말한다. 施芝鸿(2020).

전면적으로 고려하여, 각 지역, 각 부문, 각 직책이 협조하며 연공하고, 긴급하게 행동하고, 전력을 다할 수 있도록 전염병 방역 작업을 추진하는 것이었다. 즉 국가비상사태에서 권력의 "집중과 통일"을 통해 공공위기를 극복하는 것이 핵심적 내용이다.

이러한 당 중심의 거버넌스에서 사회의 참여가 독려된 것은 사실이지만, 이것은 철저하게 정부가 신뢰할 수 있는 조직, 즉 관방적 성격을 가지고 있는 인민 단체, 도시의 기층 단위인 사구(社區)와 국가가 승인한 공식 종교 단체 및 자선단체에게만 허용되는 것이었다. 공산당과 국가의 통제하에 있지 않은 일반 사회단체나 종교 조직의 참여는 통제되었다(조영남 2020, 112-113).[83] 이는 사스와 원촨 때의 허용적 태도와는 상당히 전환된 태도이다. 코로나 재난 대응의 특징은 당 중심의 통제적이고 위계적인 거버넌스가 구축되었다는 것이다.

IV. 코로나 위기 대응에서 사회조직의 역할과 활동

1. 정부의 사회조직 참여 지원

시진핑 국가주석이 코로나 방역을 인민 전쟁, 저지전, 총체전(人民战争,阻击战,总体战)으로 규정하고, 중앙, 성, 시, 상급 민정 부처의 통일적 배치와 사회조직의 법에 따르는 질서 있는 방역 활동 참여에 대한 적극 동원과 지도 방침이 내려지면서 지방정부 차원에서 적극적인 사회조직

83 베이징 소재의 비인가 교회 여러 곳이 성금을 모아 방역 물품을 우한시에 전달하려 했으나 우한 정부가 수령을 거부하고, 공안이 모금 활동을 중지시켰다. 조영남(2020, 113) 참조.

의 참여 독려와 지지가 이루어졌다. 이에 중앙 민정부에서부터 성, 시의 사회조직 관리 부서들, 그리고 구(區)의 민정국 사회조직 공작과에 이르기까지 사회 역량을 동원하고 사회조직의 활동을 지원하기 위한 각종 법안과 제도를 만들었다(编辑部 2020). 이에 사회단체의 참여와 활동은 각종 토론회의 주제가 되고 있으며 학계, 언론 등 사회 분야에서 코로나 19 사태 해결을 위한 사회 역량의 중요성을 강조하고 사회조직의 적극적 활동에 대한 필요성을 역설하는 한편 정부와 사회조직의 협력 모델과 관련된 다양한 사회 거버넌스를 제시하였다.[84] 또한 중국 언론들은 연일 각 성의 민정부가 사회단체의 활동을 견인하기 위해 전개하고 있는 구체적인 노력들과 실제 성과에 대해 보도하였다.[85]

중앙정부 차원에서 사회조직의 방역 활동 참여를 지원하기 위한 법적 · 제도적 조치들이 취해졌다. 민정부는 1월 29일 〈민정부업무주관 사회조직이 성실히 신형 전염병의 방역을 수행할 것에 관한 통지(关于在民政部业务主管社会组织中认真做好新型冠状病毒感染的肺炎疫情防控工作的通知)〉, 2월 1일 〈전염병 방역 시 전국적 사회조직의 온라인 업무서비스 추진에 관한 발의(关于在疫情防控期推行全国性社会组织政务服务网上办理的倡议)〉, 2월 13일 〈민정부 관할 사회조직의 전염병 방역을 위한 기부금 모금과 관련한 통지(关于民政部直管社会组织参与疫情防控接受捐赠有关事项的通知)〉를 연이어 발표하여 기부를 받는 비준 동의 절차를 간소화하였다(编辑部, 2020, 7). 민정부는 3월 13일 〈민정부의 사회단체가 방역과 경제사회 발전사업에서 더욱 적극적인 작용을 할 수 있도록 주관하는 업무에 관한

84 "10个研讨主题,邀全市社会组织来参与"(2020); 向春玲(2020); "中国社会组织参与全球抗疫十大行动案例发布" (2020); "关于动员社会组织进一步参与新冠肺炎疫情防控工作的倡议书"(2020); 梁海光(2020).

85 "陕西省引导社会组织深度参与新冠肺炎疫情防控"(2020). ;"贵阳市民政局发出倡议：动员全市社会组织积极参与"新冠肺炎"防控工作"(2020).

통지〉를 발표하고, 이를 세부적으로 관리하도록 했다. 이후 민정부는 또 3월 17일 〈자원봉사 단체와 자원봉사자의 방역 참여 안내〉라는 통지를 발표했다.

또한 정부는 구호 활동에 참여하는 사회조직들의 지위와 활동의 합법성을 강화하기 위해 법적 기반을 제공하였다. 우선 사회단체 등록 규정 완화를 위하여 1월 29일 〈사회조직 등록 관리기관의 전염병 통제 실시 방안〉의 인쇄 배포에 관한 통지(关于印发〈社会组织登记管理机关疫情防控工作实施方案〉的通知)를 제정·하달하였다. 각 지방의 사회조직 등록 관리 기관들은 잇달아 공작소조를 만들고, 제안서를 배포하고, 방역 조치를 구체화하여 실행시킬 수 있는 방식으로 세분화시키는 등의 방법으로 철저하게 시행했으며, 전체 사회 조직 등록 관리 시스템에서 신속하게 전면적인 동원과 전면 배치, 전면 강력한 방역 작업의 국면을 만들었다. 2월 5일, 〈전국적인 업종별 협회가 신종 코로나 방역 작업을 더욱 잘 수행할 것에 관한 지도 의견(关于全国性行业协会商会进一步做好新型冠状病毒肺炎防控工作的指导意见)〉을 발표하고, 2월 12일 〈전국 사회봉사 조직과 사구 사회조직에 보내는 신종 코로나 방역 제안서(致全国社会服务机构和社区社会组织的新冠肺炎疫情防控倡议书)〉를 발표하여 업종별 협회와 봉사단체 및 사구의 사회조직들이 전염병 방역 활동에 적극성을 발휘할 수 있도록 했다.

민정부는 사회조직이 참여하는 방역에 대한 논의의 장과 실질적 협력을 이끌어 낼 수 있는 방역 연합조직을 구성하기도 하였다. 2020년 4월 15일 민정부 사회조직관리국은 사회조직의 방역 참여 과정에서 직면하는 문제, 어려움 및 이에 대한 대책 등을 심도 있게 논의했다. 이 자리에는 중화자선총회(中华慈善总会)와 중국공업경제연합회(中国工业经济联合会), 중국은행간시장거래상협회(中国银行间市场交易商协会), 중국재활의학회(中国康复医学会), 과신식품과 영양정보교류센터(科信食品与营养信息

交流中心等社会组织负责人) 등의 사회조직 책임자와 중앙당교, 중국노동관계학원, 선전국제공익학원, 베이징시 협력자사회사업발전센터(北京市协作者社会工作发展中心) 관련 전문가 학자들이 참석했다.[86] 산시성(陕西省) 성민정청(省民政厅)은 2월 초부터 전국의 10개 전문 사회공작기구, 심리상담기관 532명의 심리 전문가를 조직하여 '성급 사회단체의 방역과 공익심리지원상담 협력단'을 조직하여 전국의 의료종사자, 노인, 어린이 등 민정 서비스 대상 및 일반 국민에게 공익적 심리 지원 서비스를 제공하였다.[87] 선전(深圳) 등의 도시는 사공(社工)과 자원봉사 단체를 방역 일선에 직접 투입하여, 사회조직의 전문성을 활용하여 기층 사구 방역의 역량 부족 문제를 보완하였다.[88]

서비스 구매의 방식도 정부가 사회조직의 활동을 지원하기 위해 주요하게 활용하는 방식이었다. 정부는 3월 1일 새로운 〈정부의 서비스 구매관리 방법〉을 발표하여 사회단체 등 비정부 기구의 활동에 대한 새로운 참여와 재정적 지원방안을 수립하였다.[89]

2. 사회조직의 구호 활동

중국 시민사회는 1월 말 정부 당국이 코로나 발병 규모를 인정한 후 이에 즉각적으로 구호 활동에 참여했다. 선량한 사마리아인들은 자신의 소셜 미디어를 통해 밤낮으로 자가용을 몰고 다니며 코로나바이러스의 첫 발원지인 우한(武漢)의 주민들에게 구호물자를 가져다주었다. 또한

86 "民政部社会组织管理局 召开疫情防控与社会组织能力建设交流座谈会"(2020).

87 邴璞(2020).

88 樊鹏(2020).

89 "新冠肺炎疫情暴发前后——这些政策,助力社会组织战"疫"(2020)

정부 지원을 받는 합법적 사회조직과 사구의 자치 조직들이 수백 명의 자원봉사자를 동원하고, 봉쇄지역에 응급 의료 물품과 방역 물자들을 전달하고, 공공장소를 소독하고, 인구 유동을 통한 전염 방지를 위해 방역의 일선에서 활동을 벌였다.

2020년 3월에 중국발전연구기금회(中国发展研究基金会), 남도공익기금회(南都公益基金会) 그리고 중국사회가치투자연맹(中国社会价值投资联盟) 등의 기구가 민간 조직을 대상으로 한 설문조사는 코로나 위기 상황에서 사회조직들의 활동 현황과 평가에 대한 전반적 내용을 파악할 수 있는 내용을 제공해준다.[90] 이들의 절대다수(85.9%)가 방역 작업에 적극적으로 참여하고 있었다. 설문에 참여한 사회조직들은 방역을 위한 기금과 물자를 기부 혹은 모금을 통해 조달했으며, 방역 일선에서 실질적인 구호 작업을 전개했다. 설문에 응한 조직 중 121개의 기구가 모금한 기부금과 물자는 총 7,257만 위안(124억 7,768만 원)에 달했다. 45개 조직이 모금한 누적 액수는 2,359만 위안이었으며, 25개 사회단체가 그중 반을 차지했다. 사회조직들은 온라인과 오프라인 채널을 통한 심리적 지원, 응급 차량 제공, 사구에 방역 물자 전달, 사구 방역 및 후베이(湖北)와 우한(武漢)에 대한 특별 서비스 등을 통해 방역에 참여하였다.

이번 코로나 방역 과정에서 사회조직들의 활동은 연일 언론매체와

---

90 온라인으로 진행된 설문조사는 141개의 응답지가 회수되었다. 응답 대상자는 민반비기업단위가 54%로 가장 많고, 사회단체가 30%, 기금회가 9%였으며, 기타 유형의 조직(미등록 조직, 기업, 매체 등)이 7%였다. 이들 대부분은 기층에서 활동하는 중소형 조직들로, 74.4% 조직이 2019년 총수입 100만 위안 이하였다. 평균 전업 정규인력은 14명이며, 보유한 자원봉사자들은 비교적 많았는데, 가장 많은 것이 민반비기업, 사회단체의 지원자였고, 겸직 직원 인원의 수는 평균 300명에 다달았다. 이들 조직은 대부분이 사구에서 활동하는 사회조직들이었다. 75%의 조직이 등록한 지역의 주민들을 대상으로 활동을 했으며, 성 혹은 해당 지역 또는 지역 조직이 16.5%, 성의 지역적 범위를 벗어나서 활동한 조직은 7.4%에 미쳤다. 민간비기업단체(民非)의 78.8%와 사회단체의 89.7%가 소속 지역의 사구(社区)에서 활동했다. 俞建拖 夏天, 2020. 05.12.

각 성(省)과 시(市)의 인터넷 사이트에 보도되었다. 지역별로 전개되고 있는 사회조직들의 활동 성과를 보면, 이번 코로나 방역 과정에서 사회조직의 활동이 매우 활발하게 전개되었음을 알 수 있다. 산시성(陝西省)의 경우, 2020년 3월까지 2,100여 개 사회단체가 자선 모금, 사구(社区)와의 연계, 전문 서비스 분야에서 방역에 깊이 관여해 감염 확산 저지에 힘을 보탰다. 또한 사회조직, 업종별 사회조직, 노동자 조직, 자원봉사 조직이 사구, 공안 등과 협력하여 83만 5,000명에 대한 검역을 실행했다.[91] 산시중익사회단체서비스센터(陕西众益社会组织服务中心)는 80여 개의 3무(3無) 사구, 성중촌(城中村) 사구의 100여 명의 사구 종사자를 위해 '사구 공조지원팀' 플랫폼을 만들어 심리적 치료와 방역 경험을 공유하고 방역 물자를 제공했다.

광동성(廣東省)의 경우 각 사회조직이 자신의 전문 분야에서 방역과 관련된 활동들을 창의적으로 전개했다. 광동성 '재난구호응급협회(减灾救灾应急协会)'는 11개 사회응급팀을 출동시켜 현지 정부 부처, 병원, 사구 등과 협력하여 약 500차례의 방역 관련 활동을 했다. 구체적으로 마스크 배급, 체온 측정, 사구 주민들에게 방역과 관련된 정보 홍보, 환자 송치 등의 활동을 전개했다. 또한 광동성 '특허대리협회(专利代理协会)'는 '항(抗)코로나 특허 자원봉사단'을 구성해 코로나 방역과 관련된 특허에 대해 정보 검색 및 분석, 대리업무, 소송 상담 등의 지원 서비스를 제공했다. 또한 코로나로 인해 심리적 어려움을 겪는 주민들을 위한 심리 상담 봉사도 사회조직들에 의해 전개되었다. 주하이시(珠海市)에 의해 설립된 심리상담 · 지원 서비스를 담당하는 자원 봉사팀인 '주심화(海心花)'는 심리적 어려움을 겪는 주민들을 위해 전화 통화나 방문으로 심리 상담 봉사를 24시간 전개했다. 또한 강문시(江门市)에서는 36개 사회단체

91 邴璞(2020).

가 핫라인을 개설해 무료로 심리 상담 및 지원 서비스를 제공했다. 사구의 방역 상황을 검열하는 것도 사회조직들이 담당하고 있는 주요 활동 중 하나였다. 광저우의 사회공작단체는 '홍멘 지킴이 캠페인'을 벌이고, '홍멘 지킴이 핫라인' 200개를 개설해 사구의 방역상황을 검열했다(广东省民政厅 2020).

코로나 방역에 참여했던 사회조직의 활동은 크게 두 가지 영역에서 이루어졌다(鲁全 2020, 19-20). 첫째, 봉쇄된 사구의 주민과 격리된 사람들에 대한 지원활동이다. 시진핑(習近平) 총서기는 "이번 사태 발생에 따른 두 개의 진지(阵地)가 있다."라며 "한 곳은 환자를 치료하는 병원이라는 진지이며, 다른 한 곳은 사구의 방역 진지이다."라고 말하며 코로나에 대한 의료적인 대응뿐만 아니라, 전염병 확산 방지를 위한 지역사회의 봉쇄와 격리에 대한 관리의 중요성을 강조했다.[92] 사구에 대한 봉쇄적 관리는 전염병 확산을 차단하는 효과적인 방법으로 각 지역은 이를 수행하는 효과적인 방식을 개발하기 위해 노력을 경주했다. 봉쇄정책이 시행되자 인민들의 기초생활 보장, 노인 · 아동 · 장애인 등 취약 계층에 대한 배려와 서비스 유지, 만성질환자의 의약 구매 등의 문제가 발생했다. 대다수 사구는 봉쇄 초기에 이러한 주민들의 요구를 충분히 충족시키지 못했다. 그러나 사구들은 전문적인 사회조직들이 사구에 들어가 주민 및 지역 상가와 협력을 통해 혁신적인 방식으로 봉쇄정책 시행 시 주민들이 겪게 될 생활상의 어려움을 처리할 수 있도록 했다(申曙光等 2019).

두 번째는 방역을 위한 물자와 재정 조성과 전달이다. 이 영역의 활동에서 사회조직의 역할은 높은 평가를 받았다. 이번 코로나 방역 과정에서 자선단체는 사회적 자원을 동원하는 데 매우 중요한 역할을 했다.

92 "习近平赴武汉考察疫情防控工作讲话金句"(2020).

우한(武漢)시 자선총회 홈페이지의 2020년 3월 28일에 게시된 자료에 따르면 신종 바이러스 퇴치 전용 기금은 42억 위안을 초과했으며, 우한시 적십자사 홈페이지에 있는 '사회기부금 모금액 공시(67회)'에 따르면 우한시 적십자사는 2020년 3월 29일까지 16억 9,000만 위안의 사회기부금을 받았다. 이 같은 자선단체에서 모금한 기부금과 방역 물품은 국가의 부족한 방역 자원을 보완하고, 의료기관의 방역 물자 부족 문제를 해결하는 데 중요한 역할을 했다. 그러나 일부 자선단체는 자원의 배분이 적절하지 않고 불공평하며, 기부금 사용에 대한 정보공개가 불충분하고, 적시에 자원을 제공하지 못한다는 비판을 받았다. 또한 정부가 지정한 일부 자선단체만이 기부와 관련된 활동의 전반을 수행할 수 있다는 문제점과 일부 기부금이 자선단체의 행정 자금으로 도용되었다는 의혹도 제기되었다.

사회조직은 돌발적인 재난 사건에 대응하는 중요한 사회 역량으로서 사회적 자원을 동원하여 전문적인 구호 활동을 펼치고, 다른 구호 조직과의 협력을 통해 정부의 부족한 부분을 보완할 수 있다. 따라서 사회조직은 돌발적 위기 상황에서 구성되는 재난 거버넌스의 핵심적 주체이다. 그러나 이번 방역 과정에서 자선단체, 특히 정부와 시민사회 간의 교량적 역할을 하는 자선단체(枢纽型慈善组织)들은 많은 한계를 드러냈다. 그 원인은 첫째, 아직 정부가 완전히 신뢰하는 파트너로 인정하지 못함으로써 활동상의 제약을 많이 받았으며 긴급한 상황에서의 대처능력이 부족하고 다른 사회조직과 협력의 기술이 부족했다. 또한 사회조직의 자체 능력의 부족도 문제시되었는데, 특히 투명성, 전문성, 공정성 등이 많은 사회적 비판을 받았다.

3. 중국 사회조직의 경계확장 가능성에 대한 재론

코로나 방역 과정에서의 사회조직의 참여와 공헌에 대해 긍정적 평가가 이루어지고 있다. 사회조직이 사회 역량과 자원을 동원해 우한 등 중요 지역의 물자 부족 등의 문제를 일정 정도 해결할 수 있었다는 것에 대해 긍정적인 평가가 내려지고 있다.[93] 코로나와의 전쟁에서 사회조직이 심기일전하여 책임을 졌다는 것이다.[94] 또한 지역적인 봉쇄와 장기간의 격리 · 비대면 관계가 일상화되면서 주민들이 겪게 되는 생활과 심리적 어려움에 대해 사회조직은 친화적이고 세심하게 지원해나갔다. 이에 여러 주체가 참여하는 새로운 위기 대응 거버넌스 수립에 대한 모델도 다양하게 제시되고 있다(刘志昌 2020; 鲁全 2020; 徐景妍 2020). 그러나 코로나 방역 과정에서 사회조직의 활동에 대한 긍정적 평가와 '코로나'라는 위기 상황이 중국 사회조직의 자율성 확대 및 정부와의 수평적 관계 수립에 어느 정도 영향을 미칠 것인가는 별도로 논의해야 할 문제이다.

이번 코로나 방역 과정의 특징을 정리해보면, 우선, 철저하게 정부 주도적이었으며, 다음으로 철저하게 정부 통제적이었다. 사회조직의 역할은 정부가 제기한 영역에 한정되었으며, 정부가 승인한 합법적 조직의 활동만이 허용되었다. 베이징에 기반을 두고 있었던 '남천구조대(蓝天救援队)'는 응급 의료 물자를 전달하기 위해 수백 명의 자원봉사자를 우한으로 보냈다. 다른 사회조직들이 규모의 확장이 제한되는 것에 반하여 이 단체는 조직 규모 면에서 놀라울 만큼 차이가 크다. 2007년에 설립된 이 단체는 중국 최대 규모의 비정부 인권 단체로 대략 3만 명 정도의 등록된 자원봉사자를 보유하고 있으며, 전국적 범위에 31개의 지

93 樊鹏(2020).
94 "新冠肺炎战"疫" (2020).

부를 가지고 있다. 또한 조직 내부에 여러 개의 당 조직이 설치되어 있다. 더 주목되는 것은 이 단체의 대표자이다. 대표자 장용(张勇)은 전 무장경찰대의 특수경찰이었다. 이것은 '남천구조대'가 중국 정부의 신뢰를 받게 된 중요한 요인이다. 코로나 방역 과정에서 눈에 띄는 활동을 한 또 다른 단체는 '한홍애심자선기금회(韩红爱心慈善基金会)'로 2012년 유명 가수인 한홍이 설립한 단체이다. 이 단체는 수백만 달러어치의 마스크를 비롯한 방역 물품들을 제공했다. 그리고 '행동하는 우한은행(武汉银杏在行动)'은 기존의 자선가 네트워크가 설립한 단체로, 환자와 의료서비스 매칭, 병원 이송, 의료 키트 제공 그리고 상담과 같은 지원 활동들을 했다.[95] 그러나 코로나 재난 시기에 설립된 순수하게 자발적인 시민들이 조직한 집단들은 구호 활동 참여를 허가받지 못했다. 펜실베니아 대학의 양궈빈에 따르면 우한 관리들이 코로나 발생 초기에 시민들의 자발적으로 기부한 구호 물품 전달을 허용하지 않았다고 한다.

중국 코로나 방역 과정은 표면적으로는 '자율적'으로 보이는 사회조직이 등장해 방역 활동을 하고 있는 것처럼 보이지만, 사실 정부에 의해 충분히 신임을 받고 있는, 정부가 신임할 수 있는 조건을 갖춘, 정부와 긴밀한 관계에 있는 단체들이 활동하고 그 성과들이 대중들에게 알려지고 있는 것이다. 그 외 시민들의 자발적 모임이나 합법적 지위를 가지고 있지 못한 사회조직들은 방역 활동에서조차도 배제되고 있다. 따라서 여기에서 자율적 사회조직이 형성될 공간을 거의 없다고 보인다. 지역 정부의 충분한 지원을 받는 사회조직이 자기 보존과 발전의 목표를 달성할 수 있는 기회를 가질 수 있으며, 이들은 더욱더 정부 귀속적으로

95 "NGOs in China have helped the government provide covid-related relief", 『The economist』, 2020.07.09. https://www.economist.com/china/2020/07/09/ngos-in-china-have-helped-the-government-provide-covid-related-relief (검색일: 2020.09.20)

행위하고 사회 서비스의 기능을 강화시키고 있다. 이렇게 사회조직의 경계 확장적 전략은 점차 자기 보존을 위한 귀속 전략으로 전환되어 가고 있다.

V. 결론

본 연구의 목적은 '코로나'라는 국가의 중대한 위기 상황이 중국 정부의 시민사회와 사회조직에 대한 강압적 탄압과 규제를 완화시키고 사회조직의 활동에 대한 허용의 폭을 확대시켜, 궁극적으로 중국 국가-사회 관계에 변화를 가져올 수 있을 것인가에 대한 질문의 답을 찾는 것이었다. 결론적으로 말하자면, 이번 코로나 위기 대응 과정에서 중국의 재난 거버넌스는 중국공산당의 사회조직에 대한 통제와 길들이기가 얼마나 성공적으로 수행되고 있는가를 확인시켜 주는 계기일 뿐이었다고 할 수 있겠다.

재난이라는 위기 상황은 국가의 인적 · 물적 자원이 총동원되어야 하며, 효율적인 방역 성과를 창출하기 위하여 방역 일선에서 활동하는 기층 사회조직의 자율적 활동에 대한 담보가 필요하다. 이러한 측면에서 국가적 재난 국면은 시민사회와 사회조직의 위상과 역량에 변화를 가져올 수 있는 계기로 인식되어 왔으며, 사스와 원촨 대지진 시기 이를 직접 목도할 수 있었다. 그러나 이번 코로나로 인한 위기 상황은 사회의 자율성과 역할을 강화하기보다는, 전 사회 역량을 당 중앙으로의 집중과 정부가 주도하는 위계적 거버넌스 수립을 오히려 합리화하는 기회가 되었다.

에리히 프롬(Erich Fromm)은 건강한 사회와 건강하지 않은 사회를 구분하며, 자유, 자발성, 솔직한 자기표현 등을 건강한 사회의 요건으로 제시하였다. "자유와 자발성이 모든 사람이 지향하는 객관적인 목표가 되어 있는 이상, 만일 어떤 인간의 자유와 자발성과 속임 없는 자기표현이 불가능하게 되었다면, 그 사람은 심한 결함을 가지고 있는 것으로 보아야 할 것이다."(Fromm 1955, 15; 72-73) 이는 조직에게도 마찬가지일 것이다. 주어진 기능에 충실한 채 자유, 자발성, 솔직한 자기표현을 할 수 없는 조직의 건강성이, 그리고 그러한 조직이 구성하는 국가가 얼마만큼 튼튼한 기본 체력을 가질 수 있는지 의문을 제기하지 않을 수 없다.

재난이 사회적인 것이 된 이상, 재난 이후의 복구와 다른 재난에 대한 대비는 인간 삶의 구체적인 영역에서의 변화와 대비를 요구한다. 현재 코로나라는 전 세계적 현상을 겪으며, 그것을 단순히 질병이 아닌, 우리의 정치 · 사회적 시스템적 오류 및 극단적 불평등의 문제와 연계시키는 것은 이 때문이다. 따라서 코로나 위기 상황에서 시민사회의 역할은 단순히 기부를 하고 방역을 위한 자원봉사를 하는 것에 제한되지 않고, 새로운 시스템과 질서를 구축하기 위한 "신사회 계약(new social contract)"의 발기자이자 주체로서의 역할이 제기되고 있다.[96]

당분간 중국 정부의 사회조직에 대한 '선제적 예방 위주의 사회 서비스 기구화 전략'과 중국 사회조직의 '자기 보존적 귀속 전략'은 유지될 것으로 보인다. 그러나 정부도 사회조직도, 전략적 행위장에서 환경과 조건의 변화에 조응하며 합리적 선택을 하는 전략적 행위자라는 속성은 미래의 변화에 대한 기대 또한 버리지 못하게 한다. 중국 권위주의의 가장 큰 특징을 '유연성'에서 찾는 것처럼, 중국 시민사회와 사회조직이 얼

---

96 Johanna Rick. 2020.05.29. "3 reasons why civil society is essential to COVID-19", 『World Economic Forum』, https://www.weforum.org/agenda/2020/05/why-civil-society-is-essential-to-covid-19-pandemic-recovery/(검색일: 2020.06.18)

마만큼 '유연성'을 가지고 있는지를 역사적 경험 속에서 보아왔기 때문이다.

전염병 앞에서 중국의 일반 시민들은 멈추거나 숨지 않았다. 그들은 온라인상에서 모이고, SNS를 활용해 환자들에게 비어있는 병상과 방역 물품들에 대한 정보를 제공하고, 오프라인 세계에서 환자를 병원에 데려다주었다. 디자이너인 판다(Panda)는 병원의 방역 일선에 의료 물품을 제공하기 위해 위챗에서 200여 명의 봉사단을 조직했다. 그는 "빠르게 달려가야 할 고속도로에 블랙홀[97]이 크게 뚫려 있다는 걸 알고, 사람들이 찾아왔다."라고 말했다.[98] 중국 사회의 변화에 대한 희망은 결국 중국의 깨어있는 일반 시민들이 품고 있다.

97 '블랙홀'은 정부의 가장 큰 신임을 받으며 이번 코로나 방역에서 대표적으로 활동하고 있는 사회단체인 적십자사이다. 그러나 적십자사의 기부금 도용과 적합하지 않은 방역 물품 배분 등으로 연일 신뢰성 논란에 시달리고 있다.

98 Li Yuan. 2020.02.18. "In Coronavirus Fight, China Sidelines an Ally: Its Own People", 『The New York Times』, https://www.nytimes.com/2020/02/18/business/china-coronavirus-charity-supplies.html (검색일: 2020.08.13)

「 참고문헌 」

김도희. 2001. "중국의 사회구조 변화와 국가 – 사회관계." 『중국연구』 Volume 27, 417-440.

김성민. 2016. "중국 민간사회조직의 '자기 보존' 지향 전략:배경, 양상, 전망." 『한중사회과학연구』 제14권 제4호, 153-180.

김재관. 2011. "21세기 '중국 특색의 시민사회'의 변화와 발전에 관한 탐구: 국가-사회 관계의 변화를 중심으로." 『민주주의와 인권』 vol. 11, no. 1, 115-162.

김종성 · 김연수. 2003. "NGO와 정부 관계에 대한 신제도주의적 접근." 『한국 사회와 행정연구』 14(1), 21-45.

김현주. 2020. "코로나19 사태와 중국 거버넌스의 위기" 『성균차이나브리프』 8권 2호 35-40.

박동균 · 이재호. 2003. "위기관리행정의 실패 요인과 교훈-중국의 사스 대응 실패 사례를 중심으로." 『연구논단』 12월호, 113-124.

박자영. 2012. "중국의 재난, 재난의 중국." 『문학과학』 72, 100-120.

백승욱. 2018. "중국 사회거버넌스의 방향 전환." 『성균 차이나 브리프』 6권 3호, 98-104.

서상민. 2020. "중국공산당의 위기관리 정치:'코로나19' 대응의 정치적 논리." 『중국 지식네트워크』 vol. 특집호, 81-137.

송재훈. 2003. "의료계의 시각에서 본 사스와 전염병 관리." 『의료정책포럼』 제1권 제3호, 40-47.

이장원. 2010. "국제협력 과정에서의 중국 NGO의 역할에 관한 시론적 연구 – 아시아 개발은행의 중국 빈곤해소 지원프로그램을 중심으로." 『중국연구』 제41권, 259-287.

이정남. 2016. "인터넷 시대의 출현과 중국 군체성 사건의 발전–'신공민운동'을 사례로." 『한중사회과학연구』 vol. 14, no. 2., 281-313.

임동균. 2019. "잠재적 전략적 행위장 이론: 촛불집회 사례를 중심으로." 『담론201』 제22권 1호, 121-156.

정주영. 2012. "중국 정부와 NGO의 자원 의존적 합리적 선택으로의 관계의 변화." 『한국정치학회보』 (KCI) 제46집 4호, 171-196.

조영남. 2020. "중국은 어떻게 코로나19의 통제에 성공했나?." 『국제 · 지역연구』 29권 3호, 107-138.

하연섭. 2005. 『제도분석: 이론과 쟁점』. 서울: 다산 출판사.

戴宇清. 2013. 论社会团体登记管理制度改革之必要. 『法制博览』 7, 226-227.

鲁 全. 2020. "公共卫生应急管理中的多主体合作机制研究—以新冠肺炎疫情防控为例." 『學術研究』 第4期, 14-20.

陶鹏等. 2013. "论我国政府与社会组织应急管理合作伙伴关系的建构." 『国家行政学院学报』 第3期, 14-18.

金锦萍. 2018. "为什么非得非营利组织——论合约失灵场合中社会公共服务的提供." 『社会保障评论』 第1期, 92-102.

郑珠荣. 2011. 『中国政府与NGO的资源依赖型理性合作关系研究 - 以扶贫领域为例』 北京大学政府管理学院 博士学位论文.

广东省民政厅. 2020. “广东社会组织: 在防疫阻击战中发挥特殊作用.” 『中国民政』 2020.06, 54-55; 57.
申曙光等. 2019. “我们需要什么样的分级诊疗.” 『社会保障评论』 第4 期, 70-82.
编辑部. 2020. “民政部门动员引导社会组织参与疫情防控.” 『中国社会组织』 第4期, 7-23.
刘志昌. 2020. “加快推进社会治理体系和治理能力现代化—以防控新冠肺炎疫情为例.” 『中国井岗山干部学院学报』 第13卷 第2期, 118-126.
徐景妍. 2020. “新冠肺炎疫情防控中社会组织参与的耦合研究.” 『安徽行政学院学报』 第2期, 95-100.

Donaldson, Lex. 김남현 역. 2003. 『조직의 상황적합 이론(The contingency theory of organizations)』. 서울 : 경문사
Erich Fromm. 1955. *The Sane Society*. New York : Rinehart & Co., Inc.
Fengshi Wu and Kin-man Chan. 2012/3 “Graduated Control and Beyond: The Evolving Government-NGO Relations.” *China Perspectives*, No. 2012/3: 9-17.
French, W. L. and Bell, C. H. 1999. *Organization Development: Behavioral Science Interventions for Organization Improvement*. Prentic-Hall. Upper Saddle River, NJ.
Gary King, Jennifer Pan, and Margaret E. Roberts. 2013. “How censorship in China allows government criticism but silences collective expression.” *American Political Science Review*, Vol. 107, No. 2: 326-343.
Lang, Bertram. 2018. “Authoritarian Learning in China's Civil Society Regulations: Towards a Multi-Level Framework.” *Journal of Current Chinese Affairs*, 47.3: 147-186.
Marielle Stigum Gleiss. 2019. “Re-theorizing civil society in China: Agency and the discursive politics of civil society engagement.” *China Information* Vol. 33(1): 3-22.
Morgan, G. 1997. Images of Organization (2nd ed.). Thousang Oaks, CA:Sage
Porter, M. E. 1980. *Competitive Strategy: Techniques for Analyzing Industries and Competitors*. New York:Free Press
Samson Yuen. 2015. “Friend or Foe? The Diminishing Space of China's Civil Society.” *China Perspectives* Issue 3: 51-56
Spires, Anthony J. 2012. “Lessons from Abroad: Foreign Influences on China's Emerging Civil Society.” *China Journal*, Volume 68, Issue 68: 125-146.
Teets, Jessica C. 2009. “Post-Earthquake Relief and Reconstruction Efforts: The Emergence of Civil Society in China?.” *The China Quarterly*, Volume 198, Issue 198 : 330-346.
Andrew Jacobs. 2015.04.05. “Taking Feminist Battle to China's Streets, and Landing in Jail”, 『The New York Times』, https://www.nytimes.com/2015/04/06/world/asia/chinese-womens -rights-activists-fallafoul-of-officials.html. (검색일: 2015.05.10)
Johanna Rick. 2020.05.29. “3 reasons why civil society is essential to COVID-19”, 『World Economic Forum』, https://www.weforum.org/agenda/2020/05/why-civil-society -is-essential-to-covid-19-pandemic-recovery/ (검색일: 2020.06.18)
Li Yuan. 2020.02.18. “In Coronavirus Fight, China Sidelines an Ally: Its Own People”, 『The

New York Times』, https://www.nytimes.com/2020/02/18/business/china-corona-virus-charity-supplies.html (검색일: 2020.08.13)

Mark Tran. 2015.03.02. "Phenomenal success for new film that criticises China's environmental policy", 『The Guardian』, https://www.theguardian.com/world/2015/mar/02/china-environmental-policy-documentary-under-the-dome-chai-jing-video (검색일: 2015.05.10)

Zeng Jinyan. 2015.05.21. "Guo Yushan and the predicament of NGOs in China", 『Probe International』, https://journal.probeinternational.org/2015/05/21/guo-yushan-and-the-predicament-of-ngos-in-china/(검색일: 2020.08.13)

"NGOs in China have helped the government provide covid-related relief", 『The economist』, 2020.07.09. https://www.economist.com/china/2020/07/09/ngos-in-china-have-helped-the-government-provide-covid-related-relief (검색일: 2020.09.20)

樊鹏. 2020.03.01. "'疫'中,国家治理体系运行的难题怎么破?", 『天熹策论(微信公众号)』, https://www.guancha.cn/FanPeng/2020_03_01_539185_s.shtml (검색일: 2020.08.13)

梁海光. 2020.02.21. "新冠肺炎疫情对社会组织的影响及应对建议" http://www.ac2.cn/30804.html(검색일: 2020.09.20)

施芝鸿. 2020.03.12. "四个意识", "四个自信" "两个维护"是相辅相成的整体.", 『中国纪检监察报』, http://theory.people.com.cn/n1/2020/0312/c40531-31628571.html (검색일: 2020.08.13)

邴璞. 2020.03.10. "2100家社会组织深度参与新冠肺炎疫情防控", 『西安新闻网』, http://www.xiancn.com/content/2020-03/10/content_3563830.htm (검색일: 2020.08.13)

俞建拖 夏天. 2020.05.12. "民间组织在新肺炎疫情下的担当", 『公益时报』, http://www.gongyishibao.com/html/gongyizixun/18698.html (검색일: 2020.09.20)

向春玲, 2020.03.04. "社会组织可以在公共危机治理中发挥哪些作用", 『学习时报』, http://theory. gmw.cn/2020-03/04/content_33619099.htm (검색일: 2020.09.20)

施芝鸿. 2020.03.12. "四个意识" "四个自信" "两个维护"是相辅相成的整体", 『中国纪检监察报』, http://theory.people.com.cn/n1/2020/0312/c40531-31628571.html

"习近平赴武汉考察疫情防控工作讲话金句", 『新华网』, 2020.03.10. http://www.xinhuanet.com/politics/2020-03/10/c_1125692434.htm. (검색일:2020.09 .20)

"新冠肺炎战"疫", 社会组织彰现情怀与担当", 『常德市民政局』, 2020.04.04. https://mzj.changde.gov.cn/mzdt/mzyw/content_721567 (검색일: 2020.10.05)

"新冠肺炎疫情暴发前后——这些政策, 助力社会组织战"疫"", 『人民政协网』, 2020.04.01. http://csgy.rmzxb.com.cn/c/2020-04-01/2548007.shtml (검색일: 2020.09.20)

"民政部社会组织管理局 召开疫情防控与社会组织能力建设交流座谈会",『公益时报』, 2020.04.21. http://www.gongyishibao.com/html/gongyizixun/18579.html
"陕西省引导社会组织深度参与新冠肺炎疫情防控",『中国社会组织公共服务平台』, 2020.03.11. http://www.chinanpo.org.cn/index/index/show/id/1515.html (검색일:2020.09.20)
"贵阳市民政局发出倡议: 动员全市社会组织积极参与"新冠肺炎"防控工作",『人民网-贵州频道』, 2020.01.31. http://gz.people.com.cn/n2/2020/0131/c395897-33752187.html (검색일: 2020.09.20)
"中国社会组织参与全球抗疫十大行动案例发布",『国际公益学院』, 2020.04.07. http://www.yjrgyjg.cn/index.php/Home/Index/meiri?aid=5711 (2020.08.15)
"新冠疫情下, 社会组织协作的现状和未来", 2020.03.29. http://blog.sina.com.cn/s/blog_6609263a0102z5ok.html (검색일: 2020.09.20)
"关于动员社会组织进一步参与新冠肺炎疫情防控工作的倡议书",『区民政局』, 2020.02.14. http://cpgaj.bjchp.gov.cn/cpqzf/315734/tzgg27/5111850/index.html (검색일: 2020.09.15)
"10个研讨主题, 邀全市社会组织来参与",『潇湘晨报』, 2020.04.30. http://k.sina.com.cn/article_1655444627_62ac14930200169nj.html?from=local (검색일: 2020.09.20)